Unser aller Heiligen

Als der Himmel über dem Ruhrgebiet noch bevölkert war

von Werner Bergmann

Henselowsky Boschmann

Werner Bergmann
Jahrgang 1946, Studium der Geschichte und Mathematik; Promotion und Habilitation in Mittelalterlicher Geschichte und Historischen Hilfswissenschaften; akademische Lehrtätigkeit an der Ruhr-Universität Bochum, TU Braunschweig, an den Universitäten Rostock, Hamburg und Potsdam; apl. Professur, zahlreiche Publikationen und Quelleneditionen zur mittelalterlichen und frühneuzeitlichen Geschichte. Im Verlag Henselowsky Boschmann wurde von Werner Bergmann herausgegeben: »Johannes Gigas, Neue Beschreibung des Erzbistums Köln und seiner angrenzenden Gebiete. Der erste Atlas von Nordrhein-Westfalen. 7 Karten und 9 Stadtansichten aus dem Jahre 1620«; er ist Verfasser des ebenfalls im Verlag Henselowsky Boschmann erschienenen Buches »Geschichten zwischen Pott und Deckel. Vom Essen und Trinken nicht nur im Revier nebst 30 fast vergessenen Rezepten aus dem Ruhrpott einfach gekocht«.

Unser aller Heiligen im Internet:
www.heiligeimpott.de

Schützenstraße 31 · 46236 Bottrop
post@vonneruhr.de · www.vonneruhr.de
1. Auflage 2016
ISBN 978-3-942094-59-7
Titelfoto: Rainer Bolik · Kapelle am Kreuzkamp in Bottrop
Druck: Friedrich Pustet GmbH & Co. KG
Verarbeitung: Print- & Medien-Management Junglas

Unser aller Heiligen
Als der Himmel über dem Ruhrgebiet noch bevölkert war

von Werner Bergmann

Henselowsky
Boschmann

Vorwort: Was das Ganze soll

Das Ruhrgebiet ist bis zum Beginn der Industrialisierung überwiegend katholisch geprägt; Teile der Region, zum Beispiel das Vest Recklinghausen, sind eine Enklave des Erzbistums Köln gewesen. Insofern haben und hatten die Kirchen und Gemeinden regelmäßig Heilige, denen sie geweiht waren und die für die Gemeinden als Schutzpatrone eine besondere Aufgabe erfüllten.

Gemeindegründungen und neue Kirchenbauten gab es vom Beginn der Christianisierung im 7. Jahrhundert bis in die 60er Jahre des 20. Jahrhunderts, also über knapp eineinhalb Jahrtausende, so dass das Ballungsgebiet der Ruhrregion eine bunte Vielfalt von Kirchenpatrozinien und Heiligen aus allen Zeiten aufweist, die gleichsam den Himmel über dem Ruhrgebiet bevölkern.

Die Schrumpfung der Gemeinden hat seit dem Beginn des 21. Jahrhunderts dazu geführt, dass mehr und mehr Gemeinden zusammengelegt und Kirchenbauten profaniert wurden, womit vielfach auch deren Patrozinien seitdem nur noch auf dem Papier weitergeführt werden oder auch ganz verschwinden.

In diesem Buch soll der Versuch gewagt werden, das Pantheon der Heiligen dieser Region, die den Altvorderen wesentlich mehr bedeuteten, als es in unserer profanierten Welt vorstellbar ist, in seinen Traditionen und seiner Vielseitigkeit darzustellen. Damit geht es in erster Linie nicht um eine frömmelnde Auflistung, wie sie sich in der hinlänglich bekannten Heiligenlegenden-Literatur auch heute noch findet, sondern um eine mehr oder weniger sachliche Betrachtung dessen, wie sich die Heiligenverehrung in dieser genannten Zeit darstellt, da sie Gefahr läuft, verloren zu gehen. Es ist also weder eine fromme noch eine katholisch oder evangelisch geprägte Betrachtungsweise, die dieser Arbeit zu Grunde liegt. Vielmehr sieht sie sich als ein Beitrag zum Kulturgeschehen dieses Raumes, waren doch die Heiligen bis vor nicht allzu langer Zeit Bestandteil auch des täglichen Lebens.

Wer von den Älteren erinnert sich nicht an die Christophorus-Plakette am Armaturenbrett des VW Käfers, die genauso wenig fehlen durfte wie die obligate Blumenvase. Selbst die wilden 68er-Studenten riefen in einer langweiligen Vorlesung den heiligen Benedikt an: »Hilf heiliger Benedikt, ich bin schon wieder eingenickt«; und die Großmutter betete zum heiligen Antonius von Padua, wenn sie vergeblich irgendetwas suchte: »Heiliger Antonius, sei gepriesen, Schutzpatron der Schlamperliesen.« Und noch unsere Generation sammelte an der sonntäglichen Kommunionbank Heiligenbildchen und holte sich den Blasiussegen gegen Halsschmerzen und Gräten im Hals. Die Heiligen im Himmel waren ein wichtiger Bestandteil des täglichen Lebens, und bevor sie nun endgültig aus diesem verschwinden, sollen hier ihre Bedeutung, Verbreitung, Geschichte und Verehrung für das Ruhrgebiet nachgezeichnet werden.

Dies hört sich vom Anspruch her vielleicht verhältnismäßig leicht an, erweist sich bei näherem Hinsehen jedoch als Mammutaufgabe, so dass eine Beschränkung angeraten schien. Allein die Zahl der Kirchenpatrozinien in der Region übersteigt die Hundert. Wenn noch die Schutzpatrone und die allgemeinen Heiligenfeste hinzuaddiert würden, so würde das Ergebnis sicherlich mehrere Bände füllen. Deshalb bedurfte es der Auswahl, die – wie stets – subjektiv bleibt und sich hier an der Attraktivität und der Bedeutung der einzelnen Heiligen orientiert.

Dabei stehen neben der lokalen Zuordnung und Verehrung die Dinge und Ereignisse und Informationen im Vordergrund, die sich nicht oder nur ansatzweise in den üblichen Heiligengeschichten und -legenden finden. Wer weiß schon, dass der heilige Franziskus nackt durch die Straßen seiner Stadt gelaufen, wie der heilige Antonius zu seinen Schweinen gekommen ist, dass der heilige Martin einem Kaiser Feuer unter dem Allerwertesten gemacht oder aber dass ein hiesiger Fußballverein einen echten Heiligen als Ehrenmitglied aufzuweisen hat?

Das Pantheon der bei uns im Revier verehrten Heiligen ist multikulturell; sie stammen aus Afrika, Kleinasien, dem Vorderen Orient, aus den südlichen und westlichen Ländern Europas, selbst aus Bayern und der Schweiz. Wären sie nicht heilig und im Himmel, so würde man von einem bunten Völkergemisch sprechen können. Diese für unsere Region auch in anderen Bereichen so typische Vielfalt macht eine Ordnung nicht ganz einfach.

Hier sollen die einzelnen Heiligen und ihre Geschichten in folgender Weise dargeboten werden:

1. Die Heiligen, denen im Revier eine Kirche geweiht ist oder war
2. Die Schutzpatrone von Städten oder besonderen Einrichtungen
3. Die Heiligen, denen in besonderer Weise im regionalen Heiligenkalender des Ruhrbistums Essen gedacht wird
4. Heilige, deren Feste und Gebräuche nicht nur im Revier, sondern allgemein verbreitet sind

Dass diese Zuordnung nicht durchgängig funktionieren kann, liegt daran, dass manche Heilige durchaus als multifunktional anzusehen sind. Der heilige Reinoldus zum Beispiel ist Schutzpatron für Dortmund; es gibt auch eine Reinoldikirche – die heute allerdings evangelisch ist, und die Protestanten haben mit den Heiligen nun mal nichts am Hut. Ähnliches gilt für die heilige Gertrud und Wattenscheid. Das Barbara-Patrozinium weisen gut ein Dutzend Kirchen im Revier auf; man wird sie also wohl eher als Schutzpatronin des gesamten Ruhrgebiets begreifen müssen.

So vielfältig wie die Heiligen unserer Region ist auch das Kaleidoskop ihrer Geschichte und Geschichten, die sich einem stringenten Ordnungswillen mehr oder weniger entziehen, was vielleicht auch ihren Reiz ausmacht.

In diesem Sinne wünscht der Autor bei der Lektüre der folgenden Seiten dieses Buches unterhaltsame Stunden.

Mutter Lieselotte hätte es gefallen!

Werner Bergmann

1. Als das Beten noch geholfen hat

Die Zeit zwischen 500 und 1500 bezeichnet man häufig als »das dunkle Mittelalter«, das dennoch eine Reihe von wesentlichen Dingen erfunden und hervorgebracht hat, die auch für uns heute noch Bedeutung besitzen. In dieser Zeit sind nicht nur das Schießpulver, die Wasser- und Windmühle, das hochseetüchtige Segelschiff, sondern ebenfalls der Branntwein erfunden worden. Eine der wesentlichsten Erfindungen, so man denn von einer solchen sprechen kann, war die der Heiligen.

Die Heiligenverehrung hat ihren Ursprung im frühen Christentum. Die ersten Christen bewahrten das Andenken ihrer Mitbrüder und -schwestern, die ihr Leben für den Glauben gelassen hatten. Die Namen dieser Märtyrer sind schon verhältnismäßig früh aufgeschrieben und ihres Martyriums ist regelmäßig gedacht worden. Gleiches gilt für die Zeitzeugen Christi, die Apostel, die einerseits in dieser Funktion, andererseits in der Mehrzahl darüber hinaus auch als Märtyrer verehrt werden. Somit ist eine Eingrenzung des Begriffs »Märtyrer« verhältnismäßig eindeutig: Er ist der Mensch, der sein Leben für den Glauben lässt und somit unmittelbar das ewige Leben erreicht. Sein Andenken wird bewahrt und verehrt.

Im Gegensatz dazu stehen die Heiligen, die nicht Märtyrer sind; sie »erwerben« ihre Heiligkeit durch herausragenden Lebenswandel, durch Wundertaten, die sich auch gleichermaßen posthum an deren Grab oder durch deren »Überreste«, die Reliquien, vollziehen können. In vielen Fällen werden diese den Heiligen und deren Überresten lediglich zugeschrieben, wie es die vielen Heiligenviten, die Berichte über das Leben und Sterben der einzelnen

Heiligen, oder die Heiligenlegenden seit dem frühen Mittelalter aufzeigen.

Im Mittelalter wie in der Neuzeit sind Heilige nach ihrer »Funktion« die pragmatischen Mittler zwischen dem unvollkommenen Geschöpf Mensch und dem allmächtigen Gott; sie sind Schutz und Schild, Patron von Menschen, gesellschaftlichen Strukturen, Staaten und Reichen, wie zum Beispiel der heilige Martin von Tours für das Frankenreich oder die heilige Barbara für die Bergleute; sie sind Helfer in der Not, so der heilige Nikolaus von Myra, der zu den 14 Nothelfern gerechnet wird und der bei Wassergefahren, Seenot und gegen Diebstahl angerufen wird; sie sind Anlass für die exklusive Verehrung an einem Ort, an Altären oder in Bezug auf bestimmte Patrozinien; ihre Überreste werden als Gegenstand der Verehrung und Bewirkung von Wundertaten angesehen.

Als Voraussetzung für die Heiligkeit ist nicht die Vorbildlichkeit des Lebenswandels allein ausschlaggebend; vielmehr reicht es in der Regel aus, dass der Nachweis des heiligen Lebens in einer Vita, dem schriftlichen Bericht über das Wirken des Heiligen, geführt wird. In vielen Fällen begründet erst die Vita die Heiligkeit und die Verehrung des Heiligen. Es können aber auch Ereignisse, die sich nach dem Tode einstellen, zur Heiligkeit führen, zum Beispiel eine Wunderheilung am Grabe. Bemerkenswert ist in diesem Zusammenhang, dass diejenigen, denen schon zu Lebzeiten Heiligkeit zugeschrieben wurde und wird, die Päpste, verhältnismäßig selten eine weit verbreitete Verehrung als Heilige erlangt haben.

Die westlichen Teile des heutigen Ruhrgebiets sind im 6. und 7. Jahrhundert, die übrigen Gebiete im Zuge der Sachsenkriege Karls des Großen christianisiert worden. In Folge wurde in den Dörfern und den sich entwickelnden

Städten – im Wesentlichen in Duisburg, Essen und Dortmund – Pfarreien eingerichtet und Kirchen gebaut. Jede dieser Kirchen erhielt bei der Weihe ein Patrozinium, die Zuordnung eines Heiligen, der den Schutz der Kirche in besonderer Weise gewährleisten sollte. Einher ging dies regelmäßig mit der Einbringung einer entsprechenden Reliquie – meist eines körperlichen Überrestes des entsprechenden Heiligen –, die dann ihren Platz im Altar der Kirche gefunden hat.

Die Christianisierung – vor allem aber der Ritus, der in lateinischer Sprache abgehalten wurde und den man nicht verstand – blieb zunächst weitgehend oberflächlich. Die Heiligen jedoch, die durch ihre Überreste präsent waren, gleichsam wie die Amulette und Symbole der abgelegten Götterwelten, gewährten durch ihre Nähe zum Allerhöchsten Fürsorge und Schutz. Schon bald wurden ihnen bestimmte Aufgaben und Funktionen zugewiesen: Der eine half bei Krankheit, der andere schützte das Vieh und der nächste half gegen die Fährnisse des Lebens. Von ihnen konnte man sich Abbilder machen, die ihre Präsenz symbolisierten; sie waren nicht so abstrakt wie der seltsame Religionsstifter, der in einem fernen, zwar »heiligen« Land am Kreuze für die Menschheit gestorben und auferstanden war.

Diese Heiligen wurden allesamt bis auf einige Ausnahmen mit der neuen Religion importiert, waren quasi Gastarbeiter aus fernen Landen. Dies lag im Wesentlichen daran, dass man in dieser Zeit nur durch Erleiden des Martyriums zur Ehre der Altäre erhoben wurde. Somit resultiert die Masse der Heiligen dieser frühen Zeit aus den Christenverfolgungen der römischen Kaiserzeit von Nero bis Diokletian. Nur zwei Heilige aus dieser Zeit, deren Verehrung und Andenken die Jahrhunderte überdauert haben, sind friedlich in ihrem Bett gestorben: der heilige Martin und der heilige Nikolaus. Ihre Beförderung zum Heiligen resultiert aus ihrem überaus frommen Lebenswandel und den Wundern, die sie zu Lebzeiten gewirkt haben. Als sich dann mit dem 4. Jahrhundert und der Herrschaft Kaiser Konstantins das Christentum mehr oder weniger als Staatsreligion etablierte, bedeutete dies weitgehend das Ende der Möglichkeit, sein Leben für den christlichen Glauben zu lassen.

Hinzu gesellt in dieser frühen Zeit noch eine komische Sorte von Heiligen, die durch Askese ihren Heiligenschein erworben haben. Sie lebten entbehrungsreich und einsam in der Wüste, auf Bergen, ließen sich in ihrer Klause einmauern oder stellten sich jahre-, aber auch jahrzehntelang auf eine Säule, um so Gott nahe zu sein. Eremiten und Säulenheilige erfreuten sich im 4. und 5. Jahrhundert ganz besonderer Beliebtheit, scharten Fangruppen um sich, und es war durchaus chic unter den Christgläubigen der Zeit, in einer Art Pilgerreise diese seltsamen Heiligen zu besichtigen und von ihnen möglicherweise ein Andenken zu ergattern. Herausragend unter ihnen: der heilige Antonius, der in der ägyptischen Wüste sein karges Leben fristete und meist vor seinen Fans auf der Flucht war. Der heilige Simeon, der in Syrien sein Leben auf einer ursprünglich etwa 16 Meter hohen Säule verbrachte, war ebenfalls Ziel zahlreicher wundergläubiger Pilger. Nach dessen Tod wurde seine Säule weiterhin besucht, und man nahm als Andenken ein Stück davon mit nach Hause, so dass in der Ruine des Simeonsklosters heute nur noch ein kläglicher Rest dieser einst so imposanten Säule vorhanden ist.

Wie heiß man auf den Erwerb und Besitz von Reliquien war, dokumentiert am anschaulichsten der Bericht des Zisterziensermönchs Gunther von Pairis vom Beginn des 13. Jahrhunderts über den Abt seines Klosters, Martin, der an der Eroberung der orthodox-christlichen Stadt Konstantinopel im Jahre 1204 durch das Kreuzzugsheer teilgenommen hatte. Der fromme Martin lief nach der Eroberung der Stadt von Kirche zu Kirche, allerdings keineswegs, um zu beten, sondern mit blanker Waffe, und zwang die dort versammelten Geistlichen und verängstigten Gläubigen, die Reliquien der Kirche herauszugeben. Da er die eine Hand für das Schwert und die andere zum Zusammenraffen der heiligen Knochen brauchte, barg er seine Beute in seiner Kutte, indem er den Gürtel enger schnallte und die Reliquien in den Halsausschnitt seines Gewandes steckte. Diesen Raubzug musste der arme Mönch Gunther in der »historia Constantinopolitana« dann auch noch als frommes Werk verkaufen, kamen die Reliquien jetzt doch in die Obhut des elsässischen Klosters Pairis und steigerten so dessen Bedeutsamkeit. Um diese noch weiter zu steigern, erstellte er zusätzlich eine Aufstellung der erbeuteten Reliquien: eine Spur vom Blut Christi, ein Stück des Kreuzes Christi, ein bedeutender Teil der Gebeine des heiligen Johannes, ein Arm des heiligen Jakobus, ein Fuß des heiligen Kosmas, ein Zahn des heiligen Laurentius sowie Reliquien von weiteren 28 männlichen und 8 weiblichen Heiligen. Man stelle sich den Knochensammler vor, der all diese Dinge unter seiner Kutte getragen hatte.

Mit welcherlei Tricks manchmal die Gier nach heiligen Überresten gestillt wurde, mag die Geschichte eines besonders frommen Bischofs belegen: Der gab vor, eine bedeutende Reliquie küssen zu wollen, um sie auf diese Weise zu verehren. Zum diesem Zwecke wickelte man den heiligen Knochen aus seiner textilen Umhüllung. Der fromme Mann führte ihn zum Mund, küsste ihn aber nicht, sondern biss herzhaft zu und erlangte so – zum Entsetzen aller Umstehenden – ein Stück der begehrten Reliquie, die er nicht mehr aus dem Mund gab und fröhlich nach Hause trug mit dem Argument, dass die heilige Maria Magdalena es nicht zugelassen hätte, wenn sie es nicht so gewollt habe.

Auch in unserer Region machte die Heiligenverehrung das Christendasein bunt und anschaulich. Neben den Kirchen wurden Klöster und Stifte gegründet, die schon bald zu den größten Grundeigentümern der Gegend wurden, allen voran das Kloster Werden und das Stift Essen, in dem die adeligen Damen versorgt wurden und ihr Auskommen fanden. Im Laufe des Mittelalters folgte noch die Gründung der Zisterzienserinnenklöster in Abhängigkeit vom Kloster Kamp, dessen barocke Gartenanlage uns heute noch erfreut. Die frommen Damen in Duissern (Duisburg), Sterkrade (Oberhausen) und Saarn (Mülheim an der Ruhr) brauten Bier, züchteten Fische und lebten von dem, was ihr Grundbesitz einbrachte.

Hinzu kamen die Gemeinschaften (Kommenden) der Kreuzritter, die nach dem Verlust der heiligen Stätten im Laufe des 13. Jahrhunderts sich auch in unserer Region niederließen, um nach den Regeln ihres Ordens mehr oder weniger christlich zu leben. Die Brüder des deutschen Ritterordens hatten Kommenden in Duisburg, in Welheim (Bottrop) und Brackel (Dortmund), die Johanniter in der Stadt Duisburg und Walsum (Duisburg) sowie in Dinslaken. Diese Ordensbrüder waren nicht mehr begierig, das Heilige Land zu befreien, vielmehr nutzten die adeligen Familien die Ordenskommenden als Versorgungseinrichtungen für die nachgeborenen Söhne.

2. Kirchenpatrozinien

Der heilige Dionysius
Steh auf, nimm deinen Kopf und wandle[1]

Der heilige Dionysius hat es nicht nur zum Schutzpatron der Stadt Paris und Frankreichs gebracht, ihm sind auch im Ruhrgebiet diverse, zum Teil uralte Kirchen geweiht. Herausragt das Kirchlein in Duisburg-Mündelheim, dessen Bau und Patrozinium seit dem 10. Jahrhundert belegt sind.[2] Gleiches gilt für die Kirche St. Dionysius in Essen-Borbeck. Neueren Datums ist die Kirche in Duisburg-Walsum, die ebenfalls diesem Heiligen geweiht ist. Dieses Patrozinium hat es bis ins Wappen dieses Duisburger Stadtteils gebracht, das im oberen Teil den Enthaupteten zeigt. Die St.-Dionysius-Kirche in Herne – ursprünglich die romanische Dorfkirche – gehört heute zu einer evangelische Gemeinde, deren Kirche den Namen Kreuzkirche trägt.[3] Weitere dem Dionysius geweihte Kirchen finden sich in Dortmund-Kirchderne, in Krefeld und Düsseldorf – so man diese noch dazurechnen darf.

Die Legende des Lebens und des Martyriums dieses Heiligen ist schnell erzählt: Dionysius wurde im 3. Jahrhundert von Papst Fabianus (236–250) mit weiteren Gefährten nach Gallien geschickt, um dort zu missionieren.

Als erster Bischof von Paris weigerte er sich wohl, den heidnischen Göttern zu opfern, wie es Kaiser Decius (249–251) erlassen hatte, und wurde auf dem Montmartre (der Berg des Martyriums) enthauptet. Dionysius soll sich kopflos erhoben, sein Haupt vom Boden aufgehoben und sich auf den Weg zu dem Ort gemacht haben, an dem er bestattet werden wollte, nicht ohne zuvor seinen Kopf vom Dreck der Richtstätte an einer Quelle gereinigt zu haben. Er ging also mit dem Kopf unter dem Arm gut sechs Kilometer bis zu dem Ort, der auch heute noch nach ihm benannt ist: St. Denis (heiliger Dionysius).

Über seinem Grab daselbst errichtete man eine Kirche und später ein Kloster, das unter den Merowingerkönigen schnell zum bedeutendsten Kloster des Frankenreiches wurde. Die besondere Verehrung, die Dionysius entgegengebracht wurde, führte dazu, dass sich die Mehrzahl der merowingischen Könige in der Kirche des Heiligen bestatten ließ und in dieser Tradition auch die späteren französischen Könige. Die Liste der königlichen Personen, die dort ihre letzte Ruhe fanden, liest sich wie das Who's who des französischen Königshauses. Um nur einige zu nennen: Ludwig XIV., Marie Antoinette, Ludwig der Heilige, Hugo Capet, aber auch merowingische und karolingische Größen wie Dagobert I., Chlodwig II. und Dagobert III., Karl Martell, der Bezwinger der Araber, Pippin der Jüngere und Karl der Kahle.

Als angehender Mediävist besuchte der Autor – frisch verheiratet – Anfang der 70er Jahre im Sommer Paris, natürlich auch die Kathedrale des heiligen Dionysius, nicht zuletzt auch deswegen, weil er über die merowingischen Königsurkunden an seiner Doktorarbeit saß, und besichtigte die Ausgrabungsarbeiten unterhalb der Kirche. Die Arbeiten ruhten, und es war wenig abgesperrt und noch weniger aufgeräumt. Gebeine und Schädel verblichener »Merowinger« lagen herum.

Wie würde eine solche Schädelkalotte eines echten Merowingers die Arbeit an der Dissertation inspirieren! Das Problem war nur, wie man einen solchen Schädel aus dem Unterwerksbau mitnehmen konnte. Eine Jacke, in die man das Stück seiner Begierde hätte einwickeln können, war aufgrund der Hitze nicht vorhanden. Die rettende Idee, den Schädel unter dem luftigen Sommerkleidchen der Ehefrau, die dann gleichsam als Schwangere die Kirche hätte verlassen können, herauszubringen, wurde empört und mit Grausen zurückgewiesen. Daher landete kein Merowingerrest auf dem Schreibtisch des Autors. Es langte dann schließlich viele Jahre später nur zu einer Schädelkalotte eines spätmittelalterlichen Mönchs aus dem Kloster Sponheim (bei Bad Kreuznach), die bei Ausschachtungsarbeiten in der Nähe des Altars ausgebuddelt worden war und auf dem Sportplatz dieses Dorfes landete, als man den Aushub dazu verwandte, Schlammlöcher aufzufüllen. Er blinzelt auch heute noch stillvergnügt den Autor an. Insofern hat Dionysius doch geholfen.

Zuständig ist der heilige Dionysius nach der Legende aber nicht für Knochenreste, sondern – was nimmt es wunder – er wird bei Kopfschmerzen angerufen, aber auch bei Hundebissen und Syphilis. Die Verbreitung seines Patroziniums hier in unserer Region mag im Zusammenhang stehen mit der Missionstätigkeit nach den Sachsenkriegen Karls des Großen. Zum Stadtpatron hat es dann aber hier wohl nicht gereicht; in dieser Funktion war er schon für die Stadt Krefeld vergeben, in deren Wappen er sich ebenfalls findet.

Die heiligen Antoniusse
2 x heiliger »Kumpel Anton«

Es gibt zwei Heilige mit dem Namen Antonius, die beide gleichermaßen bekannt sind und verehrt werden: der heilige Antonius der Eremit und der heilige Antonius von Padua. Zwischen ihnen liegt knapp ein Jahrtausend. Ersterer lebte in Ägypten in der Wüste, der andere war ein Portugiese, gebürtig aus Lissabon, wurde aber nach seinem Sterbe-Ort Padua in Italien benannt. Er ist der Patron der Vergesslichen: »Heiliger Antonius sei gepriesen, Schutzpatron der Schlamperliesen.« Heutzutage ist es einfach, mit Hilfe des heiligen Antonius verlorene Sachen wiederzufinden: Man ruft die passende Seite im Internet auf.[4]

a) Antonius der Eremit: Fickeltönnes

Der Ägypter Antonius wird auch als Vater des abendländischen Mönchtums bezeichnet, da er gleichsam einen neuen Weg zum heiligen Leben beschritten hat. Geboren um die Mitte des 3. Jahrhunderts, war es spätestens seit der Herrschaft des Kaisers Konstantin nicht mehr so ohne Weiteres möglich, die Krone des Martyriums zu erlangen. Insofern kreierte Antonius – nicht als Erster, aber umso erfolgreicher – ein gleichsam unblutiges Martyrium in Form des Eremitentums und der Askese. Dass er damit so erfolgreich war und zu einem der beliebtesten Heiligen des Abendlandes aufstieg, verdankt er dem – heute würde man sagen – Medienrummel, den sein Biograph, der berühmte Kirchenvater Athanasius, Metropolit von Alexandria, ins Werk gesetzt hat.[5]

Antonius' Leben verlief eigentlich unspektakulär. Er wurde als Sohn eines christlichen Großbauern (Fellachen) in Kome geboren. Nach dem frühen Tod seiner Eltern versorgte er seine kleine Schwester, übergab die 300 Hufen (etwa 80 Hektar) Landbesitz der Dorfgemeinschaft, verschenkte sein restliches Eigentum an die Armen und begab sich in die nahe Wüste, um fortan als Asket und Eremit zu leben. Über die Gründe ist vielfältig spekuliert worden. Während Athanasius von einer göttlichen Eingebung berichtet, ist von der modernen Geschichtswissenschaft verschiedentlich die These aufgestellt worden, dass einer der Beweggründe, die Antonius veranlasst hatten, in die Wüste zu gehen, das rigorose römische Steuersystem war, das die abhängigen Großbauern (Curialen) ganz besonders schröpfte. Dafür spricht, dass er seinen Grundbesitz der steuerpflichtigen Dorfgemeinschaft überließ[6] und nicht an die Armen verschenkte.

Man wird ihn wohl im heutigen Sinne als »Aussteiger« zu bezeichnen haben, der eine alternative Lebensweise suchte, ähnlich wie die Hippies am Ende der 60er Jahre im fernen Kalifornien. Dazu verschwand er in der Wüste und wurde zunächst einmal Vegetarier, ernährte sich allein von Fladenbrot und Gemüse. Diese gesunde Ernährungsweise sicherte ihm nicht nur ein langes Leben, sondern auch körperliche Unversehrtheit und Fitness bis ins hohe Alter von 105 Jahren, wie Athanasius berichtet, der den Heiligen anlässlich eines Besuches in der Wüste selbst in Augenschein genommen hat. Der heilige Greis hatte noch alle Zähne, allerdings hatte sich das Zahnfleisch zurückgebildet, und der Gute war putzmunter und puppenlustig, obwohl oder gerade weil er sich nie die Füße gewaschen hat.[7]

Seine Bildung war rudimentär, er sprach lediglich koptisch, die damals in Ägypten übliche Umgangssprache, und blieb Zeit seines Lebens Analphabet. Er konnte also weder die Bibel lesen noch in der Bildungssprache der

Zeit – dem Griechischen – kommunizieren. Als Domizil wählte er ein damals übliches Höhlengrab, in dem er vom Teufel und diversen Dämonen versucht und gequält wurde. Der Teufel näherte sich ihm als verführerisches Weib, und die Dämonen schlugen ihn mit Knüppeln, dass er wie tot liegenblieb.

Die Versuchungen des heiligen Antonius waren und sind ein beliebtes Motiv in der bildenden Kunst. Von Matthias Grünewald und Hieronymus Bosch bis hin zu Salvatore Dali wurden sie von vielen bedeutenden Malern ins Bild gesetzt.

Seine alternative Lebensweise lockte – ebenfalls ähnlich wie bei den »Blumenkindern« Ende der 60er Jahre – eine Vielzahl von Nachahmern zu ihm in die Wüste, und es wurde modern, dieses alternative Leben gleichsam touristisch zu bewundern. Besonders unter den weiblichen Einwohnern des römischen Reiches wurde es chic, den »stella deserti« (Stern der Wüste) höchst selbst aufzusuchen und zu beehren.

Als dem heiligen Antonius der Rummel zu viel wurde, verschwand er im Jahre 313 über Nacht, zog sich weiter in die Wüste zurück und erwählte als Domizil ein altes verlassenes Kastell – was auf Dauer natürlich nichts nutzte, da man ihn dort ausfindig machte und der Hype von Neuem einsetze.

Nach einer weiteren Flucht siedelte er in einer Höhle auf dem Berg Kolzim, in der er den Rest seiner 105 Lebensjahre verbrachte. An dieser Stelle gründete man nach seinem Hinscheiden ein Kloster, das heute noch zu den touristischen Highlights Ägyptens zählt[8], das man besichtigt haben muss, nicht zuletzt deswegen, weil es gut erreichbar auf halbem Wege zwischen Kairo und Hurghada in Sichtweite des Golfes von Suez liegt.

Wohl vermutend, dass nach seinem Tode die Überreste seines Körpers zu begehrten Reliquien werden würden, wollte er an einem unbekannten Ort bestattet werden.[9] Athanasius berichtet, dass lediglich die beiden Jünger, die ihn bestattet hatten, den Ort seines Grabes kannten. Dennoch sind die Mönche des Antoniusklosters durchaus überzeugt, die sterblichen Überreste des heiligen Mannes in ihrer Kirche zu besitzen. Nach einer anderen Überlieferung soll das Grab im Jahre 561 entdeckt und die Überreste sollen nach Alexandria geschafft worden sein. Am Vorabend der islamischen Eroberung soll sein Leichnam im Jahre 635 nach Konstantinopel gebracht und in der Hagia Sophia beigesetzt worden sein.

Im 11. Jahrhundert gelang es einem französischen Grafen, einen Großteil der Gebeine nach Frankreich in ein Dorf bei Grenoble zu bringen, welches sich prompt nach den berühmten Gebeinen in St. Antoine umbenannte. Schließlich sollen diese dann Ende des 15. Jahrhunderts in Arles gelandet sein. Heute finden sich weitere Reliquien in den Niederlanden, und zwar in der Einsiedelei Warfhuizen bei Groningen, in deren Kirche ein Reliquienschrein[10] des heiligen Antonius steht. Er enthält nach der Nachricht von Bruder Hugo, dem Leiter der Einsiedelei, einen Glaszylinder mit Knochenpulver des Antonius, dessen Herkunft unbekannt ist.[11]

Die Überreste des heiligen Antonius gibt es somit in zweifacher Ausführung: zum einen im Abendland, zum anderen in Afrika bei den koptischen Christen. Einig ist man sich allenfalls darin, dass er an einem 17. Januar gestorben ist, so dass man zumindest am selben Datum seinen Gedenktag feiern kann.

Darüber hinaus entsteht ein zweites Problem, wenn man den abendländischen Antonius mit seiner Ikonographie näher betrachtet. In der wird er nämlich regelmäßig mit einem Schwein als Begleiter dargestellt. Die Frage stellt sich nun, wie Antonius zu diesem Schwein gekommen ist, das ihm die hübschen Namen wie Schweinetünnes, Fickel(Ferkel)tönnes oder Swinetüns eingebracht hat.

In der Beschreibung seines Lebens durch Athanasius sucht man vergeblich nach einem Schwein. Zwar haben die Menschen seiner Umgebung – anders als die Juden, die das Schwein als unrein einstuften – durchaus Schweine gekannt und auch Schweinefleisch gegessen, nur: Bei dem überzeugten Vegetarier und Eremiten lässt sich das Tier einfach nicht finden.

Die christliche Hagiographie hat dann eine recht seltsame Erklärung gefunden: Sie kennzeichnet die Schweine als Sinnbild der Dämonen, die den Heiligen heimgesucht haben, mit Hinweis auf das Neue Testament. Die Evangelisten Markus und Matthäus berichten übereinstimmend von der einzigen »Auslandsreise« Jesu. Er ließ sich über den See Genezareth fahren, beruhigte den Sturm und landete im nicht jüdischen Gebiet bei Gerasa (heute Jerash in Jordanien; eine gut erhaltene römische Stadt, die eine Besichtigung wert ist, besonders wenn im römischen Theater die jordanische Armee ihre tägliche Militärmusikparade mit Dudelsäcken veranstaltet). Dort traf Jesus auf einen Mann, der von unreinen Geistern besessen war. Als er die Dämonen austrieb, baten ihn die bösen Geister, in eine in der Nähe weidende Schweineherde fahren zu dürfen. Diese umfasste nach Markus etwa zweitausend Tiere, die sich dann allesamt, nachdem die Dämonen in sie gefahren waren, in den See Genezareth stürzten und ertranken.[12]

Welch eine ökologische Katastrophe und ein Verlust für den Schweinezüchter, aber auch welch ein schwaches Argument für die Schweine des Antonius!

Der heilige Antonius ist rund sieben Jahrhunderte ohne Schwein ausgekommen. Erst mit der Gründung eines Hospitalordens, der seinen Namen trägt, Antoniter, und sich vornehmlich der Krankenpflege widmet, kommt das Schwein ins Spiel. Zur Finanzierung ihrer Krankenpflege erhalten die Antoniter das Recht, Schweine kostenfrei in Stadt und Land aufziehen und mästen zu lassen, die dann nach und nach als »Antoniusschweine« bezeichnet werden.

Die Antoniter widmeten sich vornehmlich der Behandlung einer seuchenartig auftretenden Krankheit, einer Pilzvergiftung durch Mutterkorn, die man späterhin auch als »Antoniusfeuer« bezeichnet. Diese führt zu einer Verengung der Gefäße in den Extremitäten bis hin zu deren Verlust.[13] Die Antoniter sind durchaus erfolgreich mit ihrer Behandlung, indem sie den Kranken zunächst mutterkornfreies »Antoniusbrot« verabreichen und damit die weitere Zufuhr von Pilzgift verhindern, zum anderen die befallenen Extremitäten mit »Antoniusbalsam« behandeln, dessen Grundsubstanz Schweineschmalz gewesen ist.

Dank dieser segensreichen Tätigkeit wurde der heilige Antonius seit dem 12. Jahrhundert mit dem Schwein in Verbindung gebracht und nach und nach zum Patron des Viehs und der Haustiere. Und gerade in Gegenden, in denen das Schwein die Grundlage der Fleischversorgung darstellt, also auch in Westfalen oder im Sauerland, erfreut sich der Fickeltönnes bis heute großer Beliebtheit.

b) Antonius von Padua: Schlampertoni

Der heilige Antonius von Padua wurde Ende des 12. Jahrhunderts in vornehmem adeligem Hause in Lissabon geboren und entschied sich als junger Mann, dem Ideal der Armut und Demut des heiligen Franziskus zu folgen und das Wort Gottes zu predigen.

Hervorragend ausgebildet an der berühmten portugiesischen Universität von Coimbra (das Städtchen ist auch heute noch eine Reise wert), begab er sich zunächst in Missionsabsicht nach Marokko, vielleicht auch mit dem Hintergedanken, dort bei dem Versuch, den Muslimen das Christentum zu bringen, die Märtyrerkrone zu erringen. Eine schwere Krankheit erforderte jedoch seine Rückfahrt, die bedingt durch die Wetterverhältnisse auf dem Mittelmeer unplanmäßig auf Sizilien endete. So gelangte er schließlich zu seinem Vorbild und Mentor in Assisi, dem heiligen Franziskus.

Aufgrund seiner ausgesprochenen Rede- und Predigtbegabung war er für die Franziskaner in Norditalien und Südfrankreich tätig; jedoch bereits als knapp 30-Jähriger gab er krankheitsbedingt oder auch wegen Entkräftung durch die fortwährende Askese seine Predigtwanderungen auf, allerdings nicht ohne – wie schon sein verehrter Lehrmeister – den Tieren gepredigt zu haben; bei ihm waren es allerdings Fische, während Franziskus den Vögeln gepredigt hatte.

Schon zeitgenössische Quellen berichten von Wundern, die er gewirkt haben soll. So soll ein junger Mann, der seiner Mutter einen Fußtritt verpasst hatte, nach der Predigt des Heiligen sich das Bein abgehackt haben, welches der Heilige dem bußfertigen Jüngling dann wieder anfügte, so dass dieser keinen dauernden Schaden davontrug. Und seine Wortgewandtheit soll die Massen bewegt haben. Man berichtet, dass selbst die größten Kirchen nicht ausreichten, die Menschenmassen zu fassen, die seine Predigten hören wollten, so dass er diese ins Freie verlegen musste.

Als er, gerade mal Mitte 30, in Padua 1231 starb, verehrten ihn die Gläubigen alsbald als Heiligen, so dass er schon knapp ein Jahr nach seinem Tode von Papst Gregor IX. heiliggesprochen wurde, gleichsam die schnellste Heiligsprechung aller Zeiten, da kommt selbst Johannes Paul II. nicht mit.

Zu seinen Ehren wurde eine Basilika errichtet, in die sein Leichnam am Weißen Sonntag des Jahres 1263 überführt wurde. Bei dieser Gelegenheit wurde der Sarg geöffnet, und mehr als 30 Jahre nach seinem Tode stellte man mit großem Erstaunen fest, dass sein Körper zwar weitgehend vergangen, seine Zunge aber unversehrt erhalten war. Dies betrachtete man als göttliches Zeichen seiner ungeheuren Redegewandtheit und entnahm die Zunge, bevor man seine sterblichen Überreste in seiner Kirche erneut beisetzte, um sie in einem gesonderten Reliquiar zu verehren.

Die Zunge blieb – unversehrt über die Jahrhunderte – Gegenstand der Verehrung des heiligen Antonius. Während kriegerischer Ereignisse wurde sie ausgelagert oder versteckt. Als man sie allerdings am Ende des Zweiten Weltkriegs wieder hervorholte, musste man mit Erschrecken feststellen, dass sie schimmelig geworden war und sich gebogen hatte. Nach vorsichtiger Säuberung und Zurechtbiegen zwischen zwei Glasplatten konnte man sie – gleichsam in alter Frische – wieder in das Reliquiar zurücklegen.[14] Und man wallfahrte wieder nach Padua zum heiligen Antonius, nicht nur wenn man irgendetwas verloren und nicht wiedergefunden hatte, sondern auch wegen Unfruchtbarkeit, Angst vor teuflischen Mächten, Fieber, Pest und Viehkrankheiten, bei Schiffbruch und in

Kriegsnöten; außerdem bat man ihn auch um eine gute Entbindung oder eine gute Ernte.

Heute, da das Pilgern und Wallfahren wieder in Mode gekommen ist, lässt sich dieses leicht ins Werk setzen. Unter *www.pilgerreisen.de* kann man die 7-tägige Wallfahrt mit allem Komfort für 699,00 Euro buchen.[15] Die modernen Touristikunternehmen und Partnervermittlungen haben an dem Heiligen sogar noch eine weitere wundersame Eigenschaft ausgemacht: Da er ja allen Suchenden hilft, warum denn nicht auch bei der Partnersuche. Folglich organisiert man Single-Wallfahrten nach Padua[16] zum durchaus günstigen Preis von nur 333,00 Euro, das Einzelzimmer allerdings mit 66,00 Euro Aufpreis.

Was wohl der heilige Antonius dazu gesagt hätte, wenn er das miterlebt hätte? Aber dem hatte man ja zur Sicherheit die Zunge herausgeschnitten. – Oder doch nicht? Als man zu Beginn der 80er Jahre noch einmal mehr oder weniger heimlich den Sarg geöffnet hat, stellte man fest: Unter den sterblichen Resten des heiligen Antonius befand sich sein intakter »Stimmapparat«.

Alles außer den Gebeinen des heiligen Antonius ist jetzt in der Schatzkapelle der Basilika von Padua ausgestellt, zur Verehrung durch die Gläubigen.[17]

Antonius der Eremit und Antonius von Padua: Obwohl sie sich ikonographisch durchaus unterscheiden, der eine mit Schwein und der andere mit Jesuskind auf dem Arm – und keineswegs mit herausgestreckter Zunge –, werden sie aufgrund der Namensgleichheit durchaus miteinander vermischt. Schon Wilhelm Busch hat die Versuchungen des Eremiten durch den Teufel dem Antonius von Padua angedichtet, der dann zum guten Schluss mit einem Schwein in den Himmel aufgenommen wird. So ist es nicht verwunderlich, dass die beiden Antoniusse nicht sonderlich unterschieden werden.

Auch im Ruhrgebiet tragen viele Kirchen ihre Patrozinien; so in Essen-Frohnhausen (Padua), Essen-Schönebeck (Eremit), Gelsenkirchen (Eremit), Oberhausen (Padua), Hamm-Uentrop (Padua), Ennepe Ruhr (Eremit), Witten (Eremit), Castrop-Rauxel (Padua), Recklinghausen (Eremit), Herten (Eremit), Dorsten (Eremit), Wesel (Eremit), Hagen (Eremit), Oberhausen-Alstaden (Eremit), Bottrop-Welheimer Mark (Eremit), Dortmund (Padua).

Die Stadt Oberhausen weist zwei Kirchen auf, die das Patrozinium des Antonius besitzen: St. Antonius in Oberhausen-Klosterhardt ist dem aus Padua geweiht, was daran liegt, dass diese Pfarre Ende des 19. Jahrhunderts in unmittelbarer Nähe der St.-Antony-Hütte begründet wurde. Die Hütte ist als älteste Eisenhütte des Ruhrgebiets gleichsam die Wiege der Eisenindustrie in unserer Region.

Dass die St.-Antony-Hütte einen Heiligen im Namen trug, lag vermutlich daran, dass deren Gründer, Franz von Wenge, Geistlicher war. Er war Domkapitular des Hochstiftes Münster und Kanoniker des Stiftes St. Mauritz bei Münster. Auf den heiligen Antonius von Padua als Patron seiner Eisenhütte ist er vermutlich gekommen, weil sich im Dom zu Münster im Chorumgang eine Statue dieses Heiligen findet. Geholfen haben allerdings dieser fromme Name und das Patrozinium des heiligen Antonius nicht, denn ein finanzieller Erfolg war dem Domherrn nicht beschieden. Vielleicht lag es daran, dass man aus dem gewonnenen Eisen auch Kanonenkugeln gegossen hat, mit denen unter anderem im Amerikanischen Unabhängigkeitskrieg (1775–1783) geschossen wurde. Das hat dem friedvollen Antonius von Padua wohl dann doch nicht gefallen.

Die Antoniuskirche in Herten ist Antonius dem Eremiten geweiht. Dieser wird dort seit dem 13. Jahrhundert verehrt. Sein Standbild in der Stadtmitte vom Anfang des 20. Jahrhunderts zeigt ihn mit einem Schweinchen, das unter seinem Gewand hervorlugt. Die bronzene Schweineherde, die sich wenig entfernt auf dem Straßenpflaster tummelt, ließe sich zwar in Beziehung setzen zu dem Heiligen, ist aber ein Geschenk des Hertener Fleischfabrikanten Schweisfurth an die Stadt.

Der heilige Pius X.
Erster Papst des 20. Jahrhunderts

Die Heiligsprechung von Papst Pius X. durch Pius XII. im Jahre 1954 ging einher mit dem Beginn des Wirtschaftswunders in der Bundesrepublik Deutschland und gerade im Ruhrgebiet. Im Boom von Kohle und Stahl benötigte man nach den Zerstörungen des Zweiten Weltkriegs und dem Zuzug vieler katholischer Gläubigen neue Pfarreien und somit neue Kirchen, die durchaus nicht selten das Patrozinium des frischgebackenen Heiligen übernahmen. So entstanden St.-Pius-Gemeinden in Bottrop, Gelsenkirchen, Herne, Marl, Wattenscheid und Witten.

Allerdings stand in unserer Region das Pius-Patrozinium oft unter einem nicht ganz glücklichen Stern, da die Mehrzahl der Kirchen der Zusammenlegung der Pfarreien seit dem Beginn des 21. Jahrhunderts zum Opfer fiel. St. Pius in Gelsenkirchen-Hassel wurde abgerissen; die St.-Pius-Kirche in Wattenscheid ist seit 2011 ein Kolumbarium – eine Aufbewahrungsstätte für die Asche von Verstorbenen –, eine praktische Einrichtung, denn man kann sie bei Wind und Wetter besuchen, und die mitgebrachten Blumen werden nicht von den Kaninchen gefressen. Die anderen Pius-Patrozinien gingen in neuen Großpfarreien auf, so dass lediglich ihr Name und die Kirchengebäude erhalten blieben.

Dies alles sollte sicherlich nicht Pius angelastet werden. Schließlich war er seit gut vier Jahrhunderten der erste Mann auf dem Stuhle Petri, der die Ehre der Altäre erreichte. Nicht nur Eugenio Pacelli (Pius XII.), der seine Heiligsprechung durchsetzte, sondern auch dessen Nachfolger Guiseppe Roncalli (Johannes XXIII.) haben diesen ihren Vorgänger durchaus innig verehrt.

In den Jahren vor dem Ersten Weltkrieg verlief das Pontifikat Pius X. in unserem heutigen Sinne recht unspektakulär, wenn man davon absieht, dass er die Beschäftigung von Kastraten in den Kirchenchören verboten hat und somit der damals noch möglichen Kastration von Jungen mit schönen Singstimmen endgültig einen Riegel vorschob. Des Weiteren hat er die französische Nationalheldin Jeanne d'Arc heiliggesprochen. Darüber hinaus gilt er als Vater der »Kinderkommunion«.

Bevor er als Pius X. den Papstthron bestieg, hatte er ein besonderes Hobby: Er baute eine außergewöhnliche Art von Sonnenuhren, die an Stelle des Schattenstabes eine Lochblende aufwiesen, so dass an Stelle des Schattens ein Lichtpunkt die Uhrzeit anzeigte. Ein paar Exemplare haben die Zeiten überdauert. Sie sind nicht nur aufgrund ihrer außergewöhnlichen Konstruktion erhaltenswert, sondern auch deshalb, weil ein richtiger Heiliger sie gebaut hat.

Die sterblichen Überreste dieses im wahrsten Sinne des Wortes »Heiligen Vaters« sind nach seiner Heiligsprechung in einen gläsernen Sarg umgebettet worden und können in St. Peter in Rom besichtigt werden. Mehr als 100 Devotionalien bzw. Reliquien werden heute noch in der St.-Pius-Kirche in Bad Neuenahr den staunenden Gläubigen gezeigt, so unter anderem sein Rasiermesser, ein Stück von seinem Bettgestell, Taschentücher und als Reliquie eine Haarlocke.

Der heilige Nikolaus von Flüe
Einsiedler mit zehn Kindern

Seit Friedrich Schiller kennt ein jeder Wilhelm Tell, den Nationalhelden der Schweiz, und seinen berühmten Apfelschuss. Aber wer kennt schon den Schutzpatron der Schweiz? Keineswegs nur ein kleines gallisches Dorf, sondern die gläubigen Menschen des Ruhrreviers, die sogar zwei Kirchen unter dessen besonderen Schutz gestellt haben, und zwar in Bochum und Dortmund.

Nikolaus von Flüe war ein strammer Schweizer Großbauer des 15. Jahrhunderts, der als Bürger, Offizier und auch Politiker in seiner Heimat Karriere gemacht hat. Er verheiratete sich standesgemäß, allerdings mit einer recht jungen Frau – sie war 14 Jahre alt bei der Heirat –, und diese gebar ihm in schneller Folge zehn Kinder, fünf Jungen und fünf Mädchen.

Als das jüngste Kind seiner großen Familie gerade mal einjährig war, entschloss sich der Hausvater nach diversen Visionen und Erscheinungen – übrigens mit Einverständnis seiner Frau –, die Familie zu verlassen und künftig als Einsiedler ein gottgefälliges Leben als »Bruder Klaus« zu führen. Wenig entfernt vom Hause seiner Familie baute er sich erst eine Hütte, dann eine Einsiedelei, in der er asketisch dem lieben Gott diente. Er schlief auf einem Brett mit einem Stein als Kopfkissen und soll sich ausschließlich von der täglichen Kommunion ernährt haben, so berichtet es nämlich sein zuständiger Bischof. Seine Frau und wohl auch seine Kinder schauten verschiedentlich nach ihm. Aufgrund seiner früheren bedeutenden Stellung blieb er ein gesuchter Ratgeber und wurde schon zu Lebzeiten gleichsam als heilig angesehen. Seinen damaligen Bekanntheitsgrad mag man daran ersehen, dass bei seinem Tode ein Requiem im Stephansdom in Wien gehalten und in Ungarn so etwas wie Staatstrauer verkündet wurde. 1649 wurde er seliggesprochen.

Die Schweizer verehrten ihren durch Frömmigkeit und Askese so herausragenden Mitbürger und versuchten in den folgenden Jahrhunderten (1869, 1929 und 1935), seine Heiligsprechung durchzusetzen. Dies jedoch gelang erst 1947, als Pius XII. (1939–1958) ihm dann am 15. Mai die Ehre der Altäre zukommen ließ. Daraufhin wurden sein Wohnhaus und auch seine Klause restauriert und zur Wallfahrtsstätte ausgebaut, und es entwickelte sich eine große Fangemeinde, die auch heute noch höchst aktiv ist, vor allem in der Schweiz, aber auch im Revier. Unter seinem Patrozinium stehen Kirchen in Bochum und Dortmund-Neuasseln.

Der heilige Konrad
Echter Bajuware im Himmel über dem Revier

Ein Geistlicher aus Gelsenkirchen bekam kurz nach dem Zweiten Weltkrieg bei einer Wallfahrt ins bayerische Altötting eine Reliquie des heiligen Konrad geschenkt. Zurückgekehrt nach Gelsenkirchen, erhielt er auf die Frage, was er damit machen solle, die Antwort, dass er diesem heiligen Konrad eine Kirche bauen solle. Gesagt, getan, und so entstand kurz nach dem Krieg eine Kirche ebenda, die im Jahre 2009 ihr 70jähriges Bestehen und gleichzeitig das 75-jährige Jubiläum der Heiligsprechung dieses Mannes feiern konnte.

Sein bürgerlicher Name war Johann Birnhofer, der als 11. Kind eines begüterten Bauern im Jahre 1818 geboren wurde. Früh vergeistigt, trat er als junger Mann in den Kapuzinerorden ein und nahm wohl den Namen Konrad mit dem Zusatz seines Geburtsortes an. Schon bald nach seinem ewigen Gelübde übertrug man ihm das Amt des Pförtners der berühmtesten bayerischen Wallfahrtsstätte Altötting, eine Aufgabe, die er mehr als vier Jahrzehnte bis zu seinem Tode versah. Täglich ließ er die Wallfahrer und Pilger ein und verteilte an die Bedürftigen mildtätige Gaben, und er wurde schon zu Lebzeiten als ein besonders frommer, wenn nicht gar heiliger Mann betrachtet.

Als Konrad dann 1894 starb, war sein Ruf in der Umgegend weit verbreitet. Seine Gebeine wurden 1922 in eine Kirche umgebettet, und nachdem an seinem Grabe in der Kirche diverse Wunder geschahen – Kranke wurden auf wundersame Weise geheilt –, sprach Pius XI. ihn im Jahre 1930 selig und vier Jahre später heilig. Nicht ganz unbeteiligt daran war der damalige päpstliche Nuntius in Bayern, Eugenio Pacelli, der spätere Pius XII., der eine flammende

Predigt über das heiligmäßige Leben des Bruders Konrad gehalten hatte.

Umbenannt in Bruder-Konrad-Kloster Altötting, wurden dorthin im Jahre 2010 seine Reliquien übertragen. Eine Silberfigur von ihm liegt in einem gläsernen Sarg unter dem Altar, und eine lebensgroße silberne Statue mit dem Hauptteil seiner Überreste wurde in der Kirche aufgestellt. Auch gibt es einen Bruder-Konrad-Brunnen, und selbst für das Starkbier der örtlichen Brauerei muss er mit seinem Namen herhalten. Seine Fangemeinde hat ihm sogar eine eigene Homepage eingerichtet: Unter *www.bruder-konrad.de* kann man sich über alle Neuigkeiten informieren. Ob ihm das gefallen hätte, mag dahingestellt sein.

Bruder Konrad – das einzig von ihm erhaltene Foto zeigt ihn mit Rauschebart ähnlich dem des Almöhi bei Heidi – fand Anklang im Revier, so dass weitere Kirchen unter seinen Schutz gestellt wurden, so in Moers – das rechnen wir noch zum Ruhrgebiet, schließlich wurde bis ins benachbarte Kamp-Lintfort auf dem linken Niederrhein Kohle abgebaut –, in Hagen und in Dortmund.

Wir hier stellen uns diesen heiligen Urbayern auf einer Wolke sitzend und Gott preisend vor: »Luja sog i.« Von dort schaut er auf sein Kloster in Bayern, sicher aber auch auf die seinem Schutz anbefohlenen Menschen des Reviers. Allerdings ergibt sich ein kleines Problem, wenn diese ihren Schutzpatron um etwas bitten, zum Beispiel: »Ey, hömma, Ollen, tusse den lieben Gott ma bitten, dat die Schalker ma endlich die Meisterschale inne Footen kriegen.« Bruder Konrad würde diese Bitte nicht verstanden haben, da er nur tiefsten bayerischen Dialekt sprach. Folglich wird die Schale wohl auch in Zukunft bei den Bayern bleiben.

Der heilige Urban und der heilige Clemens
Päpste in der Nachfolge des heiligen Petrus

Die Päpste der Frühzeit der Kirche werden, ob sie historische Personen gewesen sind oder nicht, überwiegend als Heilige angesehen. Meist nahm man für sie ein Martyrium an, das von vornherein zur Ehre der Altäre gereichte. Dabei hatten sie bei Weitem noch nicht die Vorrangstellung in der Kirche, die uns der später erfundene Titel »Papst« suggeriert, erstmalig durchgängig gebraucht von Papst Gregor I. dem Großen (590–604). Sie waren Bischöfe von Rom, die Musik in der alten Kirche spielte jedoch in Nordafrika, Kleinasien und Byzanz, denn die Patriarchen von Alexandria, Antiochia und Byzanz bestimmten den christlichen Glauben und haben sich teilweise um die rechte Lehre gestritten wie die Kesselflicker.[18]

Die Durchsetzung des Vorrangs der römischen Bischöfe als Nachfolger des heiligen Petrus bedingt, dass auch ihre Vorgänger im Nachhinein zu Päpsten befördert und ihnen eine besondere Bedeutung zugeschrieben wurde, die sie eigentlich nicht hatten. Ihre Pontifikate bleiben weitgehend im Dunkel der Geschichte und ihr heiligmäßiges Leben bleibt legendenhaft. Das mag an zwei Beispielen, die auch für unsere Region relevant sind, verdeutlicht sein: dem heiligen Urban (222–230) und dem heiligen Clemens (vermutlich 88–97).[19]

In der St.-Urbanus-Kirche in Gelsenkirchen steht der Schutzpatron der Kirche figürlich dargestellt als Papst mit der Tiara, der Papstkrone, die erst viele Jahrhunderte später »erfunden« worden ist. In der einen Hand hält er Trauben, in der anderen hält er ein Buch als weiteres Kennzeichen seiner Heiligenidentität. Die Trauben resultieren aus einer Verwechslung wegen Namensgleichheit mit dem ebenfalls heiligen Bischof von Langres.[20] Das aber hat dazu geführt, dass der heilige Papst aufgrund der Darstellung mit den Trauben in der Hand zum Patron der Winzer, des Weins und der Küfer avancierte, der er heute noch ist. Da nimmt es auch nicht wunder, dass er gegen Trunkenheit und Gicht schützen soll. Unklar ist allerdings, ob man ihn um Hilfe anruft, wenn man ein paar Bierchen zu viel getrunken hat, oder ihn vielleicht gar um Hilfe bittet, dass man diese gar erst nicht trinkt. Vielleicht ist er aber auch nur für die Weintrinker zuständig und nicht so sehr für die Bierbäuche des Reviers. Auf jeden Fall sind Kirchen in Gelsenkirchen-Buer und Dortmund-Huckarde unter seinen besonderen Schutz gestellt. In Dortmund hat man dann bei der figürlichen Darstellung die Trauben weggelassen und es ikonographisch bei Papstkrone und Buch belassen. Was sollte er auch mit den Trauben in der Bierstadt Dortmund!

Papst Clemens war der zweite oder dritte Nachfolger des Apostel Petrus; Papst soll er in der Zeit von 88 bis 97 gewesen sein; beide Daten sind unsicher. Vom römischen Kaiser Trajan zur Zwangsarbeit in den Marmorbrüchen auf der Krim verurteilt, starb er für seinen Glauben. Man ersäufte ihn im Schwarzen Meer, indem man ihn mit einem Anker beschwerte. Ikonographisch wird er deshalb mit der Papstkrone und einem Anker dargestellt. Seine Gebeine wurden Mitte des 9. Jahrhunderts auf wundersame Weise gefunden und in die Kirche San Clemente nach Rom überführt.

Im Ruhrgebiet finden sich zwei Kirchen, die seinen Namen tragen, und zwar in Oberhausen-Sterkrade und Dortmund-Hombruch. Letztere verzeichnet auch die entsprechende Heiligenlegende.[21]

Der heilige Franziskus Xaverius
Missionar im Land der aufgehenden Sonne

Das Pantheon der Heiligen des Ruhrreviers weist einen weiteren Kosmopoliten auf, den heiligen Franziskus Xaverius. Geboren in Navarra in Spanien, studierte er zusammen mit Ignatius von Loyola an der Sorbonne in Paris, und als Missionar fuhr er 1541 von Lissabon aus in die damalige portugiesische Kolonie nach Goa (das heutige Velha Goa in Westindien), um dort zu missionieren. Er war einer der Mitbegründer des Jesuitenordens und glühender Verfechter der Heidenmission. Von Goa aus unternahm er Missionsreisen nach Malakka und nach Japan, wo er über mehrere Jahre erfolgreich missionierte. Nach Goa zurückgekehrt, ging er auf eine Missionsreise nach China, auf der er nach schwerer Krankheit starb.

Sein Leichnam wurde nach Goa zurückgebracht und in der Kathedrale Bom Jesu in gläsernem Schrein bestattet, wo er noch heute zu bewundern ist, allerdings nur einarmig, da man bereits 1615 den rechten Arm von seinem Leichnam abtrennte, um ihn als Reliquie nach Rom zu bringen. 1622 wurde Franziskus Xaverius dann auch heiliggesprochen und das Armreliquiar in der Jesuitenkirche in Rom ausgestellt. Diese postmortale Amputation wird geschickt kaschiert, indem man den heiligen Leichnam mit der linken Körperhälfte nach vorne präsentiert.

Von Goa aus hat Franziskus den Weg in den Pott gefunden. Kirchen in Castrop-Rauxel und in Dortmund-Barop tragen sein Patrozinium; außerdem ist der katholische Friedhof in Castrop-Schwerin nach ihm benannt.

Der heilige Hubertus
Schutzpatron des Magenbitters?

Der heilige Hubertus ist als historische Persönlichkeit hinlänglich gesichert. Geboren um 655, startete er zunächst als Pfalzgraf (comes palatii) eine politische Karriere, war eine Art Chef der königlichen Verwaltung am Hofe des merowingischen Königs Theuderich III. Dieser hatte in seinem eigenen Reich wenig zu sagen und wurde zum Spielball der rivalisierenden Hausmeier, zeitweilig abgesetzt, geschoren und ins Kloster gesteckt, nach der Schlacht von Tertry (687) von Pippin dem Mittleren vereinnahmt und für dessen Machtlegitimation benutzt.

Pfalzgraf Hubert wird es wohl ähnlich ergangen sein, nur hatte dieser den Vorteil, mit der Ehefrau Pippins verwandt zu sein. Nach dem Tode Theuderichs III. wurde er vermutlich aus seinem Hofamt entlassen und beschloss daraufhin, in der Einsamkeit der Wälder als Eremit zu leben. Dort ernährte er sich ausschließlich von der Jagd. Diese war auch schon in dieser Zeit ein Privileg des Adels und sozusagen ein hochherrschaftlicher Zeitvertreib, und diese Tatsache zeigt seine herausgehobene soziale Stellung.

Insgesamt sieben Jahre verbrachte er auf diese Weise, bevor er zu einer Pilgerfahrt nach Rom aufbrach. Dort zum Priester geweiht, kehrte er ins weltliche Leben zurück und wurde – sicherlich aufgrund seiner Herkunft und seiner guten Beziehungen zu Pippin, dem starken Mann des Frankenreiches – zum Bischof von Tongern und Maastricht erhoben.

Die vornehmsten und frömmsten Taten des heiligen Hubertus waren die Erhebung der Gebeine des heiligen Lambert sowie die Verlegung seines Bischofssitzes nach Lüttich. Er starb friedlich in seinem Bett.

Aus welchen heiligmäßigen Gründen die Gebeine des Hubertus im Jahre 743 erhoben wurden und er fortan als Heiliger betrachtet wird, bleibt auch in der kurz danach entstandenen Vita diffus. Die hinlänglich bekannte Geschichte des von ihm gejagten Hirsches, der am Ende einer wilden Jagd dem Heiligen mit der Erscheinung eines Kreuzes zwischen den Geweihstangen entgegentrat, ist wahrscheinlich dem oben erwähnten Eremitendasein geschuldet, während dem er sich standesgemäß vom Wild des Waldes und keineswegs vegetarisch von Früchten und Beeren ernährte wie der überwiegende Teil der Heiligen, die in der Abgeschiedenheit ihr heiliges Leben verbracht haben. Außerdem ist dieses »Jagdwunder« erstmalig rund drei Jahrhunderte nach seinem Tode in seiner Legende aufgetaucht.

Das alles bewirkte allerdings, dass der heilige Hubert zum bevorzugten Heiligen der Adeligen und Schönen wurde, die das Privileg der Jagd besitzen und in seinem Namen dem edlen Waidwerk frönen. Dies bestand bis in unsere Zeit überwiegend aus Hetzjagden, bei denen das Wild mit Hunden, Menschen und Pferden so lange getrieben wurde, bis man die dann erschöpften Tiere mit Pfeil und Bogen oder mit einem Spieß – wie zum Beispiel bei der Sauhatz – erledigen konnte. Die letzten Reste dieses »Jagdvergnügens« bemüht man sich gerade auf den Britischen Inseln abzuschaffen.

Man fragt sich, was der Schutzpatron der Jagd und auch vieler Schützenvereine (so zum Beispiel in Duisburg und anderswo) mit dem Ruhrrevier zu tun hat. Und doch findet sich in Essen-Bergerhausen eine Pfarrkirche, die diesem Heiligen geweiht ist und die es vor einiger Zeit ob eines spektakulären Ereignisses in die Gazetten geschafft hat. In den Kirchturm von St. Hubertus war bei einem Gewitter der Blitz eingeschlagen. Das hölzerne Dachgestühl des höchsten Kirchturms Essens geriet in Brand, und die angerückte Feuerwehr konnte das Feuer zunächst nicht löschen, da sie nicht über entsprechend lange Leitern oder Hebezeuge verfügte. Erst nach Heranschaffung eines Spezialfahrzeuges wurde das Kirchturmkreuz geborgen und der Brand gelöscht. Man könnte auf die Idee kommen, dass der heilige Hubertus den ganzen Kram, der mit seinem Namen mittlerweile in Verbindung gebracht worden ist, eigentlich leid war und er mal ein Zeichen setzen wollte.

Seine Aversion mag wohl auch gegen die Verwendung seines Namens und seiner Legende im weiten Bereich der Alkoholika gerichtet sein. Es gibt nicht nur den »St.-Hubertus-Tropfen«, sondern auch den »Jägermeister«[22] (beides Kräuterliköre), die als Markenzeichen den Hirsch mit dem Kreuz zwischen den Geweihstangen tragen. Der seit den 30er Jahren in Braunschweig hergestellte Schnaps weist nicht nur einen sinnigen Spruch auf dem Etikett auf[23], sondern das Kennzeichen des heiligen Hubertus fand Anfang der 70er Jahre auch seinen Weg auf die Trikots der Spieler der Fußballmannschaft von Eintracht Braunschweig, was zunächst ein Skandälchen auslöste, nicht weil man ein Heiligenbildchen auf die breiten Fußballerbrüste platzierte, sondern weil man sich erdreistete, diese als Reklamefläche zu nutzen.

Dass die vor einiger Zeit in Mode gekommene Tätowierung des verlängerten Rückens der Damenwelt, die hier im Pott despektierlich mit »Arschgeweih« tituliert wird, etwas mit der Verehrung des heiligen Hubertus zu tun hat, ist allerdings frei erfunden.

Eine weitere dem Hubertus geweihte Kirche findet sich im Duisburger Süden im Stadtteil Rahm.

Der heilige Norbert
Kein Mann für sichere Renten

Ob er klein oder groß gewachsen war, ist nicht überliefert. Lediglich sein Kopf ist nach den Maßen seines Totenschädels rekonstruiert worden. Wir wissen, dass er zum engeren Kreise des Hofstaates Kaiser Heinrichs V. gehörte, mit diesem durch die Lande reiste und unter anderem auch in Rom war.

Geboren in Xanten oder auch in Gennep um 1180, war ihm eine geistliche Karriere zugedacht. Dem gerade mal 30-Jährigen wurde vom genannten Kaiser die Bischofswürde von Cambrai angeboten, obwohl er noch nicht einmal zum Priester geweiht war, die er jedoch dankend ablehnte. Vielmehr verließ er das Gefolge des Herrschers, um fortan als Eremit in der Nähe von Xanten zu leben.

Die Einsamkeit und das kontemplative Leben schienen allerdings nicht so recht seinem Charakter zu entsprechen, so dass er sich aufmachte und als Reform- und Wanderprediger durch die Lande zog. Da er zur Nachfolge Christi, zu Armut und Nächstenliebe in seinen Predigten aufrief, war er den Kirchenfürsten suspekt. Mehr gedrängt als freiwillig zog er sich mit seinen Gefährten und Anhängern – auch Anhängerinnen – in ein einsames Tal bei Prémontré zurück. Die sich dort bildende Gemeinschaft aus Laien und Klerikern wurde schon bald zum Kloster, dem Norbert eine eigene Regel gab und so zum Begründer des Prämonstratenserordens wurde.

In der Einsamkeit des Waldes von Prémontré hat er es dann allerdings auch nicht lange ausgehalten und ist 1125 nach Rom gereist, und als Papst Honorius II. und König Lothar III. (von Supplinburg) ihm die Würde des gerade vakanten Erzstuhles von Magdeburg antrugen, hat er diese dann auf einem Hoftag zu Speyer dankend angenommen. Sein Reformeifer blieb auch als Erzbischof von Magdeburg ungebrochen, so dass er es sich nicht nur mit dem Klerus der Stadt und des Bistums verdarb, sondern auch mit den Bürgern der Stadt, die ihn sogar zeitweilig wegjagten.

Auch seine Missionsbestrebungen – vornehmlich in Polen – waren nicht von dauerndem Erfolg gekrönt, und so dachten, als er 1134 starb, weder die Kirchenoberen noch die Gläubigen im Bistum Magdeburg daran, ihn als Heiligen zu verehren. Seine wenig später verfasste Vita preist sein frommes und apostolisches Leben, ist aber karg in Bezug auf Wunder. Lediglich Dämonenaustreibungen, die er im Laufe seiner Wanderungen durchführte, werden ausgiebig beschrieben.

Bei solcherart Dämonenaustreibungen ging es durchaus rustikal zu. Ein zwölfjähriges, von Dämonen besessenes Mädchen zum Beispiel wurde von Norbert zunächst einen Tag lang exorziert und dann lange und intensiv in geweihtes Wasser getaucht. Da dies nicht zum gewünschten Erfolg führte, ließ Norbert das Kind am folgenden Tag in die Kirche bringen und von zwei Mönchen am Altar festhalten, an dem er dann die Messe las. Als auch das den bösen Geist nicht vertrieb, griff er noch zu stärkeren Exorzismen, die der Chronist allerdings schamhaft verschweigt, und bringt so den Dämonen dazu, unter Schreien und Hinterlassen von stinkenden Körperflüssigkeiten aus dem Mädchen auszufahren.

Die Mönche und Ordensbrüder des von Norbert begründeten Prämonstratenserordens hatten ein Interesse daran, dass er in den Kreis der Heiligen aufgenommen wurde, denn schließlich waren alle übrigen Begründer von Mönchsorden mittlerweile als Heilige im Himmel.

Papst Gregor XIII. – das ist der mit der gregorianischen Kalenderreform – erlaubte dem Orden Ende des 16. Jahrhunderts, ihren Begründer als Heiligen zu verehren, was dann Anfang des 17. Jahrhunderts auf die gesamte katholische Kirche ausgedehnt wurde.

Seine Gebeine wurden in den Wirren des Dreißigjährigen Krieges ins Prämonstratenserkloster nach Prag gebracht, wo der gute Norbert noch heute liegt. Hier ist er sicherlich besser untergebracht als im ungeliebten Magdeburg, zumal die Mönche seit der Gründung des Klosters bis heute ein ordentliches Bier brauen, das man heute im St.-Norbert-Restaurant des Klosters zu einem feinen Essen trinken kann und welches selbstverständlich seinen Namen trägt: »pivo Sv. Norbert«.[23] Außerdem ist ihm auch die Ehre zuteil geworden, dass seine Heiligenfigur die berühmte Karlsbrücke in der Nähe des berühmten heiligen Nepomuks schmückt.

Bei diesen Vorzügen, die der heilige Norbert in Prag genießt, nimmt es nicht wunder, dass er auch in unserer Region hinreichend Verehrung gefunden hat. Die ihm geweihten Kirchen im Revier finden sich in den Städten mit Brautradition so in Duisburg, wo man ein »König ist«, wenn man ein bestimmtes Bier trinkt, im Stadtbezirk Hamborn und in Dortmund-Löttringhausen. Weitere Norbertkirchen finden sich in Düsseldorf, Bocholt und Werl. Außerdem gab es seit dem 12. Jahrhundert in unserer Region drei Prämonstratenserabteien: die erste in Duisburg-Hamborn, 1806 säkularisiert und 1959 neu eingerichtet mit einem sehenswerten romanischen Kreuzgang[24]; die zweite war die Prämonstratenserabtei St. Katharina in Dortmund, im gleichen Jahre säkularisiert, von der sich keine baulichen Überreste erhalten haben; die dritte, am nördlichen Rande des Ruhrgebiets auf Schloss

Cappenberg gelegen, ist ebenfalls säkularisiert; in deren Kirche findet sich heute der berühmte Barbarossakopf.

Ikonographisch macht der heilige Norbert auch nicht so recht was her. Vielfach im Bischofsgewand dargestellt, wird er mit einem Kelch in der Hand gezeigt, über dem sich eine Spinne befindet. Dies geht auf die Geschichte zurück, dass dem Heiligen während der Messfeier eine giftige Spinne in den Kelch gefallen sei. Voller Gottvertrauen habe er diese mit dem Messwein verschluckt, und die Spinne sei dann aus seiner Nase wieder hervorgekrochen, ohne ihm zu schaden.

Die heilige Ida
Erste westfälische Heilige eine Krimi-Mimi?

Die heilige Ida ist eigentlich der Idealfall einer Heiligen: Sie ist historisch, sie ist an dem Ort, an dem sie gelebt und fromm gewirkt hat, gestorben, begraben und heiliggesprochen worden; sie wird dort noch heute durch Wallfahrt und jährlichen Umzug ihres Schreins, der ihre Überreste birgt, verehrt. Dieser Ort ist Herzfeld, am äußersten Rand des Ruhrgebiets etwa ein Dutzend Kilometer östlich von Hamm an der Lippe gelegen.

Ida von Herzfeld stammte aus der Herrscherfamilie der Karolinger, die nicht nur zahlreich war – allein von Karl dem Großen kennen wir mehr als ein Dutzend legitimer bzw. anderer Nachkommen –, sondern auch eine Vielzahl von heiligen Männern und Frauen hervorgebracht hat. Geboren um 770 – möglicherweise als Enkelin Karl Martells –, wurde sie aus politischem Kalkül mit Ekbert, einem Herzog der Sachsen, verheiratet. Auf dem Weg dorthin begründete das junge Paar an einer Furt durch die Lippe eine Kirche aufgrund einer Engelserscheinung. Angeblich war dies die erste christliche Kirchengründung im sonst noch heidnischen Sachsen, das Karl der Große bis 804 heftig bekriegte und zwangsmissionierte.

Als Idas Ehegatte im Jahre 811 verstarb, ließ er sich in eben dieser Kirche bestatten, und die Witwe ließ dort eine Klause errichten, in der sie sich fortan dem frommen Leben und der Armenfürsorge widmete. Sie starb etwa 50-jährig und wurde in ihrer Kirche in Herzfeld begraben.

Gut ein Jahrhundert nach Idas Tod ließ der Bischof von Münster – ein begeisterter Reliquiensammler – das Grab öffnen und erhob die Gebeine. Da bei der Öffnung des Sarkophags ein lieblicher Duft dem Grabe entströmte, wurden vom Bischof selbst die Gebeine entnommen, in einen Schrein verbracht, Ida heiliggesprochen und fortan als erste Heilige Westfalens verehrt, nicht ohne dass der Bischof sich zuvor einige Teile des Skelettes für seine Reliquiensammlung in Münster gesichert hatte.

Fortan pilgerte und pilgert man zur heiligen Ida in die Kirche – seit 2011 durch Benedikt XVI. zur Basilika erhoben – nach Herzfeld[25] und feiert ihr Andenken durch einen feierlichen Umzug mit dem Schrein.

Doch auch unmittelbar im Revier ist die heilige Ida mit einem Kirchenpatrozinium vertreten, und zwar in Gelsenkirchen-Resse. Diese verhältnismäßig kleine Kirche ist in gewisser Weise im Revier einzigartig, da sie seit 2004 gleichermaßen von der ursprünglichen katholischen Gemeinde und von der evangelischen Gemeinde des Ortsteils (ehemals ev. Johannesgemeinde) genutzt und daher jetzt als ÖZI (Ökumenische Zentrum St. Ida) bezeichnet wird. Altar, Lesepult bzw. Ambo und der Tabernakel sowie die Anordnung der Bestuhlung im Altarraum zeigen an, dass diese Kirche sowohl von evangelischen als auch von katholischen Christen genutzt wird. In der St.-Ida-Kirche werden neben den konfessionellen Gottesdiensten ökumenische Andachten gefeiert, so am Ende des ökumenischen Kreuzweges in der Passionszeit, zu Pfingsten, zu Beginn des ökumenischen Sommerfestes. Des Weiteren dient dieses Kirchlein, das Anfang der 50er Jahre des vergangenen Jahrhunderts als Notkirche errichtet worden war, als Veranstaltungsort. So wurde im Jahre 2014 dort erstmals die Lesung eines Kriminalromans, T. Bern, »Ruf der Geister«, im Rahmen eines Gottesdienstes veranstaltet. Die heilige Ida wird sich gewundert haben, dass es in ihrer Kirche dann um Mord und Totschlag ging.

Der heilige Franziskus
Kleiner verlauster Mann ganz groß

Den heiligen Franziskus, der den Vögeln predigt und mit den Tieren spricht, kennt jeder. Darüber hinaus hat er den Franziskanerorden – den ersten Bettelorden – begründet und institutionalisiert, der auch heute noch als Orden der Minoriten oder auch Minderbrüder bekannt und verbreitet ist. Sein Leben und Wirken ist uns länglich bekannt, da er einen Biographen hatte, der ihn selbst noch kennengelernt hatte und ihn glühend verehrte, Thomas von Celano.

Franziskus wurde 1181 oder 1182 in Assisi geboren. Er verbrachte seine Jugend als Sohn eines wohlhabenden Kaufmanns mit all den Dingen, die ein verwöhntes Söhnchen in dieser Zeit für chic erachtete. Nach einem Erweckungserlebnis – Christus sprach in einer Kirche zu ihm – verwandte er die finanziellen Mittel seines Vaters zum einen für wohltätige Zwecke, zum anderen zur Wiederherstellung der Kirche des heiligen Damians[26] in Assisi.

Dem Vater passte die wenig gewinnträchtige Verwendung seines Vermögens durch den Sohn absolut nicht, und so kam es notwendigerweise zum Vater-Sohn-Konflikt. Dieser endete in einem Prozess vor dem zuständigen Bischof, durch den dem ungehorsamen Sohn die weitere Verwendung des väterlichen Vermögens untersagt werden sollte. Bevor noch der Richterspruch in der öffentlichen Verhandlung auf dem Domplatz erfolgte, zog sich der gute Franziskus nackt aus – die Kleider hatte schließlich sein Vater bezahlt – und sagte sich von seinem Vater los, um fortan nur noch dem Vater im Himmel zu dienen. Er lebte von da an in gewollter Bettelarmut als Eremit in der Umgegend seines Geburtsortes.

Sehr bald schon predigte Franziskus das Evangelium und scharte Anhänger um sich; herausragten ein reicher Adeliger und ein Jurist, die mit ihm das anspruchslose Leben teilten, gemäß dem Spruch der Bibel: *Wenn du vollkommen sein willst, geh, verkauf deinen Besitz und gib das Geld den Armen; so wirst du einen bleibenden Schatz im Himmel haben; dann komm und folge mir nach.* (Mt 19,21)

Um seine kleine Gemeinschaft nicht Gefahr laufen zu lassen, von der Kirche als Ketzer angesehen zu werden, gab er ihr nicht nur eine erste Lebensregel, sondern bemühte sich auch beim Papst in Rom um die Anerkennung als Buß- und Wanderprediger. Dies gelang zum einen dadurch, dass er gewisse Verbindungen zur Kurie hatte, zum anderen wohl auch durch seine besondere Ausstrahlung und die Unerschrockenheit, mit der der kleine Mann aus Assisi mit den Großen seiner Zeit umging. Thomas von Celano zum Beispiel schreibt: *Er war ein außerordentlich redegewandter Mann mit fröhlichem Antlitz und gütigem Gesichtsausdruck, frei von Feigheit, ohne jede Überheblichkeit. Von nicht gerade großer Gestalt, eher klein als groß, hatte er einen nicht sonderlich großen, runden Kopf, ein etwas längliches und gedehntes Gesicht, eine ebene und niedrige Stirne.*[27] Eine weitere Quelle aus dem Umfeld des Hofes Kaiser Friedrichs II. beschreibt ihn ähnlich in ärmlichem Gewand, verlaust und mit von der Wassersucht geschwollenen, dicken Beinen.

Die Anerkennung wurde durch Innocenz III. gewährt, so dass Franziskus und seine Mitbrüder durch die Gegend zogen und predigten.

Auf diesen Predigtreisen vollbrachte Franziskus nach der Lebensbeschreibung von Thomas von Celano zahlreiche Wunder. Er heilte Lahme und Gichtbrüchige, gab einer blinden Frau ihr Augenlicht zurück und trieb Dämonen aus. Wunder geschahen selbst mit Gegenständen, die er berührt hatte. Brot, das er gesegnet hatte, heilte Kranke. Ein frommer Mann aus Cittá della Pieve (Umbrien), der einen Strick besaß, mit dem Franziskus seine Kutte gegürtet hatte, tauchte diesen in Wasser und gab davon Kranken zu trinken, die allesamt daraufhin geheilt wurden. Franziskus galt somit schon zu Lebzeiten zumindest in Italien als heiliger Mann, dem mit seinem Armutsideal, seinen Predigten und seiner Lebensweise größte Bewunderung gezollt wurde.

Erstaunen gab es auch über sein Verhältnis zu den Tieren, mit denen er regelmäßig sprach und auf die er wundersamen Einfluss ausübte. Neben der Vogelpredigt besänftigte er einen wilden Wolf, gebot Schwalben Ruhe während seiner Predigt und bat einen Fisch so lange neben seinem Nachen zu verweilen, bis er sein Gebet zu Ende gesprochen hatte. Seine ungebrochene Liebe zu den Tieren ging sogar soweit, dass er es nicht übers Herz brachte, die Plagegeister der damaligen Menschen, Flöhe und Läuse, von seinem Körper zu entfernen – er also voller Ungeziefer durch die Gegend lief.

Als er – wohl in Bari – auf den Hofstaat Kaiser Friedrichs II. traf, bot man ihm dort zunächst mal ein Bad an, was der heilige Mann durchaus standhaft ausschlug. Das Naserümpfen der luxusverwöhnten Hofschranzen kann man sich sicherlich gut vorstellen; daher ist es auch unsicher, ob man ihn zum Kaiser vorgelassen hat. Dennoch wollte man ihm etwas Gutes tun und schickte ihm wohl wegen der Kälte der Nacht ein hübsches junges Mädchen aufs Zimmer. Kaiser Friedrich II. war schließlich der einzige christliche Kaiser des Abendlandes, der einen Harem besaß und somit die Damenwelt besonders zu schätzen wusste. Ob die junge Frau von der ihr gestellten Aufgabe begeistert war, ist nicht überliefert. Der heilige Mann scheint es indes nicht gewesen zu sein. Er erklärte sich zwar bereit, mit ihr in einem Zimmer zu nächtigen, zog aber mit dem Schürhaken glühende Holzscheite aus dem Kamin und verteilte sie auf dem Fußboden als Lagerstatt, die er ob seiner festen Standhaftigkeit im Glauben mit der jungen Frau teilen wollte. Dass diese dann wegen des wenig appetitlichen, verlausten Mannes und des im wahrsten Sinne des Wortes feurigen Bettes schreiend davongelaufen ist, mag aus heutiger Sicht verständlich sein.[28]

Franziskus wurde also bei dieser Gelegenheit weder sein Ungeziefer los, noch erlag er männlichen Versuchungen, die er bei anderer Gelegenheit durch Schneebäder bekämpfte. Da Schneebäder in Italien verhältnismäßig selten möglich sind, stürzte er sich zu anderen Jahreszeiten in ein Rosenbeet, um mit den Dornen dieser Pflanzen den fleischlichen Teufel in sich zu bekämpfen. Die Rosen schützten jedoch den heiligen Mann, indem sie ihre Dornen einzogen. Seitdem soll es am Ort dieses Geschehens in Portiunkula dornenlose Rosen geben.

Dennoch hatte Franziskus kein gebrochenes Verhältnis zu Frauen. Seiner Weggefährtin Klara, die dann den weiblichen Zweig des Franziskanerordens, die Klarissinnen, gründete, war er durchaus liebevoll zugetan. Als die Leute jedoch anfingen, zu tuscheln und sich das Maul zu zerreißen, beschloss er, sie längere Zeit nicht zu sehen. Auf die ängstliche Frage Klaras, wann sie ihn denn wiedersehen dürfe, antwortete er: Wenn die Rosen wieder blühen. Und sofort erblühten rings um die beiden herum mitten im Winter die schönsten Rosen.

Diese beiden Episoden erfreuen natürlich ganz besonders die Gartenbesitzer und Rosenliebhaber, die damit auch den heiligen Franziskus als Schutzpatron für sich in Anspruch nehmen.[29]

Seine ungebrochene Tierliebe hatte zur Konsequenz, dass er sich rein vegetarisch ernährte. Nachdem er in der Rekonvaleszenz nach einer schweren Krankheit Hühnerfleisch zu sich genommen hatte, ließ er sich, als er wieder gesund geworden war, an einem Strick um den Hals von einem Mitbruder durch den Ort schleifen und laut beschimpfen, dass er ein Geschöpf Gottes verspeist habe.

Seine Unerschrockenheit im Umgang mit weltlichen und geistlichen Größen stellte er immer wieder unter Beweis. Herausragt jedoch sein Auftritt vor dem Sultan Al-Kamil:

Franziskus war mit den Kreuzrittern von Ancona aus zu Schiff zum 5. Kreuzzug aufgebrochen, allerdings keineswegs kampfesmutig, sondern um unter den Mohammedanern zu missionieren. Entweder todesmutig oder in der Hoffnung auf ein Martyrium begab er sich ins Heerlager der Muslime vor Damiette (Ägypten; etwa 40 Kilometer westlich von Port Said) und wurde – vermutlich aufgrund seiner Unerschrockenheit und seines bestimmten Auftretens – sogar vom islamischen Herrscher empfangen. Er predigte vor den versammelten Muftis, Imamen und Ayatollahs, vor dem Herrscher und dem Hofstaat das Wort Gottes und forderte sie auf, zum Christentum überzutreten. Da diese natürlich nicht daran dachten, nicht zuletzt in Gedanken an den zuvor über das christliche Heer errungenen Sieg, forderte Franziskus die islamischen Geistlichen zur Feuerprobe auf. Er wollte mit ihnen über glühende Kohlen gehen, um den wahren Glauben zu erweisen. Diese lehnten dankend ab, waren aber beeindruckt vom Mut und der Überzeugungsstärke des kleinen Mannes, so dass sie ihn unbehelligt ins christliche Lager zurückkehren ließen, anstatt ihn einen Kopf kürzer zu machen, wie es damals üblich war. Der Sultan soll ihn gar zum Abschied um ein Gebet für sich zum Gott des Franziskus gebeten haben.

Auch sonst war Franziskus für den einen oder anderen Event gut. Im Jahre 1223, etwa drei Jahre vor seinem Tod, ließ er anlässlich des bevorstehenden Weihnachtsfestes in Greccio (90 Kilometer nördlich von Rom) mitten im Wald den Stall von Bethlehem nachbauen – mit Heu, Ochs und Esel sowie einer Futterkrippe. In der Weihnachtsnacht feierte er dort mit seinen Mitbrüdern und den ob dieses Ereignisses herbeigeeilten Leuten die heilige Messe, während der er so ergreifend predigte, dass die Leute das Heu der Krippe aufbewahrten, welches daraufhin, wie Thomas von Celano im letzten Kapitel des 1. Buches berichtet, wundersam Tiere heilte und Gebärenden zu einer leichten Geburt verhalf. Ob Franz damit den Brauch, an Weihnachten Krippen aufzustellen, begründet hat, mag dahingestellt sein, aber er hatte ein starkes Symbol für sein Armutsideal geschaffen.

Als er mit knapp über 40 Jahren, fast erblindet und von zahlreichen Krankheiten geschwächt, 1226 starb, war er längst eine Legende im christlichen Abendland. Er hatte mit den großen Persönlichkeiten seiner Zeit gesprochen, dem Papst, dem Kaiser sowie den Herrschern des Orients, und sie von seiner Weise, die Nachfolge Christi zu leben, zu überzeugen versucht, und er hatte einen Mönchsorden gegründet, der bis heute die Zeiten überlebt hat.

Mag auch sein Biograph Thomas von Celano in seiner Begeisterung für seinen Meister über das Ziel hinausgeschossen sein, er kennzeichnet einen absolut außergewöhnlichen Mann, der in seiner Lebensweise und in der Wertschätzung der gesamten Schöpfung, sei es Mensch, Flora oder Fauna, sowie seiner Bedürfnislosigkeit nicht nur den mittelalterlichen Menschen mit Erstaunen und Bewunderung erfüllte. So ist es eigentlich nur folgerichtig, dass er schon kurz nach seinem Tode heiliggesprochen wurde und die Menschen anfingen, zu seinem Grab nach Assisi zu pilgern.

Heute wird der kleine Mann gleichsam als Allzweckpatron für Tierschutz, Natur, Umwelt und Ökologie angesehen, nicht zuletzt weil er, bevor er an das Sterbebett des Papstes Innocenz III. trat, zuvor eine Spinne rettete, ein Kind tröstete und mit einer unglücklichen Frau betete.

Und die Christen horchten auf, als sich der neue Papst Franziskus I. nannte, statt der roten Schühchen, die sein Vorgänger – »Wir sind Papst« – bevorzugte, seine alten schwarzen Treter anbehielt und anstelle des Papamobils einer deutschen Edelautomarke oder einer Staatskarosse mit einer gebrauchten Nuckelpinne durch Rom fuhr.

Im Ruhrgebiet hat die franziskanische Bewegung früh Fuß gefasst. Bereits 1265 findet sich in der Stadt Duisburg ein urkundlicher Beleg über die Gründung eines Franziskanerklosters und den Bau der Minoritenkirche. Das Kloster wurde zu Beginn des 19. Jahrhunderts aufgelöst, jedoch kehrten die Franziskaner im 20. Jahrhundert zurück und haben nun ihr Domizil in Duisburg-Beeck. Ein weiteres Kloster der Minderbrüder findet sich in Gelsenkirchen, ein Kapuzinerkloster (ebenfalls Mitglieder des Franziskanerordens) in Werne. Ein ehemaliges Kapuzinerkloster in Essen war der Grundstock des ältesten Krankenhauses der Stadt und wird bis heute als Elisabeth-Krankenhaus weitergeführt. Dem heiligen Franziskus geweihte Kirchen gibt es im Revier in großer Zahl: in Recklinghausen-Stuckenbusch, in Marl, Dortmund-Mitte, Bochum-Riemke, in Duisburg-Großenbaum, Witten, Oberhausen und anderswo.

Der heilige Georg
Ritter ohne Furcht und Tadel

Wollte man alle die Patrozinien und Legenden aufführen, die sich um den heiligen Georg ranken, so würde dies mehr als ein Buch füllen. Gleichermaßen in der orthodoxen wie in den okzidentalen Kirchen als drachentötender Ritter verehrt, ist er nicht nur der Schutzpatron vieler Staaten und Regionen von England über Albanien bis Georgien, sondern auch persönlicher Fürsprecher im Himmel für Fürstenhäuser, Familien und Berufsgruppen. Dies ist um so verwunderlicher, als man über diesen Heiligen nur recht wenig weiß. Dennoch wird er seit der Spätantike im Vorderen Orient, in Nordafrika, selbst in Äthiopien und in Westeuropa gleichermaßen verehrt.

Georgs Karriere als Erzmärtyrer und Heiliger kommt mit dem Aufstieg des Rittertums und mit den Kreuzzügen erst so richtig in Schwung, als der ritterliche Held die jungfräuliche Königstochter vor dem menschenfressenden Drachen rettet und auf diese Weise die Menschen zum Christentum bekehrt. Seiner Beliebtheit hat es nicht einmal Abbruch getan, dass ihn Richard Löwenherz, bevor er auf den Kreuzzug ins Heilige Land aufgebrochen ist, zu seinem persönlichen Schutzpatron erkoren hat. Auf seinem Kreuzzug hat Richard zwar Jerusalem aus der Ferne sehen können, konnte es aber nicht erobern und musste unverrichteter Dinge wieder nach Hause fahren. Auf dem Rückweg wurde er bekanntlich als Geisel so lange festgehalten, bis sein Königreich ein erkleckliches Lösegeld – etwa 20 Tonnen Silber – gezahlt hatte. Bei einem Scharmützel bei Châlus im Limousin im Südwesten Frankreichs wurde er von einem verirrten Pfeil in die Schulter getroffen und starb etwas mehr als 40 Jahre alt am Wundbrand in den Armen seiner nicht weniger berühmten Mutter Eleonore von Aquitanien. Seine Eingeweide wurden in der örtlichen Kapelle, sein Herz in der Kathedrale von Rouen und der Rest seines Leichnams im Kloster Fontevrault bestattet.

Trotz des betrüblichen Schicksals seines Schutzbefohlenen wurde die Legende des heiligen Georg weiter ausgeschmückt, seine Verehrung weiter verbreitet. Maßgeblichen Anteil daran hatte Jacobus de Voragine mit seiner »Legenda aurea«, die einen strahlenden heiligen Helden vermittelte. Wobei die wenigen überlieferten Anhaltspunkte zu seinem realen Leben ein anderes Bild ergeben.

Ein besonderer Glücksfall ist es, dass ein Zeitgenosse, der obendrein noch in der gleichen Region lebte und wirkte, über sein Martyrium berichtet: Eusebius, der Vater der Kirchengeschichte und erster christlicher Chronograph. Er beschreibt ausführlich die letzte große Christenverfolgung der diokletianischen Ära, die in Palästina im Wesentlichen durch Mitkaiser Maximinus, der mit der Herrschaft im Vorderen Orient betraut war, betrieben wurde. In seinem Werk »De martyribus palaestinae« (Über die Märtyrer Palästinas)[30] werden die Ereignisse in allen sadistischen Einzelheiten ausgebreitet. Auch in seiner Kirchengeschichte, der »Historia ecclesiastica«[31], erwähnt er im 8. Buch, 5. Kap die Märtyrer in Nikomedien. Schließlich wird in seiner Chronik für das Martyrium des heiligen Georg der 23. April des 19. Herrscherjahres des Diokletian (303 n. Chr) genannt. Als hoher Offizier der römischen Hilfstruppen verweigerte Georg das Götteropfer und wurde nach diversen Martern letztendlich enthauptet. Begraben wurde er in Lydda, dem heutigen Lod, wenige Kilometer südlich von Tel Aviv, heute bekannt durch den Flughafen Ben Gurion.

Schon sehr bald breitete sich unter den Christen des 4. Jahrhunderts – nach der Tolerierung des Christentums durch Konstantin – die Verehrung Georgs aus, so dass über seinem Grabe eine Kirche errichtet wurde. Der Legende nach soll es die Kaiserin Helena, die Mutter Konstantins, Palästinatouristin und Reliquienjägerin, gewesen sein, die den Kirchenbau initiiert hat.[32] Pilger, die zwischen dem 5. und 7. Jahrhundert zu den heiligen Stätten reisten, besuchten, so sie in Jaffa (heute Vorort von Tel Aviv) an Land gingen, zunächst die Kirche des heiligen Georg in Lydda, bevor sie sich nach Jerusalem aufmachten.

Der Archidiakon Theodosius, der Palästina zu Beginn des 6. Jahrhunderts bereist hat, schreibt: *Von Emmau nach Diospolis* (griechische Name für Lydda; Anmerkung des Verfassers) *sind es 12 Meilen, wo der hl. Georg als Märtyrer gestorben ist; dort ist auch sein Leichnam, und es geschehen viele Wunder.*[33] Gleiches berichtet der Pilger aus Piacenza um 570.[34] Auch Gregor von Tours, einer der Nachfolger des heiligen Martin auf dem Bischofsstuhl von Tours und Chronist des fränkischen Reiches unter den Merowingern, berichtet fast zeitgleich in seinem Werk über den Ruhm der Märtyrer (»In gloria martyrum«, Kap. 100) von den Wundertaten des Heiligen.[35] Den Kreuzfahrern des 1. Kreuzzuges (1096–1099) gelang der Legende nach die Eroberung Jerusalems erst, als ihnen Georg auf weißem Ross zu Hilfe kam.

Als ein Jahrhundert später der oben erwähnte Richard Löwenherz ins Heilige Land kam, ließ er zunächst die von Saladin zerstörte Kirche in Lydda wieder aufbauen und erklärte den heiligen Georg zum Schutzpatron seines Kreuzzuges. Der 1190 in Akkon begründete Deutsche Ritterorden erwählte neben der Gottesmutter Maria ebenfalls den heiligen Georg zum Schutzpatron.[36] Reste der Kreuzfahrerkirche sind heute noch erkennbar. An der Stelle der in Teilen zerstörten Kirche wurde eine Moschee errichtet, Ende des 19. Jahrhunderts unter Einbeziehung der Ruinen eine orthodoxe Kirche, so dass hier Kirche und Moschee aneinandergebaut wurden und heute zu den Sehenswürdigkeiten Israels zählen.

Das Nebeneinander von Kirche und Moschee hat dazu geführt, dass Georg unter dem arabischen Namen El-Chodr zum islamischen Heiligen avancierte, der am jüngsten Tag vor den Toren von Lod den Dämon Dadjal überwinden wird.[37] Auch die arabischen Christen in Israel und Jordanien betrachten den Heiligen als ihren besonderen Schutzpatron, so dass sie eine Georgsplakette in ihren Autos anbringen, ähnlich wie hier die Autofahrer den Christophorus.

Als die orthodoxe Kirche im Jahre 1870 die Ruine neben der Moschee erwarb, war der Sarkophag des Heiligen ohne Grabplatte und leer, so dass man eine neue Deckplatte anfertigen ließ.

Sucht man nach den Reliquien und Kirchenpatrozinien des heiligen Georg, so wird man von deren Anzahl durchaus erschlagen. Dies resultiert aus dessen seit dem Mittelalter fortdauernden Beliebtheit, die auch heute noch ungebrochen erscheint. So findet sich der drachentötende Heilige auf modernen Goldmünzen (vorne Elisabeth II., hinten Georg, 2014) oder auf Geldscheinen (Ukraine) oder gar auf militärischen und zivilen Orden (England, Russland und Deutschland). Einer der bedeutendsten und gleichzeitig pikantesten Orden ist der englische Hosenbandorden, der ursprünglich ein Damenstrumpfband gewesen ist. Begründet von Edward III. im 14. Jahrhundert, obliegt dieser Orden seit Begründung dem heiligen Georg als Schutzpatron, der auch in der

Ordenskette abgebildet ist. Der Orden selbst wird als stilisiertes Strumpfband unter dem linken Knie getragen. Für Nicht-Engländer sieht es höchst knuffig aus, wenn alte Männer in weißen Kniehosen mit dem Strumpfband unter dem Knie gemessen einherschreiten. Die Devise des Ordens: »Honi soit qui mal y pense« (Ein Schelm, der Böses dabei denkt) macht den Anblick auch nicht gerade würdevoller. Der »Damenstrumpfbandorden« wird auch an Frauen verliehen, allerdings meist nur an gekrönte weibliche Häupter. Diese tragen dann das »Strumpfband« am linken Oberarm. Ob das alles dem heiligen Georg so recht gewesen wäre, wissen wir Gott sei Dank nicht.

Georgs Reliquien verteilen sich gleichmäßig über die westlichen wie auch östlichen Kirchen, in denen er als Erzmärtyrer verehrt wird. Komplett sollen die Überreste 1521 nach Toulouse gekommen sein. Arm- und Beinknochen finden sich unter anderem in Venedig, Köln und Valencia, in Russland und Georgien, vermutlich auch in Blankenheim in der Eifel. Hier werden Reliquien in einem Büstenreliquiar verehrt, dessen silberner Brustpanzer mit zwei Beinknochen verziert ist. Dieses wird auch heute noch einmal im Jahr Ende April in feierlicher Prozession unter großer Anteilnahme der Gläubigen durch den Ort getragen.

An dieser Stelle kann lediglich der Weg dieser Reliquien nach Deutschland kurz nachgezeichnet werden. Da die Verehrung des Heiligen und seiner Reliquien im späten 7. Jahrhundert in Rom nachweisbar ist, liegt die Annahme nahe, dass sein Leichnam oder Teile davon vor den heranrückenden Scharen des Islam in die westliche Kirche in Sicherheit gebracht und in die Obhut der Päpste gegeben worden ist. 685 wurde von Papst Leo II. eine dem Heiligen geweihte Kirche errichtet (San Giorgio in Velabro), unter deren Altar die Gebeine Georgs ruhen.

Nach anderen Quellen liegt dort allerdings lediglich das Haupt. Sicher belegt ist, dass Papst Formosus anlässlich der Kaiserkrönung Arnulfs (den muss man nicht unbedingt kennen[38]) im Jahre 896 Teile des Hauptes an Erzbischof Hatto von Mainz, der gleichzeitig auch Abt des Klosters Reichenau war, verschenkte. Dieser überließ die Reliquie großherzig seinem Kloster auf der Reichenau, das dem Heiligen eine Kirche errichtete (St. Georgen in Oberzell), die heute noch in alter Pracht auf der Insel im Bodensee zu besichtigen ist. Seit April 2015 werden die Reliquien, eingebettet in ein Vortragekreuz, den Gläubigen gezeigt.[39]

Papst Formosus hat durch posthume makabre Ereignisse seinen Platz in der Geschichte gefunden. Stephan VI. ließ den seit acht Monaten begrabenen Vorgänger 897 exhumieren, die verwesende Leiche in päpstliche Gewänder kleiden und machte der Leiche den Prozess. Diese als »Leichensynode« in die Geschichte eingegangene Veranstaltung annullierte alle Entscheidungen des Formosus (allerdings nicht das Reliquiengeschenk), hackte dem Toten die zwei Schwurfinger der rechten Hand ab und warf die Leiche zunächst in den Tiber, verscharrte sie jedoch dann auf einem Friedhof für Fremde. Doch damit noch nicht genug: Papst Sergius III. – auch als »Mörderpapst« bezeichnet – ließ 904 die sterblichen Reste des Formosus erneut ausbuddeln, dem Gerippe die restlichen Finger der rechten Hand abschneiden und den Leichnam auch noch enthaupten. Dann wurden die Leichenteile wiederum in den Tiber geworfen. Da diese sich in einem Fischernetz verfingen, brachte man die Reste in die Peterskirche, wo sie dann schließlich zum dritten Male bestattet wurden.

Das Kloster Reichenau musste die von Formosus geschenkte Reliquie nicht zurückgeben, da die Päpste sich mehr mit stadtrömischer Politik beschäftigten. Und so verbreitete sich die Verehrung des palästinensischen Heiligen zunächst in Süddeutschland, nicht zuletzt durch die Schriften des Hermann von Reichenau, dem Stephan Hawking des Mittelalters; der bedauernswerte Mönch war durch eine Lähmung zeit seines Lebens an einen Tragstuhl gefesselt und ist deshalb auch als Hermann Contractus oder Hermann der Lahme in die Geschichte eingegangen. Er schrieb eine Weltgeschichte, befasste sich mit arabischer Astronomie, berechnete mit einem höchst intelligenten Gedankenexperiment den Umfang der Erde – im Übrigen als Kugel – und propagierte die Reliquienverehrung des Georg nicht nur auf der Reichenau.

Im Erzbistum Köln war es der nicht minder berühmte Erzbischof Anno II. (1056–1075), der den Heiligen aus Bamberg gleichsam importierte und somit auch in unserer Region populär machte. Er begründete und baute in Köln nicht nur eine dem heiligen Georg geweihte Kirche, sondern fand auch durch göttliche Eingebung eine passende Reliquie in der wenig entfernten Kirche St. Pantaleon, die er 1067 mit großem Aufwand in das Gebäude übertrug.[40] Seine diözesalen Schäfchen teilten schon bald die Begeisterung des später auch heiliggesprochenen Erzbischofs; so wurden im Erzbistum diverse Kirchen unter den Schutz des ritterlichen Heiligen gestellt.

Bereits 1073 gab es eine Kirche St. Georg in Gelsenkirchen, eine Eigenkirche der frommen Damen aus Essen. Diese Gemeinde bildete den Ursprung der heutigen Stadt Gelsenkirchen. Nach der Reformation wurde diese Georgskirche seit Mitte des 17. Jahrhunderts von evangelischen und katholischen Christen gleichermaßen genutzt. Mit dem Anwachsen der Städte im 19. Jahrhundert wurde sie zwar den Evangelen überlassen, 1906 aber eine neue katholische Kirche St. Georg gebaut. Diese fiel dann in unserer Zeit dem »Kirchensterben« zum Opfer.[41]

Auch die St.-Georg-Kirche in Hattingen, auf einem karolingischen Vorgängerbau im 12. Jahrhundert errichtet, hat die Entwicklung Hattingens maßgeblich geprägt. Sie ist heute insofern etwas Besonderes, als sie wohl eine der wenigen protestantischen Kirchen ist, die den Namen des heiligen Georg tragen und auch noch das »St.« im Namen belassen haben.[42] Das Patrozinium hat in Hattingen eine so lange Tradition und Bedeutung, dass auch das Wappen der Stadt den beliebten Heiligen zeigt.[43]

Eine zweite alte evangelische St.-Georg-Kirche findet sich als Stadtkirche in Lünen.[44] Aus annähernd der gleichen Zeit stammen Kirche und Patrozinium in Marl.[45] Hier existiert eine allerdings neuzeitliche Darstellung des Heiligen, die dem historischen Original näher kommt. Ein stehender römischer Soldat mit Legionärshelm sticht mit einem Schwert (dies ist allerdings mittelalterlich) dem unter ihm sich windenden Drachen ins Maul. In Essen-Heisingen gibt es ebenfalls eine St.-Georg-Pfarrei, die in einer St.-Georg-Kapelle des 15. Jahrhunderts ihren Ursprung hat.[46] In der näheren Umgebung finden sich St.-Georg-Kirchen noch in Düsseldorf-Kaiserswerth (1078 begründet), Bocholt und Dülmen.

Trotz dieser weltweiten Beliebtheit hat das Zweite Vatikanische Konzil (1962–1965) den Heiligen ob der zweifelhaften Historizität aus dem Heiligenverzeichnis der Kirche gestrichen, letztendlich aber Mitte der 70er Jahre unter dem 23. April im »Martyrologium Romanum« wieder verzeichnet. Die Deutsche Pfadfinderschaft St. Georg wäre sicherlich tief enttäuscht gewesen, wenn sie ihren Schutzpatron dort nicht mehr gefunden hätte.

Der heilige Bonifatius
Der große Organisator

In vielen schulischen Geschichtsbüchern ist die Geschichte von der Fällung der Donareiche durch den angelsächsischen Missionar Winfried/Bonifatius verzeichnet, meist illustriert mit einem axtschwingenden Mönch. Der Text berichtete von der Missionierung germanischer Stämme, der Gründung des Klosters Fulda und schließlich der Ermordung des verdienten Missionars durch die Friesen.

Schon beim ersten genaueren Hinsehen erscheint diese weltgeschichtlich bedeutende Tat, die die Christianisierung unserer Regionen einläutete, in einem anderen Licht. Bonifatius, ausgestattet mit päpstlichem Missionsauftrag und dem Wohlwollen und Schutzversprechen Karl Martells, de facto Herrscher des Frankenreiches, wanderte nicht nur mit der Bibel unter dem Arm zu den germanischen Heiden, sondern mit entsprechendem Gefolge und wohl auch militärischer Bedeckung. Als Ausgangspunkt seiner Missionierung wählte er die Büraburg, eine etwa im Jahre 680 in Stein errichtete fränkische Befestigung mit Kirche und christlichen Bewohnern. Die heidnische Zeremonial-Eiche befand sich nur wenige Kilometer entfernt in Geismar (in Hessen beim heutigen Fritzlar).

Als Bonifatius sich anschickte, dieses Symbol heidnischen Glaubens zu zerstören, da ging er keineswegs allein mit der Axt hinaus, um dem Irrglauben ein Ende zu bereiten, sondern er wurde begleitet von bewaffneten Dienern (vermutlich fränkischen Kriegern), die seine Aktion vor den heidnischen Landleuten sichern sollten. Sein höchst wohlmeinender Biograph Willibald formuliert dies so: *Quorum consultu atque consilio roborem quendam mirae magnitudinis, qui prisco paganorum vocabulo appellatur robor Iobis, in loco qui dicitur Gaesmere, servis Dei secum adstantibus, succidere temptavit. (Mit deren Rat und Zustimmung unternahm er es, einen Baum von bewundernswerter Größe, der nach alten heidnischen Namen als Baum des Jupiter* [das ist Donar bei den Germanen; Anmerkung des Verfassers] *bezeichnet und an einem Ort, der Geismar genannt wird, sich befindet, mit Beistand von Dienern Gottes zu fällen.)*

Man wird dies sich in etwa so vorzustellen haben wie heute beim ersten Spatenstich bei Baubeginn eines wichtigen Gebäudes: Der Bauherr oder eine andere Persönlichkeit hebt mit brandneuem Spaten die erste Erde aus der zukünftigen Baugrube; genauso wird der gute Bonifatius mit einem ersten, gleichsam symbolischen Axthieb den Beginn der Fällaktion eingeleitet haben, die danach die »servi Dei adstantes« vollendet haben, die ihm auch die zornigen Heiden vom Hals gehalten haben dürften. Der Biograph Willibald kaschiert dies, indem er den Baum quasi durch ein Wunder nach dem ersten Axthieb des Heiligen zu Boden gehen und der Krone beraubt in vier gleiche Teile zerspringen ließ, die dann zum Bau einer Kapelle zu Ehren des heiligen Petrus verwendet wurden. Aufgrund dieses Wunders ließen sich die umstehenden Heiden zum Christentum bekehren, so Willibald. Realiter scheint die Fällung der »Donareiche« keinen unmittelbaren und dauerhaften Missionserfolg gezeitigt zu haben.

Nachdem sich die größte Heldentat des im 19. Jahrhundert so titulierten »Apostels der Deutschen« in gewisser Weise entzaubert hat – die gewaltigen Axtschläge, die den germanischen Wald als Fanal des Heidentums durchhallen, haben ähnlich wie die Hammerschläge an der Schlosskirche von Wittenberg nie stattgefunden –, sei ein Blick auf die Karriere dieses so bewunderten Heiligen erlaubt. Als Sohn einer vornehmen Familie im Königreich Wessex (England) um 673 geboren und Winfried genannt, trat er frühzeitig in ein Kloster ein und wurde als etwa 30-Jähriger zum Priester geweiht. Im für das Mittelalter hohen Mannesalter von etwa 40 Jahren brach er im Jahre 716 zur Missionierung der Friesen nach dem Festland auf, war aber bereits nach einem Jahr wieder in seinem Kloster, da sein Unternehmen »Friesenmission« ein kompletter Misserfolg gewesen war. Dort betraute man ihn mit der Abtswürde, die er jedoch schon ein Jahr später wieder niederlegte, um nach Rom zu gehen. Papst Gregor II. beauftragte ihn mit der Heidenmission und gab ihm den Namen des Tagesheiligen des 15. Mai: Aus Winfried wurde Bonifatius (nach Bonifatius von Tarsus, einem der Eisheiligen[47]).

Mit neuem Namen und neuem Elan reiste Bonifatius 719 zurück über die Alpen, durch Bayern und Thüringen nach Friesland, um sich erneut in der Friesenmission zu versuchen. Diesmal wandte er sich jedoch vertrauensvoll an Willibrord, den ersten Bischof von Utrecht, seit Jahrzehnten erfahren in der Friesenmission.[48] Dieser setzte den neuen Mitstreiter offensichtlich nicht in der Missionsarbeit ein. Die Chemie zwischen den beiden scheint nicht die beste gewesen zu sein.

So wandte sich Bonifatius bereits 721 einem neuen Betätigungsfeld zu, und zwar weitab von den Missionsgebieten des Willibrord und seiner Gefährten, der beiden Ewalde und Suitberts.[49] Er versuchte sein Glück in Hessen, war aber bereits ein Jahr später wieder in Rom, um – wie man hier so schön sagt – dem Papst an der Jacke zu ziehen. In der Tat weihte Gregor II. ihn zum Bischof, allerdings nicht mit festem Bistum, sondern zuständig für die zu missionierenden Gebiete. Weiterhin verwies ihn der Papst mit entsprechenden Empfehlungsschreiben an den eigentlichen Herrscher des fränkischen Reiches, Karl Martell, so dass Bonifatius mit Segen der geistlichen und weltlichen Macht sein Missionswerk beginnen konnte.

So wohlwollend vom fränkischen Hausmeier ausgestattet, zog Bonifatius mit Kriegern, Handwerkern und weiterem Tross 723 nach Hessen, um dort, siehe oben, die Donareiche zu fällen. In Folge gründete er in dieser Region unter anderem zwei Nonnenklöster, deren Leitung er weiblichen Verwandten anvertraute, und organisierte die weitere Missionierung in Hessen und Thüringen.

732 war er schließlich zum dritten Male in Rom. Dort war zwischenzeitlich auf Gregor II. der gleichnamige III. gefolgt, ein Syrer und damit der erste Nicht-Europäer auf dem päpstlichen Stuhl (unser jetziger Franziskus ist somit der zweite). Dieser entsprach dem Wunsch des Zöglings seines Vorgängers und weihte ihn zum Erzbischof – wiederum ohne Erzbistum – mit der Berechtigung, in den Missionsgebieten Bistümer einzurichten.

Nach dem »Martyrologium Romanum« richtete er 739 südlich des Weißwurstäquators diverse Bistümer ein, so Passau, Regensburg, Salzburg und Freising.[50] 742 folgten die Gründungen der Bistümer Erfurt, Würzburg und Eichstätt. Nach dem Tode Willibrords 739 übernahm er höchstpersönlich dessen Bischofsstuhl in Utrecht, den er sieben Jahre innehatte. Als 70-Jähriger gründete er schließlich 744 das Kloster Fulda, das er auch zu seiner Grablege bestimmte.

Nachdem er sich vergeblich bemüht hatte, Kölner Erzbischof zu werden – man wollte den »Zugereisten« nicht so recht –, gelang es ihm, 747 Bischof von Mainz zu werden und somit in seinem Wirkungsbereich einen institutionalisierten Bischofsstuhl zu ergattern, und das in einem Alter, in dem in dieser Zeit die meisten schon das Zeitliche gesegnet hatten.

Besonders beliebt war Bonifatius unter seinen fränkischen Kollegen zu keinem Zeitpunkt, hatte er doch verschiedentlich versucht, den fränkischen Mitbrüdern auf verschiedenen Synoden die Autorität des im fernen Rom residierenden Papstes schmackhaft zu machen und den fränkischen Episkopat zu strukturieren. Dieser stand den Reformbestrebungen des Mannes von der Insel höchst abweisend gegenüber, obwohl Bonifatius die schriftliche Zustimmung der höchsten Autoritäten, nämlich des Papstes und des de facto fränkischen Herrschers besaß.

Als dann 80-Jähriger wollte er es noch einmal wissen und machte sich mit großem Gefolge auf, um einen letzten Versuch zu starten, die Friesen zu missionieren. Sein Weg führte ihn den Rhein entlang, danach wohl in die Bischofsstadt Utrecht und von dort nach Norden bis in die Gegend des heutigen Dokkum wenige Kilometer vor der Nordseeküste bei Schiermonnikoog. Man ließ den Greis gewähren, hörte ihm auch wohl zu, aber bevor es zu einem Missionserfolg in Form von Taufen kam, fielen er und sein gesamtes Gefolge – insgesamt 51 Menschen – einem Raubüberfall zum Opfer.

Dieser banale Raubmord aus niederen Beweggründen wurde von Schülern und Bewunderern des Greises zum Martyrium hochstilisiert. Sein Leichnam wurde in einer gut sechs Wochen dauernden prozessionsartigen Reise von Nordholland zunächst wieder nach Utrecht gebracht, von dort nach Mainz und schließlich nach Fulda, nicht ohne dass man sich an den einzelnen Orten schon mal Stücke von dem verehrungswürdigen Leichnam abknapste und sicherte. Wie der sommerliche Transport – der Mord geschah an Pfingsten – einer Leiche realiter ausgesehen hat, mag man sich so recht nicht vorstellen. Die Geschichtswissenschaft geht davon aus, dass vor Beginn der Überführung gewisse konservierende Maßnahmen ergriffen worden sind.[51] Als solche aber kannte das Mittelalter im Grunde nur eine, und die war der Kochtopf. Friedrich Barbarossa auf seinem Kreuzzug, der Kölner Erzbischof Engelbert und auch Rainald von Dassel, ebenfalls Kölner Erzbischof, waren alle zwecks Konservierung der Leiche gekocht worden.

Also: Entweder haben die frommen Menschen, die dem Wunsche des ermordeten Bonifatius entsprechen und ihn in Fulda begraben wollten, den wenig angenehmen Geruch der verwesenden Leiche sechs Wochen lang bei sommerlichen Temperaturen ertragen[52], oder sie haben den verehrten Leichnam zuvor transportfähig gemacht, indem sie die Innereien entfernt und den Rest gekocht haben. Dieses Prozedere hätte dann auch das Abnehmen von Körperteilen als Reliquien wesentlich erleichtert. Auf jeden Fall verblieben Reliquien in Utrecht und Mainz, bevor der Leichnam in Fulda zur letzten Ruhe beigesetzt werden konnte.

In den genannten Orten wurde das Andenken an Bonifatius bewahrt und er als Quasi-Heiliger verehrt, obwohl er vom päpstlichen Stuhl nicht als solcher anerkannt wurde oder in deren Heiligenlisten auftauchte. Des ungeachtet, wurde seine Verehrung durch seinen bedeutendsten Nachfolger als Abt in Fulda und Mainzer Erzbischof, Hrabanus Maurus, den man auch gerne als »praeceptor Germaniae« (Lehrer Deutschlands) bezeichnet, immer wieder propagiert und durch das durchaus häufige Verteilen von kleinen Reliquienhäppchen gefördert. Dennoch gelang es nicht, Bonifatius zum überregionalen Heiligen gleichsam zu promoten.

Erst im 19. Jahrhundert, als man die Kleinstaaterei beenden und Deutschland einigen wollte, suchte man eine Integrationsfigur und fand sie von katholischer Seite in eben dem Bonifatius des 8. Jahrhunderts, der somit zum »Apostel der Deutschen« avancierte – eigentlich ein Anachronismus, da der Begriff »deutsch« erst drei Jahrhunderte nach Bonifatius erfunden und benutzt worden ist.

1855 schließlich genehmigte Papst Pius IX. die Verehrung des Bonifatius als Heiligen. Die katholischen Bischöfe des deutschsprachigen Raumes trafen sich daraufhin erstmals 1867 in Fulda und tun dies jährlich im Herbst bis heute. Erst 2005 wurden die bis dahin unterschiedlichen Festtage des Bonifatius in den regionalen Kalendern der deutschen Bistümer vereinheitlicht und in den Heiligenkalender des deutschen Sprachraums aufgenommen.

Seit der Gründung des deutschen Reiches 1871 ist die Geschichte der Fällung der Donareiche als entscheidender Akt der Christianisierung Deutschlands aus den Schulgeschichtsbüchern nicht mehr wegzudenken und Bonifatius damit quasi zum Nationalheiligen avanciert, ungeachtet dessen, was er nun realiter bewirkt hat. Missioniert hat er nun mal ausschließlich im hessischen und thüringischen Raum; in Friesland waren seine diesbezüglichen Versuche durchaus vergeblich. Bistümer hat er vorwiegend im süd- und ostdeutschen Raum errichtet.

Die eigentlichen Verdienste des Bonifatius sind sicherlich nicht in der Missionsarbeit zu suchen, sondern eindeutig im Bereich der Strukturierung und Organisation der fränkischen Kirche, die er erfolgreich unter den unmittelbaren Einfluss des Papsttums gebracht hat, was ihm verschiedentlich den Vorwurf des Papismus einbrachte.

Auffällig ist, dass Bonifatius die Region zwischen Lippe und Ruhr sowie das Rheinland nie so recht mit seinem

Aufenthalt beehrt hat. Dies mag daran gelegen haben, dass hier durch die Mission des Willibrord und seiner Mannschaft das Christentum bereits so etabliert war, dass die Gegend für Bonifatius nicht von wirklichem Interesse war. Vielleicht war unsere Region auch für den so wichtigen Mann einfach nicht attraktiv genug, da man hier keine herausragenden missionarischen Lorbeeren mehr ernten konnte.

Dennoch ist dem Bonifatius hier bei uns eine durchaus erkleckliche Reihe von Kirchen geweiht, so in Bochum-Langendreer, Bottrop-Fuhlenbrock, Dortmund-Schüren, Dortmund-Lichtendorf, Dortmund-Kirchderne, Dorsten-Holsterhausen, Duisburg-Hochfeld (1912 geweiht; gehört seit 2000 zu Christ König, ab 2006 zu Liebfrauen; am 13. März 1985 unter Denkmalschutz gestellt), Essen-Huttrop, Essen-Kray, Gelsenkirchen-Erle, Herne und Marl; hinzu kommen noch Bonifatius-Kirchen in Hamm und Hagen.

Ob dies damit begründet werden kann, dass Bonifatius der Schutzpatron der Bierbrauer ist, mag dahingestellt sein, zumal kein Mensch so recht weiß, welchen Bezug der angelsächsische Heilige zu dem revierweit beliebten Getränk hatte. Kein hier jemals gebrautes Bier hat seinen Namen getragen; dies haben uns jedoch die Bayern voraus, deren Bistümer er begründet hat; dort trinkt man St.-Bonifatius-Bier, genauso wie in den Niederlanden.

Das Revier hat in Bezug auf den heiligen Bonifatius zwei andere Besonderheiten aufzuweisen. Zum einen ist hier eine Zeche nach ihm benannt worden, das Steinkohlenbergwerk Bonifacius in Essen-Kray. Bereits 1857 abgeteuft, sind hier bis Anfang der 80er Jahre Kohlen gefördert worden. Nach der Stilllegung blieben Förderturm und Lohnhalle erhalten. Letztere ist denkmalgeschützt und dient heute als Hotel mit dem Namen »Alte Lohnhalle«. Zum anderen gibt es im gleichen Ortsteil eine Kirche mit dem Patrozinium dieses Heiligen, die aber St. Winfried heißt. Diese Pfarrei ist nach dem Zweiten Weltkrieg begründet und der Kirchenbau ins Werk gesetzt worden. Da die meisten Männer der Gemeinde Bergleute auf der Zeche Bonifacius waren, sollte dieser Heilige auch das Patrozinium erhalten. Da es aber bereits eine Kirchengemeinde St. Bonifatius im benachbarten Essen-Huttrop gab, entschied man sich dafür, den Taufnamen des Heiligen als Namen für die Kirche zu nehmen: St. Winfried.[53] Heute gehört diese Kirche zur Gemeinde St. Elisabeth.

Die heilige Elisabeth
Kreuzritterwitwe mit drei Kindern

Elisabeth von Thüringen ist wohl die einzige Heilige, die gleichermaßen von katholischer wie evangelischer Seite verehrt und gewürdigt wird. Als sich ihr Geburtstag im Jahr 2007 zum 800. Male jährte, wurde dies nicht nur in der katholischen Kirche gefeiert, sondern auch die protestantische Kirche in Hessen feierte ein »Elisabethjahr«.[54]

Der franziskanischen Armutsbewegung und der tätigen Nächstenliebe zugetan, entwickelte sich die heilige Elisabeth nach ihrem Tode und ihrer Heiligsprechung zur Ikone der Armenfürsorge und Krankenpflege sowie zum Ideal der christlichen Nächstenliebe.

Geboren wurde sie im Jahre 1207 als Tochter des ungarischen Königs und im zarten Kindesalter bereits nach Thüringen geschickt, um mit dem zukünftigen Landgrafen verlobt zu werden. 1221 heiratete sie als 14-Jährige den 21-jährigen Landgrafen Ludwig, dem sie im Laufe von sechs Jahren drei Kinder gebar. Bereits während dieser Zeit war sie karitativ tätig und nutzte die gräflichen Ressourcen – mit Ausnahme ihres Ehemannes – sehr zum Ärger der Familie, in die sie eingeheiratet hatte, um Armen und Kranken zu helfen.

Schicksalhaft für das junge Ehepaar war Konrad von Marburg, ein begnadeter Kreuzzugsprediger und späterer Inquisitor, der verhängnisvollen Einfluss über die jungen Leute gewann. Ihm gelang es nicht nur, den Familienvater zum Kreuzzugsgelübde zu überreden, sondern er rang Elisabeth das Versprechen ab, sollte der Ehegatte nicht vom Kreuzzug zurückkehren, fortan in Keuschheit zu leben und sich seinem Willen als ihr Beichtvater zu unterwerfen.

Der junge Mann brach im Juni 1227 zum Kreuzzug auf und ließ seine mit dem dritten Kind hochschwangere Frau in der Obhut seiner wenig wohlwollenden Familie und der des fanatischen Inquisitors zurück.

Ludwig traf seinen Vetter Kaiser Friedrich II. auf Sizilien und reiste mit diesem Mitte August zum Kreuzfahrerheer nach Brindisi, dem Einschiffungshafen. Um einer unter den Kreuzfahrern ausbrechenden Seuche zu entgehen, schiffte sich der Kaiser mit Gefolge – unter anderem auch Ludwig – ein und fuhr übers Meer zum rund hundert Kilometer weiter südlich gelegenen Otranto. Doch war diese Flucht insofern vergeblich, als Friedrich II. und Ludwig ebenfalls erkrankten. Letzterer starb in Otranto, während sich Friedrich gezwungen sah, das Kreuzzugsvorhaben abzubrechen und zu verschieben.

Bevor die Nachricht vom wenig ruhmvollen Ableben ihres Ehemannes Elisabeth erreichte, bekam sie ihr drittes Kind. Friedrich II. hatte nach dem Tode Ludwigs dessen Erstgeborenen zum Nachfolger bestimmt. Für diesen übernahm jedoch nicht die Mutter, sondern deren Schwager Heinrich Raspe (den man auch »Pfaffenkönig« nannte) die Herrschaft, weil er die junge 20-Jährige wegen ihres sozialen Engagements für nicht zurechnungsfähig hielt und dies auch öffentlich kundtat. Aufgrund des wenig freundlichen Verhaltens der Verwandtschaft verließ Elisabeth die Wartburg; den folgenden Winter verbrachte sie unter erbärmlichen Umständen und mittellos in Eisenach, manchen Quellen nach in einem Schweinestall.

Durch den Tod ihres Mannes geriet sie unter den Einfluss des – heute würde man sagen: sadistischen – Inquisitors Konrad von Marburg, der sie als ihr Beichtvater dominierte, mit unmenschlichen Bußübungen traktierte und mit körperlicher Züchtigung die restlichen vier Jahre ihres Lebens malträtierte und misshandelte. Außerdem trennte er sie von ihren Kindern.

Gleichsam als Intermezzo begab sich die junge Witwe 1228 nach Bamberg, wo Verwandte ihre Wiederverheiratung planten. Als möglicher Heiratskandidat war auch Kaiser Friedrich II. im Gespräch, der dieser Verbindung wohl nicht ablehnend gegenüberstand, war doch seine Ehefrau, Isabella von Brienne, kurz zuvor am Kindbettfieber gestorben.[55] Mangel an Frauen hat der sizilische Herrscher allerdings nicht gehabt, unterhielt er doch eine Art Harem, so dass er im Laufe seines Lebens mit dreizehn verschiedenen Frauen mehr als zwanzig Kinder zeugte.

Die Verheiratungspläne scheiterten allesamt am Widerstand Elisabeths – ob unter dem Druck ihres Beichtvaters, sei dahingestellt –, und sie begab sich nach Marburg, wo sie aus dem ihr mittlerweile zugänglichen Erbe ein Spital gründete, das dem heiligen Franziskus geweiht wurde.

Die aufopfernde Krankenpflege und das soziale Engagement begründeten schon zu Lebzeiten Elisabeths Ansehen als heilige Frau. Als sie 1231 vermutlich an Entkräftung im Alter von nur 24 Jahren starb, wurden während der vier Tage Aufbahrung Stücke vom Leichentuch abgetrennt, Haare und Fingernägel beschnitten, um sich Reliquien der Toten zu sichern. Selbst ein Finger verschwand. Eine andere Quelle berichtet gar, dass man Teile der Ohren und sogar heimlich die Brustwarzen abgeschnitten habe.[56] Begraben wurde sie schließlich in der Kirche des von ihr gegründeten Hospitals.

Unmittelbar nach ihrem Tode begann der ehemalige Beichtvater – sicherlich nicht von schlechtem Gewissen geplagt –, die Kanonisierung seiner ehemals Anbefohlenen zu betreiben. Erlebt hat er die Heiligsprechung Elisabeths allerdings nicht mehr. Er überspannte den Bogen seines inquisitorischen Eifers, als er den Grafen von Sayn der Ketzerei beschuldigte. Diesem gelang es, den Vorwurf vor einer Reichsgerichtsversammlung im Mainzer Dom durch einen Reinigungseid zu entkräften, und er schickte dem abreisenden Konrad ein paar kräftige Burschen hinterher, die seinem Leben 1233 ein Ende machten.

Elisabeths Heiligsprechung erfolgte bereits 1235 durch Papst Gregor IX., so dass der Leichnam in die neu gebaute Kirche umgebettet werden konnte. Zu diesem Event reiste erstmals nach 15 Jahren auch Kaiser Friedrich II. wieder nach Deutschland. Zunächst löste er den Konflikt mit seinem Sohn Heinrich (VII.), den er zu lebenslangem Kerker verurteilte; dann heiratete er zum dritten Male, diesmal die 21-jährige Isabella von Plantagenet, Tochter des Johann Ohneland von England, um dann am 1. Mai 1236 an der Translation der heiligen Elisabeth durchaus aktiv teilzunehmen.

In Vorbereitung auf das Ereignis hatte man ihr Grab geöffnet und ihren Leichnam, der überraschend unverwest und wohlriechend war, in einen Bleisarg umgebettet, wobei der Kaiser höchstselbst mit Hand anlegte. Dabei trennte man den Kopf der Leiche ab und präparierte ihn, indem man Gewebe, Haarreste und Ähnliches entfernte. Makabrer Höhepunkt der Veranstaltung vor einer für damalige Verhältnisse riesigen Menschenmenge war, dass Friedrich den Schädel der Verblichenen in einen von ihm gestifteten Trinkbecher niederlegte und mit einer ebenfalls von ihm mitgebrachten Krone schmückte. Elisabeth wurde in der Kirche bestattet und ihr bekrönter Totenkopf im Trinkbecher zur Verehrung durch die Gläubigen in der Kirche gezeigt. Ein Zeitgenosse, Caesarius von Heisterbach, hat diese Vorgänge wohl noch im gleichen Jahr oder wenig später plastisch beschrieben.[57]

Im Jahre 1248 wurden die Reliquien in die neu erbaute St.-Elisabeth-Kirche überführt, wo sie drei Jahrhunderte lang Ziel gläubiger Wallfahrer gewesen sind. In Folge der Reformation ließ dann der hessische Landesherr, ein knackiger Protestant, die Reliquien im Jahre 1539 aus der Kirche entfernen, um der Heiligenverehrung ein Ende zu setzen. Allerdings ging seine Heiligenverachtung nicht so weit, als dass er das eigentliche Reliquiar mit entfernt hätte. Kaiser Karl V. erzwang schließlich die Übergabe der Pretiose an den Deutschen Orden, den Rechtsnachfolger des Marburger Hospitals. Die Gebeine gelangten nach Wien ins Kloster der Elisabethinen. Allerdings waren zu diesem Zeitpunkt von dem Skelett neben dem Schädel nur noch wenige Knochen vorhanden. Das Kopfreliquiar wurde während des Dreißigjährigen Krieges Kriegsbeute der schwedischen Truppen unter König Gustav Adolf; wenn man sich dieses ansehen will, muss man nach Stockholm ins Staatliche Historische Museum fahren.

Die Marburger Elisabeth-Kirche ist seit dem 16. Jahrhundert evangelisch; es finden sich dort keine Überreste der Heiligen mehr.

Ihre andauernde Verehrung in beiden großen Kirchen hat dazu geführt, dass unzählige karitative sowie medizinische Einrichtungen den Namen Elisabeths von Thüringen tragen. Weitere Elisabeth-Kirchen gibt es im Revier zum Beispiel in Bottrop, Essen, Gelsenkirchen-Hessler, Bochum, Bergkamen, Hamm und Hagen. Die Zahl der nach Elisabeth benannten Krankenhäuser ist auch in unserer Region Legion.

Der heilige Evermarus
Friesischer Pilger oder ägyptischer Soldat

Dieser wenig bekannte Heilige findet sich am 1. Mai im regionalen Heiligenkalender des Bistums Münster. Er ist Schutzpatron von Borth, einem Ortsteil von Rheinberg, mit einer Schachtanlage, die das Zechensterben im Ruhrgebiet überdauern wird. In Borth, knapp über den Rhein bei Walsum, wird nämlich von der Firma Solvay bergmännisch Salz abgebaut. Ikonographisch wird Evermarus als Pilger mit Jakobsmuschel und Märtyrerkrone dargestellt, wie die Figur in der Pfarrkirche St. Martin ebendort zeigt, und wenn man die Homepage aufruft oder auch die der Evermarus-Schützenbruderschaft, so erfährt man einiges über die Legende dieses Heiligen:

Evermarus soll er ein friesischer Adeliger gewesen sein, der im 7. Jahrhundert mit einigen Gefährten zum heiligen Jakobus nach Compostela gepilgert sei. Auf dem Rückweg wollte man auch noch das Grab des heiligen Servatius in Maastricht besuchen. In einem Wald bei Rutten, einem Örtchen bei Tongern in Belgien, wurden die frommen Pilger von Räubern überfallen und getötet. Pippin von Heristal ließ, als er von dieser Bluttat erfuhr, die Leichen ehrenvoll bestatten und eine entsprechende Kapelle errichten. Zwei Jahrhunderte später erhob Heraclius, Bischof von Lüttich, die Gebeine und ließ diese in der Kirche St. Martin in Rutten beisetzen, wo sie fortan als heilig verehrt wurden.[57] Von dort gelangten frühzeitig Reliquien des heiligen Evermarus nach Borth in die Pfarrkirche.

Soweit die Legende, wie sie in Borth und auch in Rutten, wo man jährlich mit der Nachstellung des Mordes den Lokalheiligen feiert, erzählt wird.

Bei näherem Hinsehen gerät man nach erster Verwunderung jedoch ins Grübeln über die einzelnen Zusammenhänge. Gesicherter zeitlicher Ausgangspunkt ist der genannte Pippin von Heristal. Dies ist eindeutig und ohne jeden Zweifel der Hausmeier Pippin der Mittlere (635–714), der auch in der Gegend zu Hause war. Somit stimmt die Einordnung. Die Pilgerreise des Evermarus wird also zwischen 670 und der Jahrhundertwende stattgefunden haben. Kopfschmerzen allerdings bereitet das Pilgerziel. Das Grab des Jakobus in Compostela ist nämlich erst zu Beginn des 9. Jahrhunderts »entdeckt« worden. Der gute Evermarus konnte also gar nicht dorthin pilgern, weil das Ziel seiner Reise, der heilige Jakobus, noch nicht in Spanien verehrt wurde. Außerdem ist fraglich, ob es in dieser Zeit schon genügend christliche Friesen gab, die sich auf eine Pilgerreise begaben. Schließlich haben noch gut ein halbes Jahrhundert später eben die Friesen den heiligen Bonifatius, den mit der Donareiche, bei einem Missionierungsversuch daselbst erschlagen.

Auch die Erhebung der Gebeine im Jahre 968 bereitet zunächst einiges Kopfzerbrechen. Einen Bischof Heraclius von Lüttich gibt es in den Lütticher Bischofslisten nicht. Zur fraglichen Zeit ist Ebrachar, ein Schüler und Günstling des Erzbischofs Brun von Köln (das war der mit der heiligen Lanze), Bischof von Lüttich. Er war zuvor Propst des Cassiusstiftes in Bonn und ist auch unter dem Namen Everadus bekannt. Diesen kann man in der Schrift der Zeit durchaus leicht nach »Euraclus« verlesen, was durchaus in die Nähe des in der Legende vorkommenden »Heraclius« kommt.

Bischof Ebrachar – ansonsten ein nicht sehr freundlicher Zeitgenosse – gründete in der Tat ein Martinsstift in Rutten und stattete es mit seinen Besitzungen in Flerzheim aus. Er brauchte für die Kirche des neugegründeten Stiftes dann einen passenden Heiligen; dass er dabei auf den in der Region schon verehrten Evermarus verfiel, liegt eigentlich nahe. Dazu brauchte es kein förmliches Heiligsprechungsverfahren, welches es zu dieser Zeit noch nicht gab, sondern es brauchte beim Ausbuddeln nur ein entsprechendes Wunder, und man konnte einen neuen Heiligen verehren, was auch in der Tat geschah und auch heute noch mit großem Aufwand geschieht.

Am Festtag des Heiligen wird in Rutten mit Gottesdienst, Prozession und aufwändigem Mysterienspiel bis heute der Mordtat an dem Heiligen gedacht.[59] Seit einiger Zeit nimmt auch eine Abordnung der Evermarus-Schützen aus Borth an diesem Spektakel teil; dies nicht zuletzt auch deswegen, weil nach dem Verlust der Borther Reliquien durch die Zerstörungen des Zweiten Weltkriegs von den belgischen Mitverehrern eine Reliquie des gemeinsam verehrten Heiligen an die Borther Kirche geschenkt worden ist.

Abschließend zu klären ist die Frage, wie der friesische Heilige an den Niederrhein gekommen ist. Die »Acta Sanctorum« der französischen Bollandisten (diese gingen bei den Heiligen alphabetisch vor, und deshalb war der Band »e« verhältnismäßig früh fertig) verzeichnen für den Evermarus von Borth keineswegs den heute verehrten und gefeierten heiligen Friesen und auch keinen Pilger, sondern identifizieren den heiligen Evermarus als einen der Gefährten des heiligen Viktor von Xanten. Man sieht in ihm also einen Soldaten der Thebaischen Legion, der am Niederrhein sein Leben für den Glauben gelassen hat und von der Kaiserin Helena im 4. Jahrhundert aufgefunden worden ist. Diese Zuordnung des Patroziniums erscheint aufgrund der räumlichen Nähe zu Xanten sehr viel wahrscheinlicher als das des seltsamen wallfahrenden Friesen. Vermutlich sind im Laufe der Zeit die Erinnerung und das Gedenken an den römischen Soldaten der Thebaischen Legion verlorengegangen, so dass man den vermeintlich wichtigeren Heiligen aus dem weiter entfernten Belgien übernommen hat.

Dem heiligen Legionär scheint diese Verwechselung, die seit dem 18. Jahrhundert belegt ist, in gewisser Weise nicht ganz recht gewesen zu sein. Seine Reliquien in Borth fielen den Zerstörungen des Zweiten Weltkriegs anheim. Die Borther Kirche erhielt gleichsam als Ersatz Reliquien des friesischen Heiligen aus Rutten, so dass jetzt wieder Reliquien und Verehrung übereinstimmen und die Verwechselung beseitigt ist.

Die Schützenbrüder von Borth haben also zu Recht das Heiligenhäuschen gebaut und mit der Heiligenfigur des friesischen Evermarus bestückt. Dessen Reliquien sind im Übrigen auch einmal wegen Kriegsgefahr von Rutten in die Abtei nach Burtscheid bei Aachen ausgelagert worden. Wohl als Entschädigung für die sichere Aufbewahrung hat man bei der Rückgabe der heiligen Knochen die Schädelkalotte zurückbehalten, die noch heute in der Kirche St. Johann in Burscheidt in einem silbernen Reliquiar vorhanden ist.

Der ägyptische Namensvetter sitzt zwar im Himmel im Angesichte Gottes, bei den Menschen auf der Erde ist er aber in der Mottenkiste der vergessenen Heiligen verschwunden.

Der heilige Heinrich
Heilig durch Blasensteine?

Ein weiterer Bajuware hat nicht nur die Ehre der Altäre errungen, sondern ihm obliegt auch das Patrozinium der Kirche St.-Kaiser-Heinrich in Dortmund-Höchsten, die 1967 geweiht wurde.

Warum aber wird ein deutscher König (1002–1024) und Kaiser (ab 1014) bereits knapp zwei Jahrzehnte nach seinem Tod heiliggesprochen? Sicherlich war er nach damaligen Gesichtspunkten fromm, aber sein Wirken und Handeln als König und Kaiser des römischen Reiches waren keineswegs immer blütenrein weiß und vorbildlich.

Schon bei seiner Königswahl hat Heinrich ein wenig nachgeholfen und getrickst. Sein Vorgänger, Otto III., war im jugendlichen Alter von 21 Jahren in der Nähe von Rom gestorben, seine Leiche wurde zurück ins Reich gebracht. Damit musste der Leichenzug durch Bayern, was Heinrich dazu nutzte, sich der Leiche zu bemächtigen und somit die Herausgabe der Reichsinsignien vom Kölner Erzbischof zu erzwingen. Im Übrigen ließ er die Eingeweide Ottos III. in Augsburg beisetzen, die restlichen Leichenteile später im Dom zu Aachen. Hierbei spielte die heilige Lanze, eine Lanze mit den Nägeln vom Kreuze Christi, die heute in Wien nicht sehr eindrucksvoll zu bewundern ist, eine besondere Rolle, so dass es Heinrich gelang, die durchaus vorhandenen weiteren Thronprätendenten aus dem Felde zu stechen.

Auch in der Ausübung seiner Herrschaft war Heinrich II. nicht sonderlich zimperlich. Die moderne Geschichtswissenschaft[60] kommt zu einer ziemlich anderen Sichtweise des Wirkens dieses Kaisers als die Heiligenlegenden, dies nicht zuletzt, weil die Chronik des Thietmar von

Merseburg ausführlich über ihn und sein Tun informiert. Auch seine Zeitgenossen haben ihn sicherlich nicht als besonders heilig angesehen, da er verhältnismäßig rücksichtslos Verwandtschaft und ihm Wohlgesonnene mit Würden, Pöstchen und Einkünften versorgte. Die offizielle Homepage des Erzbistums München formuliert das so:

Seine Herrschaft sicherte Heinrich durch die Besetzung wichtiger Bischofsstühle und zentraler Reichsstellen mit treuen Gefährten vor allem aus seiner Zeit als bayerischer Herzog ab. Man könnte dies geradezu als eine »Bajuwarisierung« des Reiches interpretieren.[61]

Als herausragend fromme Tat Heinrichs II. gilt die Errichtung und Ausstattung des Bistums Bamberg; dieses hatte er übrigens seiner Kunigunde anlässlich der Heirat mit ihr als Morgengabe überlassen, die es dann zum Ärger ihrer Verwandtschaft wieder herausgab. Bamberg sollte als Missionsbistum die Christianisierung der Slawen vorantreiben. Ob das allerdings für das Heiligwerden gereicht hätte, mag dahingestellt sein.

Als Kaiser Heinrich II. dann 1024 das Zeitliche segnete, trat seine liebende Ehefrau ins Kloster Kaufungen ein, wo sie bis an ihr seliges Ende ein kontemplatives Leben führte und auch zunächst begraben wurde.

In der folgenden Zeit kam niemand so recht auf die Idee, dass der Verblichene ein Heiliger gewesen sein könnte. Erst Bischof Eglibert von Bamberg hatte zwei Jahrzehnte nach dem Tode des verehrten Bistumsgründers, da es seinem verhältnismäßig jungen Bistum an heiligen Überresten mangelte, die zündende Idee, den in seinem Dom begrabenen Heinrich heiligsprechen zu lassen. Die Gelegenheit war günstig, als im Februar 1145 Eugen III. zum Papst gewählt wurde. Der hatte gerade ausgiebige Probleme mit republikanischen Bestrebungen des Arnolds von Brescia, der die Macht des Papsttums insbesondere in Rom zu beenden trachtete. Die Verhandlungen mit den päpstlichen Legaten verliefen erfolgreich, so dass Eugen III. im März 1146, kurz bevor er aus Rom vertrieben wurde und nach Frankreich ging, eine Urkunde über die Heiligsprechung des hohen Herrn ausstellte. Diese hat sich glücklicherweise im Original erhalten, so dass wir die Gründe für das Heiligsein dort nachlesen können.

Aufgrund der Eile und Bedrängnis des Papstes hatte es nicht einmal zu einer feierlichen Bulle gereicht, sondern nur zu einer »littera cum filo serico«, einem päpstlichen Brief mit dem Siegel an Seidenschnur – für weniger bedeutende Briefe nahm man Hanfschnur und kürzte den Papstnamen ab. Gerichtet ist dieses Schreiben an »venerabile fratro E. episcopo et dilectis filiis canonicis Pabergensis ecclesię« (an den verehrungswürdigen Bruder, den Bischof E[glibert]) und die geliebten Kanoniker der Bamberger Kirche). Ausgestellt wurde das Schreiben »Datum Transtiberi III. Id. Martii« (In Transtiber [einem Stadtteil im alten Rom] am 11. März 1046). Als Gründe für die Erhebung Heinrichs II. zur Ehre der Altäre werden genannt:

Jetzt aber haben wir vieles […] erfahren über seine Keuschheit, über die Gründung der Bamberger Kirche und vieler anderer, auch über die Wiederherstellung bischöflicher Sitze und die vielfältige Freigebigkeit seiner Spenden, über die Bekehrung König Stephans und ganz Ungarns, von ihm herbeigeführt durch Gottes Hilfe, über seinen glorreichen Tod und über mehrere Wunder nach seinem Tod, geschehen in Gegenwart seines Leibes. Darunter halten wir besonders bemerkenswert, dass er nach Empfang von Krone und Zepter des Reiches nicht kaiserlich, sondern geistlich lebte und dass er in rechtmäßiger Ehegemeinschaft, wie wohl nur wenige bis ans Lebensende unversehrte Keuschheit bewahrte.[62]

Als wesentliche Gründe für die Heiligsprechung werden neben der Bistumsgründung in Bamberg seine Keuschheit und seine Enthaltsamkeit in der Ehe sowie Wunder an seinem Grabe aufgeführt. Die Keuschheit im Lebenswandel des Protagonisten wird durch zweimalige Nennung herausgehoben. Realer Hintergrund dieser ist die Kinderlosigkeit seiner Ehe mit Kunigunde. Die Tatsache, dass der Ehe kein Nachwuchs beschieden war, wird dahingehend hochstilisiert, dass die beiden eine dem Herrn wohlgefällige Josefsehe geführt hätten, also aus Frömmigkeit die Ehe niemals vollzogen worden sei. Die Legende der ein halbes Jahrhundert später ebenfalls heiliggesprochenen Kunigunde besagt, dass sie gar zum Beweis ihrer immerwährenden Jungfräulichkeit barfuß über glühende Pflugscharen geschritten und dabei unversehrt geblieben sei.

Der mittelalterlichen Kirche erschien die Jungfräulichkeit beider Ehepartner ein frommeres Werk als das Sakrament der Ehe, woraus resultiert, dass eigentlich nie Ehepaare, bei denen der Vollzug der Ehe durch Kindersegen bezeugt war, heiliggesprochen worden sind, da die geschlechtliche Vereinigung von Mann und Frau als Befleckung angesehen wurde. Unser Kaiserpaar ist also das einzige, das als Ehepaar zu den Heiligen der katholischen Kirche gezählt wird.

Wirft man jedoch einen genaueren Blick auf die »freiwillige« Abstinenz Heinrichs in Bezug auf die ehelichen Pflichten oder gar Vergnügen (Kunigunde war etwa 20 Jahre alt bei der Heirat mit Heinrich), so ist zunächst einmal festzustellen, dass der junge Ehemann zeit seines Lebens unter Blasensteinen litt und wohl auch daran gestorben ist. Die Beschwerden waren so intensiv, dass er sich einen solchen Stein operativ von einem heilkundigen Mönch des Klosters Montecassino entfernen ließ.

Diese Operation wurde von den Heilkundigen in der Antike und im Mittelalter wie folgt durchgeführt: Über einen Schnitt in die Harnröhre unterhalb der Prostata führte der Lithotomus (der »Steinschneider«; Anmerkung des Verfassers) seine Werkzeuge in die Blase ein, um den Stein zu greifen und durch den Blasenhals herauszuziehen.[63]

Dass bei dieser Prozedur bei fehlender Möglichkeit der Betäubung, den unzureichenden Instrumenten und der nicht vorhandenen Sterilität schon mal etwas schief und ein Schnitt in die falsche Richtung oder zu tief gehen konnte, liegt auf der Hand. Es ist also nicht auszuschließen, dass der kaiserliche Heilige in der Ehe nicht aus Überzeugung abstinent und keusch war, sondern aufgrund dieses medizinischen Eingriffs zeugungsunfähig oder gar nicht imstande war, die eheliche Vereinigung zu vollziehen. Dafür würde auch sprechen, dass der Gang über die glühenden Pflugscharen der Kaiserin Kunigunde zur Abweisung des Vorwurfs einer Eheverfehlung erfolgte, wie eine andere Überlieferung berichtet.

Welche Wunder posthum am Grabe Heinrichs geschehen und von dem bischöflichen Initiator dem Papst genannt worden sind, ist nicht überliefert. Wie dem auch sei, die Idee zur Erlangung eines Heiligen für das Bistum Bamberg war – wie man sieht – erfolgreich.

Leider konnte sich Bischof Eglibert nicht mehr an seinem Erfolg erfreuen, da bereits am 29. Mai 1146 sein irdisches Leben zu Ende ging. So musste die feierliche Erhebung Kaiser Heinrichs II. zur Ehre der Altäre im Juli 1147 in Bamberg ohne ihn gefeiert werden.

Es dauerte dann allerdings weitere fünf Jahrzehnte, bis – gleichsam als ausgleichende Gerechtigkeit – die ebenso fromme wie keusche jungfräuliche Gattin des nun heiligen Herrschers ebenfalls heiliggesprochen wurde – von

Papst Innocenz III., mit ähnlichen Begründungen wie im Jahre 1146. Daraufhin erhob man ihre Gebeine und bestattete sie neben ihrem Ehemann im Bamberger Dom,

Die beiden avancierten damit nicht nur zu den Schutzpatronen des von ihnen gegründeten Bamberger Bistums, sondern ihre Verehrung als Heilige verbreitete sich in den Regionen, wobei Kunigunde als Königin und Jungfrau besondere, teilweise marienhafte Verehrung zuteil wurde. Tilman Riemenschneider fertigte Anfang des 16. Jahrhunderts das Grabdenkmal – dabei vergaß er auch nicht, den Operateur Heinrichs unter den figürlichen Darstellungen zu verstecken – für das heilige Ehepaar, in das es Ende 1513 umgebettet wurde und wo es heute noch zu bewundern ist.

Die Popularität des kaiserlichen Heiligenpaares ist bis in die Jetztzeit ungebrochen: Nach ihnen werden kirchliche Einrichtungen benannt oder auch ganz banal Biere, wie in jüngster Zeit das Brauerzeugnis »Kaiser Heinrich Urstoff«[64]; und auch in unserer Region hat der heilige Kaiser seine Spuren hinterlassen, so die Kirche St. Heinrich in Krefeld-Uerdingen (100 Jahre alt im Jahre 2016[65]) und St. Heinrich in Marl[66].

Der heilige Christophorus
Nothelfer ohne gelben Engel

Christophorus hat wie sein Landsmann Nikolaus in der antiken römischen Provinz Lykien gelebt; das ist die heutige Region südwestlich von Antalya. Allerdings ist nicht eindeutig zu bestimmen, wann. Es kommen zwei Daten infrage: zum einen die Mitte des 3. Jahrhunderts, die Zeit des Christenverfolgers Decius, oder aber der Beginn des 4. Jahrhunderts, die Zeit des Kaisers Maximinus Daia (308–313); es ist davon auszugehen, dass Christophorus unter einem der beiden das Martyrium erlitten hat.

Aus den Legenden, die sich um den riesenhaften Mann ranken, lassen sich nur wenig belastbare Aussagen gewinnen. Jacobus de Voragine schreibt in seiner »Legenda aurea«, dass bereits Ambrosius von Mailand (339–397) über Christophorus berichtet habe; dies wäre ein zeitnaher Beleg, wenn man dieser neun Jahrhunderte später niedergeschriebenen Angabe vertraut.

Fakt allerdings ist, dass seit der späten Antike die Verehrung des Christophorus im östlichen Teil des römischen Reiches nachweisbar ist. Bereits 452 wurde ihm in Chalkedon, heute Stadtteil von Istanbul, eine Kirche geweiht, indem Reliquien von ihm auf dem Altar niedergelegt wurden. Dies geschah just in der Zeit, zu der in diesem Ort das berühmte Konzil von Chalkedon abgehalten wurde. Es waren dort also alle wichtigen Oberen der Kirche versammelt. Man wird wohl kaum in Präsenz der Kirchenführung mit einem geschummelten oder zweifelhaften Heiligen eine Kirche gebaut und diese dessen Patrozinium unterstellt haben. Das Einschreiten bzw. das Hohngelächter der versammelten rund 630 Bischöfe und Patriarchen wäre unausweichlich gewesen.

So ist davon auszugehen, dass Mitte des 5. Jahrhunderts Christophorus als Heiliger nicht nur bekannt, sondern auch allgemein akzeptiert war. Außerdem lässt sich dessen Verehrung schon früh – also gut vor dem 7. Jahrhundert – in Kleinasien, Syrien und Ägypten nachweisen. Über sein Leben und Wirken geben die zahlreichen Legenden allerdings nicht wirklich Auskunft. Ähnlich wie bei den kleinasiatischen Heiligen Barbara und Nikolaus hat es keine zeitnahe Vita gegeben, so dass man die späteren Legenden und Heiligenerzählungen auf belastbare Aussagen abklopfen muss.

Christophorus war wohl ursprünglich Heide und ist erst im Erwachsenenalter zum Christentum gekommen. Er war weder Priester noch besonders gebildet. Denn als er in eine Stadt an der Küste kam, verstand er die Sprache nicht. Er wird also der Bildungssprache der Zeit, des Griechischen, nicht mächtig gewesen sein. Erst nach einem entsprechenden Gebet konnte er sich verständigen.

Durchgängig durch alle Legenden findet sich der Hinweis auf seine missionarische Tätigkeit, wobei nicht so sehr die Predigt des Wortes Gottes, sondern sein vorbildliches christliches Leben und Handeln im Vordergrund stehen, außerdem verschiedene Wunder, die er bewirkte. Selbst die ihm in den Kerker geschickten leichten Mädchen, die ihn zur Unzucht verführen sollten, beeindruckte er so durch sein Gebet, dass sie postwendend den christlichen Glauben annahmen und darauf das Heidentum aktiv bekämpften, indem sie in den nächsten Tempel gingen, ihre Gürtel lösten und mit diesen die Götterstatuen von ihren Sockeln zogen. Diese Tat gereichte ihnen in Folge zum Martyrium.

Übereinstimmend wird Christophorus als riesenhafter Hüne mit gewaltigen Leibeskräften gekennzeichnet. Die bekannteste Legende, nach der er das ihm erschienene Jesuskind durch einen Fluss trug und danach den christlichen Glauben annahm, hat entscheidend die ikonographische Darstellung in der westlichen Kirche bestimmt.

Darnach über manchen Tag, da er einst in seiner Hütte ruhete, hörte er, wie eines Kindes Stimme rief »Christophore, komm heraus und setz mich über«.

Er stund auf und lief hinaus, konnte aber niemanden finden; also ging er wieder in seine Hütte. Da hörte er die Stimme abermals. Er ging wieder hinaus und fand niemanden. Darnach hörte er die Stimme zum dritten Male wie zuvor; und da er hinausging, fand er ein Kind am Ufer, das bat ihn gar sehr, dass er es hinübertrage.

Christophorus nahm das Kind auf seine Schulter, ergriff seine Stange und ging in das Wasser. Aber siehe, das Wasser wuchs höher und höher, und das Kind ward so schwer wie Blei. Je weiter er schritt, je höher stieg das Wasser, je schwerer ward ihm das Kind auf seinen Schultern; also daß er in große Angst kam, und fürchtete, er müßte ertrinken.

Und da er mit großer Mühe durch den Fluß war geschritten, setzte er das Kind nieder und sprach »Du hast mich in große Fährlichkeit bracht, Kind, und bist auf meinen Schultern so schwer gewesen: hätte ich alle diese Welt auf mir gehabt, es wäre nicht schwerer gewesen«.

Das Kind antwortete »Des sollst du dich nicht verwundern, Christophore; du hast nicht allein alle Welt auf deinen Schultern getragen, sondern auch den, der die Welt erschaffen hat. Denn wisse, ich bin Christus, dein König, dem du mit dieser Arbeit dienst. Und damit du siehst, daß ich die Wahrheit rede, so nimm deinen Stab, wann du wieder hinüber gegangen bist, und stecke ihn neben deiner Hütte in die Erde; so wird er des Morgens blühen und Frucht tragen«. Damit verschwand er vor seinen Augen.

Christophorus aber ging hin und pflanzte seinen Stab in die Erde; und da er des Morgens aufstund, trug der Stab Blätter und Früchte als ein Palmenbaum.[67]

Die in der orthodoxen Kirche verschiedentlich auftauchende Darstellung des Heiligen als Kynokephale, also als Mensch mit einem Hundskopf, wie solche auch später unter den Antipoden zu finden sind, geht wohl auf ein sprachliches Missverständnis zurück und macht auch mit Bezug auf die über ihn verfassten Legenden keinen rechten Sinn.

Das Martyrium des Christophorus war von diversen Wundern begleitet. Mit einem glühenden Eisenhelm auf dem Kopf setzte man ihn auf einen Schemel, unter dem ein Feuer entzündet worden war. Nachdem der heilige Mann dies schadlos überstanden hatte, schossen 400 Bogenschützen Pfeile auf ihn ab, die jedoch in der Luft stehen blieben und ihn nicht durchbohrten. Erst durch die Enthauptung wurde das Martyrium vollzogen und der Heilige vom Leben zum Tode gebracht.

Wann und wo Christophorus begraben worden ist, ist nicht bekannt. Erst gut ein Jahrhundert später sind seine Gebeine aufgefunden, erhoben und in der Kirche von Chalkedon niedergelegt worden. Sein Haupt jedoch ist dann wohl noch im frühen Mittelalter auf die Insel Rab (heute Kroatien) gelangt. Hier hat es wundersam gewirkt und im Jahre 1075 die Insel vor der Eroberung durch die Normannen bewahrt. Noch heute ist daher Christophorus der Schutzpatron der Insel, und noch heute wird an seinem Festtag (25.7.) mit Festveranstaltung und Ritterspielen seiner Rettungstat gedacht.[68]

Verschiedentlich findet sich in der einschlägigen Literatur, dass die Gebeine des Heiligen – möglicherweise im 7. Jahrhundert – nach Toledo in Spanien transferiert worden sind und von dort nach St. Denis gelangten.[69] Einzelne Teile sind auch in unserer Region vorhanden oder auch vorhanden gewesen. Reliquien sind in Rom seit dem 8. Jahrhundert bezeugt. Papst Agapet II. schenkte Mitte des 10. Jahrhunderts dem Erzbischof von Köln, Brun, neben anderen Reliquien auch solche des heiligen Christophorus, welcher damit Einzug ins Erzbistum Köln hielt. Im 14. Jahrhundert sind weitere Reliquien im Dom zu Münster erwähnt. Die Grafen von Manderscheid-Blankenheim brachten vor dem Einmarsch der Franzosen 1774 ihren Reliquienschätze in Sicherheit, unter anderem einen Armknochen des heiligen Christophorus.[70] Auch das Kloster Dietramszell im Bistum Freising besaß gemäß einer Auflistung von 1580 Christophorus-Reliquien.[71]

Die Verehrung war seit dem Spätmittelalter weit verbreitet, so dass man ihn schon bald zu den vierzehn Nothelfern zählte. Als Schutzpatron der Reisenden findet er sich an Hauswänden, Stadttoren und in Kirchen, meist in monumentaler Größe. Ein Beispiel findet sich in Münster im St.-Paulus-Dom.

Eine regelrechte Renaissance erlebte die Christophorus-Verehrung mit der Motorisierung des Verkehrs. Die Automobilisten des beginnenden 20. Jahrhunderts erwählten diesen Nothelfer zu ihrem speziellen Schutzpatron. Sie veranstalteten Sternfahrten zu Orten, die den Namen des Heiligen tragen, und Ende der 20er Jahre ließen sie ihre Fahrzeuge gar mit Bitte um seinen Schutz segnen. Somit wurde es üblich und war allgemein verbreitet, dass man sein KFZ mit einer Christophorus-Plakette ausstattete.

Auch heute noch werden Plaketten und Anhänger mit dem Bilde des Heiligen häufig angeboten. Ein deutscher Automobilclub, der seit Beginn des 20. Jahrhunderts vornehmlich als Pannenhelfer für Auto- und Motorradfahrer unterwegs ist, benennt seine fliegenden Rettungsfahrzeuge ebenfalls nach dem kleinasiatischen Jesuskindträger »Christoph 1« usw. und seine motorisierten Pannenhelfer umgangssprachlich durchaus als »gelbe Engel«. Seit 2011 ist der heilige Christophorus nunmehr der Schutzpatron der Straßenwärter – mit Bestätigung des Heiligen Stuhls und der deutschen Bischofskonferenz.

Kongregation für den Gottesdienst und die Sakramentenordnung, Prot. N. 1148/09/L
Für Deutschland
Kraft der ihr von Papst Benedikt XVI. verliehenen Vollmacht entspricht die Kongregation für den Gottesdienst und die Sakramentenordnung – in Anbetracht des Dargelegten und da feststeht, dass die Wahl nach Maßgabe des Rechts erfolgt ist – den geäußerten Bitten sehr gern und erkennt den heiligen Märtyrer Christophorus als himmlischen Schutzpatron für die Straßenwärter in Deutschland an, mit allen daraus sich ergebenden Rechten und liturgischen Privilegien gemäß den Rubriken, ungeachtet jeder anderen gegenteiligen Anordnung.
Am Sitz der Kongregation für den Gottesdienst und die Sakramentenordnung, am 22. Februar 2011, dem Fest der Kathedra des hl. Apostels Petrus.
Antonio Kardinal Cañizares Llovera, Präfekt
Erzbischof Joseph Augustine di Noia OP, Sekretär

Kirchenpatrozinien des Heiligen sind in unserer Region verhältnismäßig dünn gesät. Neben Kirchen in Krefeld, Ratingen und Essen (Kirchengemeinde St. Christophorus in Essen-Kray bis 2006, dann entweiht und Bistumsarchiv)[73] gibt es nur noch eine Kirche im nordöstlichen Ruhrgebiet, die seinem Patrozinium geweiht ist, und zwar in Werne, der idyllischen Kleinstadt zwischen Bergkamen und Hamm. Hier hat der heilige Christophorus es sogar zum Schutzpatron gebracht. Sowohl das örtliche Gymnasium als auch das Krankenhaus tragen seinen Namen. Das alte Wappen der Stadt zeigt auch noch den Christophorus. Selbst die Brücke über die Lippe ist nachweislich seit dem 13. Jahrhundert diesem Heiligen geweiht. Auf dieser Brücke trafen sich 1253 Vertreter der Städte Dortmund, Münster, Soest und Lippstadt und einigten sich auf einen Vertrag zur Sicherung des Handels.[74] Heute sind weiterhin eine Apotheke, ein Kindergarten, eine Pflegeeinrichtung und ein Schwesternkonvent nach Christophorus benannt.

Zwar nicht im Ruhrgebiet, aber im übrigen deutschen Sprachraum gibt es eine Vielzahl von evangelischen Gemeinden und Kirchen, die sich nach Christophorus benannt haben.

3. Schutzpatrone

Die heilige Barbara
Schutzpatronin des Ruhrgebiets

Die Legende der heiligen Barbara und ihre Bedeutung im Mittelalter sind schnell erzählt:

Die heilige Jungfrau Barbara soll Ende des 3. Jahrhunderts in Nikomedia, einer Stadt in Kleinasien am Marmarameer, heute die Stadt Izmir nahe Istanbul in der Türkei, gelebt haben. Der heidnische Vater sperrte die Tochter wegen ihrer Schönheit und ihres latenten Hangs zum Christentum in einen Turm, um sie vor verderblichen Einflüssen zu bewahren. Trotzdem bekannte sie tapfer ihren Glauben an Christus und wurde einem qualvollen Martyrium überantwortet, das sie unter dem Kaiser Maximinus um 306 erlitt. Sie wurde mit Ochsensehnen so lange geschlagen, bis sie am ganzen Leib verwundet war. In die Wunden wurden Scherben gerieben, um die Qualen zu steigern. In der Nacht erschien ihr jedoch Christus und heilte ihre Wunden. Diese wundersame Heilung vergrößerte jedoch die Wut der Peiniger, die tags darauf ihren Körper mit Haken zerrissen, mit Fackeln ihr die Seiten verbrannten und den Kopf mit Hämmern traktierten. Ich erspare hier die weiteren sadistischen Einzelheiten der Tortur. Da dies alles nicht zum Tode der Heiligen führte, beschloss man, sie zu enthaupten. Die Hinrichtung wurde vom Vater selbst vollzogen, der – zur Strafe unmittelbar danach vom Blitz getroffen – seine Freveltat mit dem Leben büßte. Dies ist wohl der ursprüngliche Kern der Legende.

Im späten Mittelalter traten noch einige wundersame Begebenheiten hinzu. Hier sei nur die erwähnt, dass auf der Flucht vor dem Vater sich der heiligen Barbara ein Berg öffnete und sie vor der Wut des Vaters verbarg. Diese Ausschmückung der Legende wird vielfach als Grund für ihr Patronat über die Bergleute angesehen.

Die Verehrung der heiligen Barbara im Spätmittelalter und in der frühen Neuzeit ist vielfältig. Regelmäßig wird sie mit dem Turm als Zeichen ihres Martyriums dargestellt, häufig auch mit Kelch und Hostie, wobei der Ursprung dieser Attribute ihrer Heiligkeit unklar ist. Sie wird einerseits zu den vierzehn Nothelfern gezählt und wird angerufen gegen Fieber, in Lebensgefahr und Not, bei Pest und Sturm. Gleichsam ihre Spezialität ist der besondere Schutz gegen den plötzlichen Tod ohne Sakramentenempfang, und man ruft sie an mit der Bitte um eine glückliche Sterbestunde.

Als Patronin ist die heilige Barbara aber keineswegs den Bergleuten vorbehalten. Da sie gegen Feuer schützt, wird sie von den Büchsenmachern und Kanonengießern und insbesondere von der Artillerie verehrt und zum Schutz angerufen. Ihr Patrozinium erstreckt sich jedoch auch auf die Feuerwerker, Baumeister, Zimmerleute, Bürstenbinder, Hutmacher, Maurer und Dachdecker, Glöckner, Köche und Goldschmiede. Nicht zuletzt sehen die Totengräber und Kürschner sie als ihre spezifische Schutzheilige an.

Die heilige Barbara ist wie die meisten Heiligen des Mittelalters, um mit einem modernen Begriff zu operieren, multifunktional. In ihrer Schutzfunktion für den Gläubigen konnte sie sowohl prophylaktisch als auch – quasi im Schadensfall – in der Not angerufen werden. Andererseits war sie allgegenwärtig, individuell als Namenspatronin, von deren unmittelbarer Schutzfunktion man durchaus überzeugt war, und auch global für gesellschaftliche und soziale Gruppen. Darüber hinaus war sie für bestimmte Situationen, Lebenslagen und vor allem Notlagen ansprechbar. Sie wurde auch in die Pflicht genommen zum besonderen Schutz von bestimmten Bauwerken, Kirchen, Altären, deren Patrozinium sie innehatte.

Dieses breite Spektrum hat in den meisten Fällen eine Tradition begründet, so dass die heilige Barbara heute, insbesondere hier im Kohlebergbaugebiet, als die Schutzpatronin der Bergleute einzig und allein besondere Verehrung genießt. Noch 1955 hat die Industriegewerkschaft Bergbau und Energie auf ihrem Gewerkschaftstag erwogen, den Barbaratag als bergmännischen Feiertag mit Arbeitsruhe einzufordern. Die heilige Barbara ist in dieser Tradition eine der wenigen Heiligen, deren Verehrung sich überkonfessionell erhalten hat.

Untersucht man die historische Gestalt dieser in der Tradition so bedeutsamen Heiligen, so erlebt man eine Reihe von Überraschungen. Zunächst einmal lässt sich nicht erweisen, dass sie überhaupt jemals gelebt hat, von ihrem Martyrium einmal ganz abgesehen. Diese Tatsache führte dazu, dass sie 1969 aus dem »Calendarium Romanum«, dem römischen Heiligenkalender, gestrichen wurde – dieses Schicksal teilt sie im Übrigen mit dem heiligen Christophorus und dem heiligen Nikolaus aus den gleichen Gründen. Das aber hat ihrer Verehrung keinen Abbruch getan. Diese lässt sich erstmalig im 7. Jahrhundert im damals noch christlichen Ägypten und in Rom nachweisen.

Die überregionale europäische Verehrung der heiligen Barbara beginnt erst mit der Translation ihrer Reliquien, der Überführung ihrer Gebeine in die Kirche des heiligen Markus in Venedig. Die Reliquien waren im Jahr 1003 vom oströmischen Kaiser Basilios II. an den Dogen Pietro

II. Orseolo übergeben worden. Überbracht wurden die Reliquien von Maria Argyropoula, einer der Schwestern des späteren Kaisers Romanos III. Argyros, die mit dem Sohn des Dogen, Giovanni, verheiratet war. Die Verehrung ihrer jetzt im Abendland verfügbaren Reliquien begründet in erster Linie die Verbreitung des Barbarakultes.

Anhand der Patrozinien von Kirchen und Altären, aber auch der alten Heiligenkalendarien lässt sich die Ausbreitung der Barbaraverehrung verhältnismäßig gut verfolgen. Im 14. Jahrhundert findet sie sich im Inntal, in dem der Erzbergbau traditionell betrieben wurde, und die heilige Barbara avancierte hier wohl zur Patronin der Bergleute. Als Schutzpatronin dieses Berufsstandes ist ihre Verehrung mit der Ausbreitung des Bergbaus gewandert und hat schon im Mittelalter mit Spielen, Barbarasegen und Knappenmahl Traditionen begründet, die bis in unsere Zeit nachwirken. Dennoch hat sie sich als spezielle Schutzpatronin der Bergleute bei Weitem nicht so durchgesetzt, wie uns dies heute in der Retrospektive erscheint. Noch im »Schwazer Bergbuch« von 1556 findet sie sich gleichsam zweitrangig neben dem ursprünglichen Patron der Bergleute, dem heiligen Daniel.

Zwar überflügelt der Barbarakult dann den des alttestamentarischen Daniel, jedoch erscheint im mittelalterlichen und frühneuzeitlichen Bergbau eine Vielzahl von Patrozinien, einerseits die christlichen Mysterien, zum Beispiel Heiliges Kreuz, Dreifaltigkeit und Heiliges Blut; andererseits sind es weitere, überraschenderweise grundsätzlich weibliche Heilige, die die Bergleute als Patrone ihres Berufsstandes verehren. So gilt in den sächsischen Bergbaurevieren, aber auch im deutschen Südwesten die heilige Anna als Schutzpatronin des Bergbaus. Als Beleg seien hier nur die Stadt Annaberg, eine damals blühende

Bergbaustadt, und die St.-Annen-Grube in Todtnau im Schwarzwald erwähnt. Zur heiligen Anna gesellen sich noch die heilige Katharina, zum Beispiel beim St. Katharinenstollen in Schneeberg, die heilige Margareta und die heilige Agathe. Die heilige Barbara als ausschließliche Patronin des Bergbaus hat sich mit ihren Traditionen und Gebräuchen eigentlich nur in Oberschlesien durchgesetzt. Wohl von dort ist das Barbarabrauchtum mit den Zechengründungen hier ins Ruhrgebiet gekommen und wird zunächst in den Bergknappenvereinen greifbar, die unter anderem der sozialen Sicherung der Bergleute dienten.

Das überlieferte und traditionelle Brauchtum, das sich mit der Feier des Festes der heiligen Barbara verbindet, ist so vielfältig wie die verschiedenen Bergbauregionen, in denen sie verehrt wird. Neben dem allbekannten Barbarabrot und dem Knappenmahl sind es vor allem der Gottesdienst als Dank- und Gedenkgottesdienst und zum Teil ausgedehnte Feierlichkeiten, die das Brauchtum am Barbaratag prägen.

Beispiele für die abergläubische Verbrämung des Barbarakultes sind das Brechen der Barbarazweige von Obst-, insbesondere Kirschbäumen und das Entzünden von Kerzen in der Grube als Lebenslichtorakel. Die Kanoniere der vergangenen Jahrhunderte trugen ein Abbild der heiligen Barbara als Amulett, und auf spanischen wie französischen Schiffen hieß die Pulverkammer »Sainte Barbe«. Auch bäuerlicher Aberglaube verband sich mit dem Barbaratag, an dem man nicht nähen sollte; ansonsten legten die Hühner das ganze Jahr keine Eier. In Ungarn galt der Barbaratag als einer der Tage, an dem man Schätze graben sollte. Und man konnte im Traum seine Zukünftige sehen, wenn man am Barbaratag fastete und sich vor dem Zubettgehen einen Frauenrock unter das Kopfkissen legte.

Als eine der vierzehn Nothelfer war die heilige Barbara – und dies könnte man an vielen Gebräuchen und Facetten des Aberglaubens zeigen – eine der beliebtesten volkstümlichen Heiligenfiguren des Mittelalters und rückt in die Nähe des heiligen Schutzengels Michael, dessen Beliebtheit in Deutschland schließlich als Karikaturvorbild für den »Deutschen Michel« herhalten musste.

Warum gerade die heilige Barbara die Schutzpatronin der Bergleute geworden ist, lässt sich letztendlich nicht zweifelsfrei beantworten. Die Teile der Legende, die auf dieses Patrozinium hindeuten, zum Beispiel der Berg, der sich vor der Heiligen öffnet und sie vor dem Vater verbirgt, sind nicht ursprünglicher Bestandteil, sondern eine Nachbesserung. Am ehesten ist sie zu sehen als Nothelferin gegen den plötzlichen Tod, der den Bergmann der früheren Jahrhunderte unmittelbar bedrohte. Dennoch sind diese Argumente als Begründung für einen Patronatswechsel sicherlich nicht ausreichend.

Der Übergang des Bergleute-Patroziniums auf die heilige Barbara ist umso verwunderlicher, als es bereits vor dem Aufkommen der Barbaraverehrung einen Heiligen und Märtyrer gab, dessen Martyrium unmittelbar mit dem Bergwerk und der Bergwerksarbeit verbunden war. Nach dem Bericht des Eusebius war der dritte Nachfolger des Apostels Petrus auf dem römischen Stuhl, Papst Clemens I. (92–101), wegen der Ausübung seines Glaubens in die Marmorbrüche auf der Krim verbannt worden. Hier traf er mehr als 2000 seiner Glaubensbrüder, die zur Bergwerksstrafe (»ad metalla«) verurteilt worden waren. Clemens erlitt zwar der Legende nach sein Martyrium nicht unmittelbar während der Bergwerksarbeit, sondern wurde mit einem Anker beschwert im Meer versenkt; dennoch wird sein Martyrium mit dem Bergwerk in Verbindung gebracht, das sich bereits im 6. Jahrhundert zu einem Wallfahrtsort entwickelte, zu dem die Gläubigen pilgerten, um zum heiligen Clemens zu beten.

Die ungereimte und unpassende Todesart des Papstes Clemens in der Legende ist dahingehend zu erklären, dass die Bergwerksstrafe nicht als Martyrium angesehen wurde, da diese nicht zweifelsfrei bedingte, dass man unmittelbar für seinen Glauben vom Leben zum Tode befördert wurde, was nach damaliger Auffassung Voraussetzung für das Martyrium war.

Papst Clemens I. ist somit der Einzige gleichsam »echte« Bergwerksheilige im Pantheon der Heiligen der römischen Kirche. Wenn auch die Berichte über sein Martyrium legendenhaft sind, so hat er doch nachweislich gelebt und als Bischof von Rom gewirkt, wäre somit sicherlich mehr prädestiniert gewesen, als Patron für die Bergleute zu gelten. Er erscheint jedoch lediglich vereinzelt und peripher, wenn überhaupt gleichsam als heiliger Bergwerkshelfer, der nie die Bedeutung eines Patroziniums erlangt hat.

Die heilige Barbara hat sich im Bewusstsein der Gläubigen und insbesondere im Bewusstsein der Bergleute als Schutzpatronin durchgesetzt; daher ist es unerheblich, ob sie nun eine historische Persönlichkeit gewesen ist oder nicht. Es leistet auch keinen Abbruch in den gewachsenen Traditionen der Barbarabräuche, dass sie aus dem Heiligenkalender der römischen Kirche gestrichen worden ist; selbst die Ablehnung jeglichen Heiligenkultes durch die Reformation hat die Verehrung der heiligen Barbara als Schutzpatronin der Bergleute nicht verlöschen lassen.

Die römische Kirche hat dieser ungebrochenen Verehrung der heiligen Barbara insofern Rechnung getragen, als dass ihr Fest 1972 wieder in den regionalen Heiligenkalender für das deutsche Sprachgebiet aufgenommen worden ist und 2004 wieder in das »Martyrologium Romanum«, womit sie endgültig in den Kreis der Heiligen zurückgekehrt ist.

Wenn man nach den Überresten der heiligen Jungfrau forscht, so ruhen diese in einem prächtigen Schrein in Venedig, dessen Inschrift »Corpus S. Barbarae virginis et martyris« lautet. Nach knapp 1000 Jahren auf der Insel Burano[75] (Kirche des heiligen Martin, Venedig) ist die Heilige bzw. das, was von ihr übrig ist, durchaus reiselustig geworden. Im Herbst 2008 war sie in New York[76] und im Frühjahr 2015 in Begleitung der italienischen Marine mit dem Flieger in Athen, wo sie wie ein Staatsgast empfangen und in einer Prozession – geleitet von den orthodoxen Kirchengrößen – zur Kirche St. Barbara gebracht wurde.[77] Ob ihre Überreste in dem Schrein noch vollständig sind, mag dahingestellt sein.

Reliquien von ihr werden an durchaus verschiedenen Orten verehrt: Beinreliquien in Sevilla (ein halber Oberschenkel) und Oviedo, eine weitere in Kroatien. Kleine Stücke finden sich in der Sammlung der Hildegard von Bingen (heute in der Kirche von Eibingen im Rheingau). Ein weiteres Teil soll sich in der Wladimirkathedrale in Kiew befinden.[78] Das Bild eines Fußes der heiligen Barbara findet sich im Internet, die Beschriftung des Pergamentstreifens ist alt (»S. Barbarae V[irginis] et M[atyris] Nicomediae«), jedoch ist es nicht gelungen zu eruieren, wo sich diese Reliquie befindet.[79]

Doch juckt es den Autor, der sich ein paar Jahrzehnte mit der mittelalterlichen Geschichte beschäftigt hat, dass die heilige Barbara, die bereits in dieser Zeit zu den vierzehn Nothelfern gezählt wird, erst mit dem modernen Kohlebergbau im 19. Jahrhundert sich hier in der Region verbreitet und Verehrung gefunden hat.[80]

Eine der ältesten Kirchengründungen ist St. Peter auf der Hohensyburg, spätestens in den 70er Jahren des 8. Jahrhunderts von den Franken auf ihrem Heerzug nach Sachsen begründet und erbaut. Papst Leo III. hat auf dem Weg zum berühmten Treffen mit König Karl dem Großen im Jahre 799 in Paderborn nachweislich diese Kirche besucht und als Geschenk für diese von Karl geschätzte Kirche eine besondere Reliquie aus Rom mitgebracht: das Haupt der heiligen Märtyrerin Barbara. Ob er die Kirche dann noch einmal geweiht hat, mag dahingestellt sein, genauso wie die Frage nach der Herkunft dieser Reliquie, die mit anzunehmender Wahrscheinlichkeit eher wohl nur eine Schädelkalotte war.

Wenn auch die Frage nach der möglichen Echtheit der Reliquie – wie in so vielen Fällen – offenbleiben muss, so steht doch zweifelsfrei fest, dass dort in Hohensyburg die heilige Barbara bis zur Reformation verehrt worden ist und die Menschen regelmäßig dorthin wallfahrteten. Die uns überlieferte große Brandkatastrophe in Dortmund vom Jahre 1297 konnte sich nur deshalb so furchtbar auswirken, weil sich eine Vielzahl der Einwohner von Dortmund – im Übrigen vornehmlich Männer – auf einer Wallfahrt nach St. Peter befanden und somit nicht in der Stadt löschen konnte. Man pilgerte nämlich zum Haupt der heiligen Barbara, weil mit dem Besuch an einem bestimmten Tag des Jahres ein Ablass verbunden war. Dieser ist noch im Jahre 1274 von Papst Gregor X. urkundlich bestätigt worden. Die heilige Barbara ist somit schon zu frühesten christlichen Zeiten hier in unserer Gegend verehrt worden.

Die Kirche St. Peter wurde im Zuge der Reformation evangelisch und ist es noch heute. Der jetzt protestantische Pfarrer räumte mit dem »Reliquienaberglauben«

gründlich auf und beseitigte alles, was an diesen erinnerte. Dem Vernehmen nach sollen die Reliquien der Kirche St. Peter nach Köln in den Dom gebracht worden sein. In der Tat findet sich in der Kölner Heiltumsweisung von 1580 der Nachweis, dass den Kölner Bürgern Reliquien der heiligen Barbara gezeigt worden sind.[81] Eine ausgeprägte Barbaraverehrung hat es in der näheren Region um Dortmund also vom ausgehenden 8. bis ins 16. Jahrhundert hinein gegeben.

Die Frage ist nun weiterhin, wie es mit dem Bergbau in dieser Region gestanden hat. Der Erzbergbau – vornehmlich Eisenstein – lässt sich in seinen Anfängen im bergigen Süden unserer Region im 8./9. Jahrhundert archäologisch nachweisen.[82] Der systematische Abbau von Steinkohle ist urkundlich seit dem 13. Jahrhundert gesichert nachzuweisen, als ein Kohlengräber in die Bürgerschaft von Dortmund aufgenommen wurde.

Auch im Einzugsbereich des Klosters Werden wurde – wohl vornehmlich im Hespertal – Steinkohle planmäßig abgebaut. An den Stellen, an denen die Steinkohlenflöze zu Tage traten, wurden, den Flözen folgend, Gruben gegraben und die Steinkohle gewonnen. War dann die maximale ohne Ausbau erreichbare Tiefe oder das Grundwasser erreicht, gab man die Pinge auf und grub in einiger Entfernung eine neue.

Bereits für das 15. Jahrhundert lässt sich die Aushebung von Wassergräben zur Ableitung von Grundwasser nachweisen. Die auf diese Weise gewonnene Steinkohle eignete sich nicht zur Verhüttung von Erzen; sie wurde vielmehr zur Aufbereitung des Gusseisens und zur Eisenverarbeitung in den Schmieden gebraucht. Darüber hinaus wurde sie als billiges Heizmaterial bei den armen Leuten genutzt. Steinkohle war also auch schon im Mittelalter

Verbrauchsmaterial in den eisenverarbeitenden Handwerken; sie wurde im späteren Ruhrgebiet abgebaut und auch verhandelt, nachweisbar bis nach Köln und Münster, wie die einschlägigen Zollbestimmungen der Zeit zeigen. Außerdem war die Menge der Förderung von Steinkohle so bedeutend, dass man schon in dieser frühen Zeit darauf den Zehnten erhob, was dann bis ins 20. Jahrhundert hinein der Fall war.

Es kann also ganz gut sein, dass sich auch die Kohlengräber – von Bergleuten wird man nicht sprechen können – der Dortmunder und Essener Region zur wundertätigen Reliquie der heiligen Barbara in Hohensyburg aufmachten und sie möglicherweise zu ihrer Patronin erkoren. Darauf mag auch hindeuten, dass in Essen als eisenverarbeitendes Gewerbe am Ende des 15. Jahrhunderts sich die Herstellung von Handfeuerwaffen etablierte, deren Waffenschmiede sich ebenfalls die heilige Barbara als Patronin wählten.

Man wird dies sicherlich nicht zweifelsfrei nachweisen können, jedoch mag festzuhalten sein, dass die Ruhrregion die Patronin des Bergbaus seit mehr als 1200 Jahren verehrt. Ob der Zusammenhang zwischen Bergbau und der Heiligen hier, in Tirol, in Schlesien oder anderswo hergestellt worden ist, muss offenbleiben.

Mit dem industriellen Abbau von Steinkohle und dem Zuzug von Bergarbeitern wird die Barbaraverehrung wiederbelebt und intensiviert. Es gibt kaum eine Ruhrgebietsstadt, die keine der Barbara geweihte Kirche aufzuweisen hat. Man findet sie in Duisburg, Mülheim, Oberhausen, dreimal in Essen, Gelsenkirchen, Castrop, Herne, Herten (abgerissen und durch das Barbarazentrum ersetzt).

Der heilige Altfrid
Schutzpatron des Bistums Essen

Wer durch Essen oder auch die nähere Umgebung der Stadt schlendert, dem begegnen allenthalben Einrichtungen und Institutionen, die den Namen dieses Heiligen tragen: Schulen, Kindergärten, Altenheime, profane wie kirchliche Einrichtungen. Man kann sich des Eindrucks nicht erwehren, dass er gleichsam der Schutzpatron des jungen Bistums Essen ist. Es gibt jedoch nur eine Kirche in der ganzen Region, die sein Patrozinium aufweist, die St.-Altfrid-Kirche in Essen-Steele, die allerdings erst in den 80er Jahren des 20. Jahrhunderts erbaut und geweiht wurde. Sie weist als Besonderheit einen Kirchturm auf, der unmittelbar an den Förderturm einer Zeche erinnert.

Die geringe Verbreitung des Altfridpatroziniums mag daran liegen, dass er in der Krypta des Essener Doms bestattet ist, wo er von alters her Verehrung genießt als Begründer des Damenstiftes und damit der Keimzelle der Stadt Essen.

Aus hohem westfälischen Adel stammend, gehörte Altfrid zum Hofstaat König Ludwig des Deutschen und somit zu den Großen des westfränkischen Reiches. Er ist auch politisch tätig gewesen, zum Beispiel beim Vertrag von Meersen, mit dem 870 Ludwig der Deutsche und Karl der Kahle das Erbe ihres verstorbenen Bruders – Lothringen und Elsass – endgültig aufteilten.

In für damalige Verhältnisse hohem Alter wird Altfrid auf Betreiben Ludwigs Bischof von Hildesheim. Zuvor war er bereits auch kirchenpolitisch tätig. Auf seinem weitgestreuten Grundbesitz – zum einen im Harzvorland, zum anderen in unserer Region – begründete er Frauenstifte, also im heutigen Gandersheim und in Essen, die er nicht nur mit entsprechenden Einkünften ausstattete, sondern ihnen auch die für den Glaubensalltag und die Reputation gewünschten Reliquien zukommen ließ. 845 oder 847 erwarb er in Rom von Papst Sergius II. die Reliquien von Kosmas und Damian, die er später wohl zum überwiegenden Teil in seine Gründung nach Essen gab, wo sie sich noch heute befinden. 864 überführte er die Reliquien des heiligen Marsus von Auxerre ins westfränkische Reich – vermutlich nach Corvey. Jedoch gelangte auch ein nicht unwichtiger Teil davon schließlich ins Damenstift nach Essen.

Außergewöhnlich ist, dass der gute Altfrid nicht seinen Bischofssitz als Grablege bestimmte – wie es zu seiner Zeit üblich war –, sondern die Kirche des Damenstiftes in Essen. Das mag daran gelegen haben, dass das Stift seit seiner Gründung von engen weiblichen Verwandten geleitet wurde. Als er 874 starb, wurde er also in Essen begraben, wo er auch heute noch ruht. Folglich pflegte man sein Andenken sowohl in Hildes- als auch in Gandersheim nur mit mäßiger Begeisterung, während er in Essen als Gründungsvater, der auch noch in corpore vorhanden war, sich eines dauernden Gedächtnisses sicher sein durfte.

Niemand schrieb sein frommes und wohl auch gottesfürchtiges Leben in einer Heiligenvita auf; keiner kam auf die Idee, ihn als Heiligen zu verehren. Erst nachdem man im Jahre 1957 aus Teilen der Erzbistümer Köln und Paderborn sowie des Bistums Münster das Ruhrbistum mit Bischofssitz in Essen begründet hatte, rückte Altfrid für die Rolle des Schutzpatrons in den Blickpunkt des Interesses. Da er aber nicht heilig war, erkor man die Mutter Maria zur Schutzpatronin des Bistums. Gleichzeitig bemühte sich der erste Bischof in Essen, Franz Hengsbach, in Rom um die Heiligsprechung des in Essen Bestatteten.

Ein förmliches Heiligsprechungsverfahren hat es zwar nicht gegeben, aber 1965 erhielt man die Erlaubnis, den Festtag des heiligen Altfrid am 16. August zu begehen und ihn somit durch die Hintertür zum Schutzpatron des Bistums zu machen, so dass man im Jahre 1974 das Altfridjahr anlässlich des 1100. Todestages des verehrten Patrons feiern konnte.

Der arme Altfrid musste also knapp 1100 Jahre warten, bis er quasi offiziell in den Kreis der Heiligen des Ruhrgebiets aufgenommen wurde; er war also ein echter Spätzünder. Und ob er dann so ein ganz richtiger Heiliger geworden ist, weiß man auch nicht so recht, aber sei es drum, das Bistum hat einen kernigen Bischof der Karolingerzeit zum Schutzpatron.

Die heiligen Kosmas und Damian Schutzpatrone der Stadt Essen

Ihr Fest wird am 26. September begangen. Geboren sind die Zwillinge in Syrien und haben in Aigeai in Kilikien (heute Türkei) im Jahre 303 unter Diokletian das Martyrium erlitten. Sie haben zeit ihres Lebens als Ärzte gewirkt und die von ihnen Behandelten – der Legende nach grundsätzlich Geheilten – zum Christentum bekehrt. Ihre medizinischen Kenntnisse müssen durchaus überragend gewesen sein, will doch die Legende wissen, dass sie erfolgreich ein krankes Bein amputiert und durch das Bein eines Verstorbenen ersetzt haben. Der so Geheilte konnte dann zwar wieder laufen, musste jedoch das Handicap von einem weißen und einem schwarzen Bein auf sich nehmen, da der unfreiwillige Spender dunkelhäutig gewesen sein soll.

Dazu schreibt Deschner in seiner Kriminalgeschichte des Christentums im Zusammenhang mit der Geschichte von Märtyrer und Papst (526–530) Felix IV.:

Jetzt jedoch ereignete sich Wunderbares und wunderbarerweise in der von Felix IV. im 6. Jahrhundert auf den Trümmern zweier Heidentempel errichteten Kirche der hll. Kosmas und Damian, Zwillingsbrüder und Märtyrer. Anno 303 verloren sie mit drei weiteren Brüdern ihren Kopf, nachdem sie zuvor, gefesselt ins Meer geworfen, ein Engel gerettet, ein Feuer, das sie vernichten sollte, die Umstehenden verbrannt, eine ganze Serie gegen sie geschleuderten Pfeilen und Steine gewendet und ihre Schergen erschlagen hatte, worauf sie denn bald in der ganzen Christenheit als Volksheilige angerufen, auch Patrone der Ärzte, Apotheker und medizinischen Fakultäten wurden. … Vielmehr wurden sie als einzige Heilige der orientalischen Kirche … in den Kanon der heiligen Messe aufgenommen. … Ihre angeblichen Reliquien kamen 965 nach Bremen, 1649 nach St. Michael in München (kostbarer Schrein).[83]

Der Unterfranke Deschner, also Bayer – er lebte in Haßfurt am Main – hatte die Verehrung der heiligen Brüder in Essen einfach nicht auf dem Schirm. St. Michael war bis in die Mitte der 50er Jahre des 20. Jahrhunderts die Grabeskirche der Wittelsbacher, also der bayerischen Könige – zum Beispiel Ludwigs II. – und deren Familie; da standen ihr solche bedeutsamen Reliquien gut an.

Die Essener besitzen durchaus herausragende Reliquien der Zwillinge, zwei Arme und Teile der Schädelkalotten, die noch heute vorhanden sind und in einem Reliquiar aus dem 17. Jahrhundert gezeigt werden, einem Dreiturmreliquiar, das in den seitlichen Glaszylindern Reliquien des Heiligen Kosmas und des Heiligen Marsus und in den mittleren, übereinanderliegenden Glaskapseln Schädelreliquien Kosmas' und Damians enthält. Auf den Helmen der Türme befinden sich Statuen der Heiligen Kosmas und Damian und in der Mitte Marias.

Ihre Verehrung im Abendland begann mit Papst Felix IV., der auf den Ruinen heidnischer Tempel im 6. Jahrhundert eine Kosmas und Damian geweihte Kirche errichten ließ. Einige Jahrzehnte später rühmte sich Gregor von Tours, im Besitz von deren Reliquien zu sein. Bischof Altfrid brachte dann bei der Gründung des Essener Damenstiftes ihre Reliquien von Hildesheim nach Essen.

Ansonsten sind die Überreste der Heiligen auch heute noch weit über Europa verstreut; die beiden sind nicht nur die Schutzpatrone von Essen, sondern auch von Florenz. Deshalb benannte auch die hervorragendste Familie dieser Stadt, die Medici, mit Vorliebe ihre Söhne mit dem Namen »Cosimo« – Kosmas.

Auf gleichsam wunderbare Weise wurden im 14. Jahrhundert auch in Bremen weitere Reliquien entdeckt: die Schädel, respektive Teile davon, die angeblich im 10. Jahrhundert von Rom nach Bremen gelangt sein sollen. Der für diese Überreste hergestellte Schrein wurde – allerdings ohne Inhalt – an die Bayern verkauft, die ihn in der Kirche St. Michael in München aufstellten, wo er heute noch zu bestaunen ist. Die Bayern hatten auch keinen dringenden Bedarf an den Bremer Überresten, da sie bereits selbst zwei Schädel der Heiligen besaßen. Die Bremer Protestanten, die nichts mit heiligen Knochen und Reliquienverehrung am Hut hatten, legten diese dann mehr oder weniger ad acta, da ihre Herkunft dubios blieb und in Madrid weitere Schädelreliquien der beiden vorhanden waren und heute noch sind. Man muss allerdings nicht notwendigerweise davon ausgehen, dass die Zwillinge jeweils zwei- oder gar dreiköpfig waren. Vielmehr wird man die Schädel zerlegt und gleichsam möglicherweise redlich geteilt haben.

Kennzeichen von Kosmas und Damian ist das Richtschwert bzw. sind die Richtschwerter, mit dem bzw. mit denen sie vom Leben zum Tode befördert worden sind, nachdem sie Ertränken im Meer, Steinigung und Pfeilhagel unbeschadet überstanden hatten. So zeigt das frühneuzeitliche Wappen von Essen zwei gekreuzte Schwerter, das heutige nur noch ein Richtschwert. Die gekreuzten Schwerter haben sich im Stadtteilwappen von Borbeck erhalten. Ursprünglich hatte also jeder der beiden sein eigenes Richtschwert, welches im vorliegenden Wappen zur Verdeutlichung noch mit dem Kranz der Märtyrer geschmückt ist. In der Domschatzkammer in Essen wird auch das entsprechende Richtschwert gezeigt, mit dem die beiden enthauptet worden sein sollen. Allerdings handelt es sich dabei um eine Waffe des 10. Jahrhunderts, deren

Scheide man an der Spitze einige Jahrhunderte später mit dem Bilde der Heiligen verziert hat.

Immerhin sind Kosmas und Damian für das Ruhrbistum Essen so wichtig, dass ihr Jahresgedächtnis am 26. September als Hochfest gefeiert wird. Tatsächlich begraben wurden sie vermutlich in Kyrrhos, einem Ort nördlich von Aleppo in Syrien. Nach einer anderen Version ihrer Legende haben sie im Rom gewirkt und dort ihre letzte Ruhestätte gefunden. Nichts Genaues weiß man nicht. Dennoch erfreuen sich die Zwillinge nach wie vor großer Beliebtheit in der Stadt Essen.

Der heilige Reinoldus
Schutzpatron der Stadt Dortmund

Der Legende nach war Reinoldus nicht nur ein Ritter, der im Heiligen Land gekämpft hatte, sondern er war auch als Handwerker am Dombau zu Köln beteiligt. Weil er ob des frommen Werkes des Kirchbaus aber Lohndumping betrieb, wurde er von seinen Arbeitskollegen mit einem Hammer erschlagen. Der Leichnam des Heiligen verweigerte das Begräbnis in Köln, und der Leichenkarren rollte selbständig von Köln nach Dortmund, wo die Einwohner der Stadt die sterblichen Überreste des heiligen Mannes erfreut aufnahmen und ihm zu Ehren die Reinoldikirche erbauten, in der er seine letzte Ruhestätte fand.

Die Geschichte ist ganz gut erfunden, die Idee jedoch wohl abgekupfert, war doch auch der Leichnam des heiligen Jakobus in ein Schiff gestiegen und erst in Spanien an Land gegangen, um sich in Santiago de Compostela beerdigen zu lassen.

Wie dem auch sei, Reinoldus avancierte in Dortmund zum Stadtpatron, der auf Siegeln und Münzen abgebildet und allgemein verehrt wurde und der als Schutzheiliger die Kommune vor äußeren wie vor inneren Feinden beschützte. Deshalb genossen seine Überreste, die in einer hölzernen Lade und einem silbernen Kopfreliquiar aufbewahrt wurden, während des gesamten Mittelalters große Verehrung, und als dann Kaiser Karl IV., der eigentlich Wenzel hieß, im 14. Jahrhundert Dortmund besuchte, verehrte man dem passionierten Reliquiensammler ein paar Knochen des so verehrten Patrons, so dass ein Teil seiner heiligen Überreste in Prag im Dom landete.

Mit dem Einzug der Reformation verschwand auch der Glauben der Bürger an die beschützende Funktion des

Heiligen und seines Leichnams. Das kopflose Skelett in der Lade wurde einem katholischen Geistlichen überlassen, der dieses nach Köln brachte, von wo es schließlich nach Toledo gelangte, wo der heilige Reinoldus auch heute noch entsprechende Verehrung findet. Aus Geldnot veräußerten die Dortmunder im 18. Jahrhundert auch noch den Kopf nach auswärts, so dass seit dieser Zeit nichts mehr von den Reliquien in der Stadt verblieb.

Erst im 20. Jahrhundert – anlässlich der 1100-Jahr-Feier der Stadt Dortmund – lieh man sich einen Überrest des Heiligen von Toledo aus. Nach Ende der Feierlichkeiten machten die Spanier großzügig die Hälfte des ausgeliehenen Knochens den Dortmundern zum Geschenk. Da die Reinoldikirche jedoch protestantisch war und ist, konnte die Reliquie dort nicht untergebracht werden, und deshalb findet sie sich heute in der Kirche St. Johann Baptist in der Dortmunder Innenstadt. Der Schutzpatron war in »seine« Stadt zurückgekehrt.

Die heilige Gertrud
Schutzpatronin von Wattenscheid

Den meisten weiblichen Wesen ist bekanntlich eine unbändige Angst vor Mäusen und Ratten eigen. Frau muss wohl schon heilig sein, um gegen diese Plagegeister in Rattenfängerart vorgehen zu können.

Die heilige Gertrud wird gegen Mäuse- und Rattenplagen angerufen, soll vielfach auch dagegen geholfen haben. Wie allerdings diese hochherrschaftliche Dame – schließlich war sie Tochter Pippins des Älteren und damit Vorfahrin Karls des Großen – zu den Mäusen und Ratten kam, ist nicht recht zu erklären. In ihrer kurz nach ihrem Tode verfassten Lebensbeschreibung findet sich nichts von den Plagegeistern. Erst im Spätmittelalter, etwa seit dem 15. Jahrhundert – also gut 700 Jahre nach ihrem Tode – wird ihr die Funktion der Ungeziefervernichterin regelmäßig zugeschrieben, die bis heute nachwirkt, wird sie doch meist ikonographisch mit Mäusen dargestellt, so auch im ehemaligen Siegel der Stadt Wattenscheid.

Die Frage, wie nun die heilige Gertrud von Brabant nach Wattenscheid gekommen ist, beantwortet die Legende dahingehend, dass der heilige Suitbert bei der Überfahrt von den britischen Inseln die heilige Gertrud um eine sichere Überfahrt angerufen hat, die ihm dann auch gewährt wurde. Im Gebiet der Brukterer, die unsere Region damals bewohnten, missionierte er und soll aus Dankbarkeit für die sichere Seefahrt eine Kirche zu Ehren der heiligen Gertrud eben in Wattenscheid begründet haben.

Vom historischen Kontext könnte die Geschichte passen. 659 starb Gertrud, ihre erste Vita wurde um 670 verfasst, in der auch von dem Schiffswunder der heiligen Gertrud berichtet wird. Demnach sollen Schiffsleute, die in einen Sturm geraten waren und einem Seeungeheuer begegneten, die heilige Gertrud angerufen und daher die Gefahren heil überstanden haben. Deshalb trägt sie auch regelmäßig ein Schiff auf dem Arm. Es ist also möglich, dass Suitbert diese Geschichte kannte.

Wenn sie dennoch nicht stimmen sollte, so ist sie hervorragend erfunden.

Der heilige Cyriakus
Schutzpatron von Bottrop

Die Stadtkirche von Bottrop ist von alters her – also seit knapp einem Jahrtausend – dem heiligen Cyriakus geweiht und damit die einzige Kirche im Revier, die unter seinem besonderen Schutz steht. Die Wahl dieses ansonsten hier in der Gegend weitgehend unbekannten Heiligen zum Schutzpatron der Stadt zeigt, dass die Bottroper Wert auf das Besondere legen, wie zuletzt auch ihre Beförderung zu Bewohnern von »innovation city« (was auch immer das sein mag).

Dieser durchaus etwas seltsame Heilige hat zu Zeiten des römischen Kaisers Diokletian an der Wende zum 4. Jahrhundert in Rom gelebt und als Diakon ein frommes und heiliges Leben geführt. Die Legende will wissen, dass er Artemia, die Tochter eben dieses Diokletian, der einer der bedeutendsten Christenverfolger war und dem das Pantheon der Heiligen eine Vielzahl von Märtyrern und -innen verdankt, durch Exorzismus von einem teuflischen Dämon befreit hat. Zum Dank habe ihm eben dieser Christenhasser eine Villa in Rom geschenkt, so dass Cyriakus sein segensreiches christliches Werk ebendort fortsetzen konnte. Das wiederum brachte ihm den Unwillen des Mitkaisers des Diokletian, Maximinus, ein, der ihn, als er das Götteropfer verweigerte, mit siedendem Öl übergießen und dann enthaupten ließ. Dieses Martyrium brachte ihm dann eine gewisse regionale Verehrung in der Stadt Rom ein.

Für den Mitkaiser Diokletians rächte sich diese böse Tat insofern, als er im Jahre 310 von seinem Schwiegersohn, dem großen Kaiser Konstantin, in Marseille zum Selbstmord gezwungen wurde.

Ins fränkische Reich gelangte Cyriakus, als Samuel, Bischof von Worms (841–856) und Abt von Lorsch, in Rom weilte, um von Papst Leo IV. heilige Reliquien zu erbitten. Dieser war just damit beschäftigt, die Angriffe der Sarazenen auf Rom abzuwehren und zum Schutz der heiligen Stätten in der Ewigen Stadt eine Mauer zu errichten, die man späterhin auch als die »Leonische Mauer« bezeichnet hat. Da wird dann wohl ein kleiner Baukostenzuschuss ganz willkommen gewesen sein, für den der Papst dem frommen Bischof als Gegengabe das Skelett des nachrangigen Heiligen überließ.

Samuel schaffte das Skelett nach Worms und gründete dort zu Ehren des frisch erworbenen Heiligen das St. Cyriakusstift. Dass der Bischof auch einen kleinen Teil der Reliquien mit zum Kloster Lorsch nahm, wo er seinen Lebensabend verbrachte, ist wohl wahrscheinlich.

Als einige Jahrhunderte später ein begeisterter Reliquiensammler, Kaiser Friedrich III. (1452–1493), Worms besuchte, schenkte man ihm eine Cyriakusrippe. Während der Reformationswirren, lediglich wenige Jahrzehnte später, verbrachte man die Reste des Cyriakus in den Dom zu Worms, wo die Bollandisten Mitte des 17. Jahrhunderts bei den Vorarbeiten zu ihren umfassendsten Werken zur Geschichte der Heiligen mit knapp 160 Bänden (»Acta Sanctorum«) lediglich nur noch einen Torso vorfanden. Dieser ist mit der Zerstörung von Worms im Pfälzischen Erbfolgekrieg 1689 abgängig.

Ein ähnlich trauriges Schicksal hat die Gernroder Armreliquie erlitten. In den Wirren der Reformation vergruben nämlich die frommen Stiftsdamen diesen ihren Schatz, um ihn vor dem Furor der Reformatoren, die die Heiligenverehrung ablehnten, zu bewahren. Dummerweise haben sie aber vergessen, wo sie ihn vergraben hatten, so dass seit dieser Zeit auch der Arm abgängig ist. Die Chronik der Bottroper Cyriakuskirche berichtet, dass eine weitere Armreliquie Mitte des 10. Jahrhundert nach Bamberg gekommen sei.

Seit dem 10. Jahrhundert ist Cyriakus Patron des Stiftes in Geseke. Dort soll das Haupt des Heiligen vorhanden gewesen sein.[84] Darüber hinaus ist – wie beschrieben – sein Kirchenpatrozinium im Revier vertreten, mit der Propsteikirche St. Cyriakus in Bottrop, wo es der durchaus etwas seltsame Heilige ja bis zum Stadtpatron gebracht hat.

4. Regionale Heilige

Die Heimmannschaft unseres Reviers besteht aus Heiligen und Seligen, die – abweichend vom Regionalkalender des deutschen Sprachgebietes – speziell in der Diözese Essen verehrt werden und ein eigenes Heiligenfest besitzen.

Hervor ragen die beiden Patrone der Diözese, der heilige Liudger, erster Bischof von Münster (26. März), und der heilige Altfrid, Begründer des adeligen Damenstiftes Essen, der schon unter den Schutzpatronen abgehandelt wurde. Letzterer hat seinen Gedenktag am 16. August.

Das Gedenken an den heiligen Stephan von Ungarn entfällt, weil der so heilig gar nicht war, sondern die Ungarn als deren König mehr oder weniger gezwungen hat, das Christentum anzunehmen und dafür von Papst Sylvester II. (Gerbert von Aurillac) die berühmte Stephanskrone erhalten hat – das ist die mit dem geneigten Kreuz, die später von den Habsburgern der k. u. k. Monarchie getragen wurde.

Im Ruhrbistum Essen wird der Regionalkalender für das deutsche Sprachgebiet um die folgenden Eigenfeiern ergänzt:

23. Januar
Sel. Nikolaus Groß (1898–1945); Familienvater und Märtyrer; er wurde 2002 neu in den Diözesankalender aufgenommen.

22. März
Sel. Clemens August Kardinal Graf von Galen (1878–1946); Bischof von Münster, Kardinal; er wurde 2006 neu in den Diözesankalender aufgenommen.

26. März
Hl. Liudger (Ludgerus, † 809); erster Bischof von Münster; Glaubensbote in Friesland und Westfalen, zweiter Patron des Bistums Essen

8. Juli
Jahrestag der Weihe der Kathedralkirche
[Der hl. Kilian entfällt im Bistum Essen.]

23. Juli
Hl. Liborius; Patron des Erzbistums Paderborn
[Die hl. Birgitta von Schweden wird im Bistum Essen auf den 24. Juli verlegt; der hl. Christophorus und der hl. Scharbel Mahluf entfallen dafür.]

16. August
Hl. Altfrid († 874); Gründer des Stiftes Essen
[Der hl. Stephan von Ungarn entfällt im Bistum Essen.]

4. September
Hl. Swidbert († 713); Bischof, Glaubensbote

11. September
Hl. Maternus (4. Jahrhundert); erster bekannter Bischof von Köln

26. September
Hll. Kosmas und Damian; Märtyrer in Kleinasien, Stadtpatrone von Essen

3. Oktober
Die beiden hll. Ewalde (Schwarzer und Weißer); Glaubensboten am Niederrhein und in Westfalen, Märtyrer

10. Oktober
Hl. Viktor und Gefährten; Märtyrer in Xanten

11. Oktober
Maria; Mutter vom guten Rat; die Patronin der Diözese Essen

7. November
Hl. Engelbert († 1225); Bischof von Köln; Märtyrer

13. November
Jahrestag der Weihe der Kirchen, die ihren Weihetag nicht feiern; Gedächtnis der Kirchweihe in den Kirchen, deren Weihetag unbekannt ist oder in denen der eigentliche Weihetag – zum Beispiel wegen der Fastenzeit – nicht begangen werden kann

4. Dezember
Adolph Kolping (1813–1865); Priester, »Gesellenvater«

14. Dezember
Maria Franziska Schervier (1819–1876); Jungfrau, Ordensgründerin
[Der hl. Johannes vom Kreuz wird im Bistum Essen auf den 15. Dezember verlegt.]

Der selige Nikolaus Groß
Echter Püttrologe aus dem Ruhrgebiet

Seit dem 7. Oktober 2001 besitzen wir einen echten eingeborenen Ruhrgebietler, der die Ehre der Altäre erreicht hat. Nikolaus Groß wurde an diesem Tage von Papst Johannes Paul II. seliggesprochen. Wenig später erkoren sich zwei Kirchen im Revier diesen zu ihrem Schutzpatron, und zwar die Gemeinde der Stadt Werne und die Kirche in Bochum-Grumme (Kath. Kirchengemeinde Seliger Nikolaus Groß[85]). Im Dom zu Essen gibt es eine Nikolaus-Groß-Kapelle.

Geboren 1898 in Niederwenigern bei Hattingen, wurde Nikolaus Groß in der Kirche des heiligen Mauritius getauft und ergriff nach seiner Schulzeit, wie es in dieser Zeit hier in der Gegend üblich war, den Beruf des Bergmanns. Als solcher trat er der christlichen Gewerkschaftsbewegung Antonius-Knappenverein bei, in der er aufgrund seines Strebens nach Bildung und seines bewundernswerten Einsatzes sehr schnell Karriere machte und Gewerkschaftssekretär wurde.

Seine erste Station in dieser Funktion war ab 1920 der Gewerkverein christlicher Bergarbeiter in Oberhausen. Als Gewerkschaftssekretär war er an der Herausgabe der Zeitung »Der Bergknappe«, die in Essen erschien, beteiligt. Nach diversen anderen Stationen und Aufgaben arbeitete er zwischen 1924 und 1926 als Gewerkschaftssekretär in Bottrop.

Bereits Ende der zwanziger Jahre wandte er sich gegen den aufkommenden Nationalsozialismus und schloss sich nach der Machtergreifung Hitlers dem Widerstand an. Obwohl er an dem Attentat gegen Hitler im Jahre 1944 nicht unmittelbar beteiligt war, wurde er in den letzten

Monaten des Krieges verhaftet und von dem berüchtigten Volksgerichtshof – obwohl ihm keine Beteiligung nachzuweisen war – gleichsam als Mitläufer zum Tode verurteilt. Die zynische Begründung des Urteils – »Er schwamm mit im Verrat, muss folglich auch darin ertrinken« – dokumentiert die Willkür, mit der Roland Freisler die Todesurteile begründete. Am 23. Januar 1945 wurde das Urteil in Plötzensee durch Erhängen vollstreckt, der Leichnam verbrannt und die Asche auf Rieselfeldern verstreut.

Das Andenken an diesen tiefgläubigen Arbeiterführer ist gerade hier im Ruhrgebiet stets bewahrt worden. Zahlreiche Städte (Bottrop, Gelsenkirchen, Duisburg, Dinslaken, Oberhausen, Hattingen, Essen, Dortmund) haben Straßen, Schulen und Institutionen nach ihm benannt.

Als zum ersten Mal 1987 ein Papst ins Ruhrgebiet kam und unter anderem die Zeche Prosper-Haniel in Bottrop besuchte, erwähnte dieser in seiner Ansprache Nikolaus Groß, der sein Leben für seinen Glauben und die Kirche hingegeben hatte.

Dies nahm der erste Bischof des Ruhrbistums, Franz Hengsbach, zum Anlass, den Seligsprechungsprozess in Angriff zu nehmen, ein Verfahren, das dann bis 2001 andauerte, so dass noch derselbe Papst, Johannes Paul II., der über die weiß gekälkte Halde mit dem Helikopter zur Zeche Prosper-Haniel in Bottrop eingeschwebt war, die Seligsprechung verkünden konnte.

Da Johannes Paul II., wie allgemein bekannt, mittlerweile heiliggesprochen ist, können die Bottroper stolz darauf sein, dass ein wirklicher lebendiger Heiliger ihre Stadt mit seinem Besuch beehrt hat. Nach Nikolaus Groß ist in dieser Stadt lediglich eine Grundschule benannt, und die Katholische Arbeiterbewegung in Bottrop trägt seinen Namen.

Die Verehrung von Nikolaus Groß ist auch in der katholischen Bevölkerung des Reviers seit seinem Tode lebendig. Als Beispiel mögen hier die Aktivitäten der Mülheimer und Oberhausener Vorortgemeinde Dümpten und ihrer Kirche St. Barbara dienen.

Dümpten, ursprünglich eine dörfliche Gemeinde, ist mit dem Bergbau zu Beginn des 20. Jahrhunderts groß geworden (Zeche Roland und Sellerbeck), was auch das Patrozinium ihrer Kirche erklärt. Aufgrund ihrer etwas kauzigen Selbständigkeit spricht man hier in der Gegend auch gern vom »Königreich Dümpten«.

Unter der Leitung ihres Pastors Th. von Schwartzenberg fanden sich mehr als einhundert Schäfchen, die ein Musical entwickelten, welches die Lebensgeschichte dieses modernen Märtyrers auf die Bühne bringen sollte. Seit der Premiere in der Gemeinde im Jahre 1998 ist dieses bis heute knapp hundertmal an den verschiedensten Orten aufgeführt worden. Im Jahr der Seligsprechung 2001 gab es dann sogar eine Aufführung in der Grugahalle vor ganz großem Publikum[86] und 2003 auf dem Kirchentag in Berlin.

Der selige Clemens August Graf von Galen
Löwe von Münster

Bis zur Einrichtung des Ruhrbistums Essen im Jahre 1957 gehörte der überwiegende Teil des Reviers zum Bistum Münster, dessen Bischof von 1933 bis 1946 Clemens August Graf von Galen war, ein Hirte, der sich unter seinen Schäfchen ungeteilter Beliebtheit erfreute. Er war einer der herausragenden Geistlichen, die in der Kirche und auch öffentlich gegen den Nationalsozialismus opponierten und dessen Verbrechen anprangerten.

Berühmt geworden sind seine drei Predigten aus dem Jahre 1941, mit denen er unter anderem die »Tötung unwerten Lebens« – das Euthanasieprogramm der Nazis – anprangerte und sogar Strafanzeige stellte. Die Predigten wurden abgeschrieben und im Reich verbreitet. Die NS-Führung hätte Clemens August Graf von Galen zu gerne aus dem Verkehr gezogen und hängen lassen, wusste jedoch von dessen uneingeschränkter Beliebtheit im Volke. Goebbels fürchtete, dass ein Märtyrer größere Widerstände gegen den herrschenden Nationalsozialismus begründen könnte, und so blieb er weitgehend ungeschoren.

Kurz nach dem Ende des Krieges, Ende Februar 1946, wurde Clemens August Graf von Galen von Pius XII. – das war Eugenio Pacelli, der als Nuntius erst in München und dann in Berlin den Aufstieg und die Herrschaft der Nazis begleitet und auch das Konkordat abgeschlossen hatte – zum Kardinal berufen. Er fuhr nach Rom, um sich den Kardinalspurpur abzuholen. Zurück in Münster klagte er wenig später über Schmerzen im Bauch, wurde ins Krankenhaus gebracht und verstarb dort am 22. März 1946 – nach offizieller Version an einem Blinddarmdurchbruch.

Die Leute munkelten und mutmaßten schnell, dass er nicht eines natürlichen Todes gestorben sei, sondern dass man ihm in Rom etwas in die Suppe getan habe und er vergiftet worden sei. Man konnte sich einfach nicht vorstellen, dass dieser gewaltige, bodenständige Westfale aufgrund einer simplen Blinddarmentzündung sein Leben lassen musste. Außerdem hatte man für den neuen Papst und ehemaligen Nazi-Sympathisanten nur wenig übrig.

Ob diese Volksmeinung mit dazu beigetragen hat, dass rund zehn Jahre nach dem Tode des Kardinals das Seligsprechungsverfahren in Gang gesetzt wurde, das mag dahingestellt sein. Anders als bei dem Blitzverfahren bei der Heiligsprechung Johannes Pauls II. dauerte das Verfahren für den Münsteraner dann doch ein halbes Jahrhundert, bis er vom bayerischen Papst Benedikt XVI. im Jahre 2005 seliggesprochen wurde.

In diesen langen Jahrzehnten blieb jedoch sein Andenken und wohl auch schon seine Verehrung bei den kleinen Leuten ungebrochen. Nicht nur deshalb wurden, als im Zuge des Verfahrens sein Grab geöffnet wurde, Teile von seinem Leichnam als Reliquien entnommen und in feierlicher Translation auf verschiedene Kirchen des Münsterlandes verteilt.

Die Kirchen des Ruhrgebiets gingen leer aus, da sie aufgrund der zwischenzeitlichen Gründung des Bistums Essen nicht mehr zur Diözese Münster gehörten. So erhielten zunächst der Xantener Dom und die Kirche zu Billerbeck – die Begräbnisstätte des Begründers des Bistums Münster – und die Telgter Wallfahrtskapelle Reliquien. Schließlich überbrachte der damalige Weihbischof von Münster, Franz-Peter Tebartz-van-Elst, im August 2007 ein weiteres kleines Teil des Leichnams des Verehrten in eine Kirche in Reken. Und endlich erhielt auch noch die

Wallfahrtskirche in Kevelaer ein Stückchen. Alle wurden in zum Teil aufwändigen Reliquiaren in den Kirchen aufgestellt.

Aber auch ohne Anteil zu haben an der »Reliquienverteilung« wird von den älteren Gläubigen des Ruhrgebiets nach wie vor das Andenken bewahrt an den Kirchenmann, der es gewagt hatte, in dunkler Zeit den Nazis öffentlich die Stirn zu bieten, und den man deshalb im Volksmund respektvoll als den »Löwen von Münster« bezeichnet.

Der heilige Liudger
Immobiliensammler

Herausragendster Bereiter des Christentums in der Ruhrregion unter den ersten karolingischen Herrschern war der Friese Liudger (742–809), Gründer des Klosters Werden und erster Bischof von Münster.

Nach diversen Missionsaufgaben in Friesland übertrug ihm Karl der Große die Mission im westlichen Sachsen, wo er systematisch daranging, das Christentum zu verbreiten und zu institutionalisieren. Er begründete das Bistum Münster, zu dessen erstem Bischof er 805 vom Kölner Erzbischof geweiht wurde. Dieses Bistum erstreckte sich bis südlich der Ruhr und umfasste bis in unsere Zeit, das heißt bis zur Gründung des Ruhrbistums Essen im Jahre 1957, das gesamte Ruhrgebiet, mit Ausnahme der Stadt Dortmund, die zum Bistum Paderborn gehörte, welches bereits 799 durch Karl den Großen und Papst Leo III. begründet worden war.

Seine besondere Bedeutung für unsere Region erlangte Liudger durch seinen umfangreichen Landerwerb zu beiden Seiten der Ruhr; so konnte er um die Wende zum 9. Jahrhundert auf seinem Grund und Boden das Kloster Werden als Eigenkloster begründen. In den nächsten Jahrzehnten vergrößerte sich der Klosterbesitz an Grund und Boden nicht unerheblich, vornehmlich durch Schenkungen, die das Seelenheil des Schenkenden sichern sollten. Bereits das erste Immobiliarverzeichnis des Klosters Werden vom Ende des 9. Jahrhunderts dokumentiert die Ausweitung des Besitzes im noch städtefreien Ruhrgebiet, so im Raume Oberhausen, Mülheim und Bottrop, nämlich Arenbögel, Sterkrade, Dümpten, Gladbeck, Meiderich, aber auch im Raume des heutigen Recklinghausen.

Bis zum 13. Jahrhundert vermehrte sich der Besitz beträchtlich, so dass sich das Verzeichnis liest wie ein Ortsverzeichnis des Ruhrgebiets. Von Kasslerfeld bei Duisburg im Westen und Schwerte im Osten, nach Norden bis zur Lippe sowie im Süden bis zur Wupper erstreckten sich die mehr als 200 abgabepflichtigen Immobilien, deren Namen sich vielfach bis heute in den Stadtteilnamen der Ruhrgebietsstädte erhalten haben, so – um nur wenige Beispiele zu nennen – Duisburg: Duissern, Wanheim, Angerhausen; Essen: Katernberg, Altendorf; Bochum: Laer, Querenburg, Gerthe. Aber auch die Namen der weiteren späteren Ruhrgebietsstädte wie Castrop, Herten, Gladbeck und Recklinghausen finden sich.

Schwerpunkt seiner Verehrung ist zum einen die Kirche in seinem Sterbe-Ort Billerbeck, zum anderen ist es Münster, wo er als Begründer des Bistums verehrt wird, und schließlich Essen-Werden, wo sein Leichnam und somit seine Reliquien von alters her in der Krypta ruhen. Der Schrein des heiligen Liudger wird im Übrigen seit dem 12. Jahrhundert einmal im Jahr in einer Prozession durch den Ortsteil getragen.

Der heilige Liborius
Durchreisender auf dem Wege nach Paderborn

Dieser Heilige ist auf den ersten Blick kein typischer Vertreter der »Ruhrgebietsheiligen«. Dennoch findet sich sein Fest im Essener Diözesankalender. Gewirkt hat Liborius in LeMans; Schutzpatron ist er in Paderborn, wo er noch heute gebührend gefeiert wird. Die Überführung seiner Reliquien im 9. Jahrhundert – rund fünf Jahrhunderte nach seinem Tod – ist eine der am besten dokumentierten Reisen eines Heiligen im frühen Mittelalter.

Trotz dieser Fixierung auf die genannten Städte findet sich eine Reihe von Liboriuskirchen in unserer Region, so in Dortmund, Bochum, Witten. Auch das Essener Münster wird mit der Liboriusverehrung in Verbindung gebracht sowie auch eine Kirche in Gelsenkirchen-Schalke. Auffällig ist auch, dass eine katholische Wochenschrift, die seit 1884 in Hamm erscheint und ihre Leser auch im Ruhrgebiet findet, unter dem Namen des Heiligen als »Liboriusblatt« firmiert.

Man gewinnt den Eindruck, dass der Weg der Reliquien vor mehr als tausend Jahren über den berühmten Hellweg durch das Ruhrgebiet seine Spuren hinterlassen hat, obwohl vielfach die Kirchen und ihre Patrozinien nicht auf eine solch lange Tradition zurückblicken können.

Die Geschichte des heiligen Liborius ist schnell erzählt: Als Zeitgenosse des heiligen Martin war er der zweite Bischof von LeMans, führte ein frommes Leben, wirkte eine Reihe von Wundern – natürlich auch die obligaten Krankenheilungen – und wurde schließlich von seinem Amtsbruder Martin bestattet, was nicht zuletzt seine Verehrung als Heiliger in LeMans begründete. Zur Zeit Ludwigs des Frommen fand 836 die Übertragung von

Reliquien nach Paderborn statt, zu deren Ehren auch heute noch dort das Liborifest, eines der größten Volksfeste Westfalens, mit Umzug des Reliquienschreins und großer Kirmes gefeiert wird.

So recht ist nicht erfindlich, warum er daneben auch im Bistum Essen besondere Verehrung genießt, so zum Beispiel auch im Essener Münster. Auch die Krypta der Kirche St. Joseph in Gelsenkirchen-Schalke trägt seinen Namen. Das ist im Übrigen die Gemeinde, in der auch der berühmte Fußballverein seinen Ursprung hat. Deshalb nimmt es auch nicht wunder, dass dieser Verein ein besonderes Verhältnis zum Himmel und zu den Heiligen hat. Welcher Fußballverein kann sich ansonsten rühmen, einen echten Heiligen als Ehrenmitglied zu besitzen und obendrein einen Heiligen als Schutzpatron der Jugendabteilung aufzuweisen. Anlässlich seines Besuches hier im Ruhrgebiet ist Papst Johannes Paul II. die Ehrenmitgliedschaft bei den Schalkern angetragen worden, die dieser auch dankend angenommen hat. Und der ist nun mal mittlerweile heiliggesprochen worden.

Die Jugendabteilung dieses Vereins hat sich überdies den heiligen Aloisius von Gonzaga zum Schutzpatron erwählt, eigentlich Luigi Gonzaga, einen italienischen Jesuiten des 16. Jahrhunderts, der sein kurzes Leben überwiegend am sittenstrengen spanischen Hof Kaiser Philipps II. verbrachte. Er hatte das Ideal der männlichen Keuschheit gewählt, schaute also nie einer Frau direkt ins Gesicht und verzichtete auf die Onanie.

Dies tat Aloisius von Gonzaga als eifriger Bibelleser sicherlich zu Recht, ist die Geschichte von Onan im alten Testament doch recht grauselig und nichts für zarte Gemüter. Im Buch Genesis, das sich mit der Abstammung des Erlösers beschäftigt, wird auch die Geschichte dieses unglücklichen Mannes berichtet (1. Mose, 38). Für die, die nicht so bibelfest sind, sei die Geschichte hier in Kürze rekapituliert:

Juda hatte zwei Söhne, Er und Onan. Erstgenannter war mit einer Frau namens Tamar verheiratet. Da er ein wenig gottgefälliges Leben führte, starb er früh. Daraufhin drängte der Schwiegervater der Dame den noch verbleibenden Sohn Onan, mit der jungen Witwe zu schlafen, um für seinen verstorbenen älteren Bruder Nachkommen zu zeugen. Hierzu verspürte Onan wenig Lust – die Witwe war wohl nicht so attraktiv – und ließ sein Sperma zu Boden fallen, anstatt mit der Frau seines Bruders zu kopulieren. Das wiederum missfiel Gott, und er ließ den armen Onan zur Strafe kurzerhand sterben. Die Witwe Tamar ist dennoch zu ihrem Nachwuchs gekommen. Sie verkleidete sich als Prostituierte – selbstverständlich verschleiert –, und so gelang es ihr, Schwiegervater Juda zum Beischlaf mit ihr zu bewegen (als passendes Entgelt gab es eine Ziege), der somit die Kinder (es wurden Zwillinge) anstelle seines toten Sohnes zeugte.

Es ist durchaus einleuchtend, dass nach dieser Lektüre ein zart besaiteter Jüngling wie Aloisius von Gonzaga die Frauen sowie die Onanie fürchtete und stattdessen sich lieber in Rom der Krankenpflege widmete – insbesondere der Pflege von Pestkranken – mit der Folge, dass er selbst mit nur 23 Jahren an dieser Seuche zugrunde ging. Schon bald wurde er heiliggesprochen und knapp 300 Jahre später von Pius XI. 1926 zum Schutzheiligen der christlichen Jugend erklärt.

So ist es denn auch nicht weiter verwunderlich, dass Aloisius zum erklärten Schutzpatron der Schalker Fußballjugend wurde. Der Verein und seine Anhänger erhoffen sich Hilfe und Beistand des Heiligen.

Nicht nur in Gelsenkirchen, sondern auch beim Erzrivalen gibt es christlich religiös orientierte Fanclubs; in Schalke firmiert er unter dem schönen Namen »Mit Gott auf Schalke«[87] und in Dortmund unter »Totale Offensive BVB«[88]; in Gelsenkirchen gibt es das Angebot, vor Heimspielen in der Kirche um einen Schalker Sieg zu bitten. Die Kirche wird bei Samstags-Heimspielen vier Stunden vor Anpfiff extra geöffnet unter dem Motto »Vorm Spiel iss inne Kirche«.[89] Leider hat das Ganze bislang noch keine durchschlagende Wirkung gezeitigt, und der ersehnte Meistertitel wurde – wenn auch manchmal nur ganz knapp – verfehlt. Das heilige Ehrenmitglied sitzt wohl nur auf der Wolke und singt Halleluja, während der pensionierte bayerische Papst scheinbar einen aktiven Draht zu seinem Boss hat und diesem seinen Verein Bayern München anempfiehlt.

Der heilige Willibrord und seine elf Gefährten
Männer von der Insel

Der ehrwürdige Beda (Beda venerabilis) berichtet in seiner Kirchengeschichte vom heiligen Willibrord, dass dieser und elf Gefährten sich mit päpstlichem Segen zum Festland aufmachten, um zu missionieren. Aus dieser Gruppe ragen drei hervor: der Weiße und der Schwarze Ewald – so genannt nach ihrer Haarfarbe – sowie Suitbert; die drei erhielten von Willibrord den Auftrag, das Gebiet zwischen Ruhr und Lippe – also das heutige Ruhrgebiet – zu missionieren. Als eine Art Teamchef wies Willibrord seiner Mannschaft einzelne Regionen zwecks Missionierung zu. Er selbst behielt sich die Friesen vor, vornehmlich die Regionen, die der fränkische Hausmeier Pippin erobert hatte.

Zuvor gründete Willibrord gleichsam als Basisstation das Kloster Echternach (im heutigen Luxemburg), nicht um Steuern zu sparen – der damalige Klerus war eh von den Abgaben befreit –, sondern um eine Rückzugsmöglichkeit zu haben, wenn das Missionsabenteuer schiefgehen sollte. Der Erfolg seiner Tätigkeit in Friesland war grundsätzlich abhängig von deren Häuptling – oder war er wirklich ein König? – Radbod, der einerseits die Mission zuließ, bei anderer Gelegenheit jedoch den alten Götterglauben hochhielt, je nach den politischen Möglichkeiten im Zuge der permanenten Auseinandersetzung mit dem fränkischen Reich, welches seit den Zeiten Dagoberts I. (um 608–639) ein begehrliches Auge auf Friesland geworfen hatte.

Radbod war ebenfalls der derjenige, der dem genialen Feldherrn Karl Martell, de facto Herrscher des Frankenreiches, die einzige militärische Schlappe seines Lebens beibrachte und mit seinem Heerhaufen bis vor die Stadt

Köln gelangte, die diese Bedrohung lediglich durch ganz viel Geld abwenden konnte.

Dieser friesische Raufbold war vermutlich auch in der Neuzeit Namensgeber (man ist sich nicht einig, ob es gerade der oder ein gleichnamiger Heiliger war) einer Zeche in Hamm, die zu Beginn des 20. Jahrhunderts traurige Berühmtheit erlangte, als sich auf ihr das größte Grubenunglück mit mehr als 300 toten Kumpeln ereignete, das je den Ruhrbergbau heimsuchte; die Zeche ist heute als technisches Kulturdenkmal in Hamm zu besichtigen.

Willibrord gründete das Bistum Utrecht, dem er knapp drei Jahrzehnte bis zum Jahr 739 als Bischof vorstand. Vornehmlich aufgehalten hat er sich in höherem Alter jedoch in seinem Kloster Echternach, in dem er auch nach eigenem Wunsch begraben und alsbald als Heiliger verehrt wurde. In gleicher Weise wird er als heiliger Glaubensbote auch heute noch in den Niederlanden verehrt.

Seine Verehrung als Heiliger in Echternach hat zu einer der kuriosesten Formen des Pilgerns zu einem Grab geführt: der Echternacher Springprozession.

Bereits seit dem späten Mittelalter pflegen Gläubige am Dienstag nach Pfingsten zum Grab des Willibrord zu pilgern, indem sie fünf Schritte vor und zwei zurück gehen oder auch seitwärts machen. Ursprünglich war dies ein unkoordiniertes Gehüpfe. Erst seit 1947 hüpfen die Pilger in geordneten Reihen zur Polkamusik-Begleitung in kleinen Schritten seit-vorwärts-springend; in unseren Jahren sind es jedes Mal an die 10 000 Leute. Deshalb ist dieses seltsame Springprozession auch in die Liste der »Meisterwerke des mündlichen und immateriellen Erbes der Menschheit« der UNESCO seit dem 16. November 2010[90] eingetragen.

Teilnahme (an der Springprozession)
Jeder hat grundsätzlich das Recht, an der Prozession teilzunehmen, falls er dies aus religiösen Motiven tut, sich ordnungsgemäß benimmt und die Anweisungen der Ordner befolgt. Für jeden ist ein geeigneter Platz vorgesehen!
Wer den Prozessionsweg singend gehen will, möge sich, ob Mann oder Frau, der Gruppe der Sänger anschließen, welche die Litanei des hl. Willibrord vortragen. (…)
Wer sich nicht im Stande fühlt, den ganzen Prozessionsweg springend zu bewältigen, möge sich den Betern anschließen. (…) Auf keinen Fall ist es erlaubt, sich in eine Springergruppe einzureihen, ohne regelrecht mitzuspringen!
Man unterlasse es, sich auf eigene Faust in eine bereits aufgestellte Gruppe hineinzwängen zu wollen. Es ist auch untersagt, sich unterwegs einer Gruppe anzuschließen.
Von den Springern wird erwartet, daß sie den ganzen Weg ernst und würdig mitspringen. Auffälliges Benehmen (wie z.B. Zuwinken, Tücherschwenken …) möge man vermeiden, da es dem Gesamteindruck der Prozession, die ja eine religiöse Kundgebung ist, nur schadet. (…)[91]

Es ist nicht einmal so recht sicher, wie viel von dem Heiligen tatsächlich noch in Echternach in seinem Schrein liegt. Die französischen Revolutionstruppen haben 1794 dessen Totenruhe gestört und seine Gebeine durch die Kirche gekegelt. Der Sarkophag wurde danach als Blumenkübel genutzt, und erst knapp 35 Jahre später wurden Gebeine und Marmorsarg wieder vereinigt und in die Kirche zurückgebracht. Im Ruhrgebiet hat er es trotz Eintrags in den hiesigen Heiligenkalender nicht zu einem Kirchenpatrozinium gebracht.

Die beiden heiligen Ewalde
Erschlagen in Aplerbeck

Das Christentum hat schon früh Einzug in unsere Region gehalten; davon zeugen Gräberfunde mit christlichen Beigaben von Duisburg aus entlang des Hellweges. Historisch greifbar wird die Missionierung durch den Kölner Bischof Kunibert (623–663), von dem Fredegar berichtet, dass er den christlichen Glauben über den Rhein zu Brukterern, Friesen und Sachsen habe bringen lassen.

Ende des 7. Jahrhunderts kam der angelsächsische Missionar Willibrord mit seinen Gefährten auf den Kontinent, um dort den christlichen Glauben zu verbreiten. Während er selbst die Friesenmission betrieb, missionierten zwei seiner Gefährten – die beiden Ewalde – in unserer Region in den sächsischen Gebieten zwischen Hellweg und Lippe. Sie sind ganz ohne Zweifel historisch, da der ehrwürdige Beda (672–735) – also gleichsam als Zeitzeuge – in seiner Kirchengeschichte Englands ausführlich von ihrer Missionstätigkeit und ihrem Martyrium berichtet.[92]

Ihr Martyrium verlegt die Legende nach Dortmund-Aplerbeck, wo der Schwarze und der Weiße Ewald, wie sie nach ihrer Haarfarbe benannt wurden, ob ihres Glaubens von den Hofbewohnern erschlagen und ihre Leichen in die Emscher geworfen worden sein sollen, dann emscherabwärts in den Rhein trieben, dort aber mit einer hellen Lichterscheinung stromaufwärts bis Kaiserswerth, wo sie auf der Rheininsel zunächst eine Ruhestätte fanden.

Pippin der Mittlere ließ ihre Leichname erheben und sie feierlich in der Kirche St. Kunibert zu Köln bestatten. Der im Mittelalter zu ihren Ehren gestiftete Schrein wurde während der Säkularisation zerstört, ihre Überreste blieben erhalten und wurden in einem im 19. Jahrhundert neu gebauten Schrein die Ruhestätte, die sie noch heute in der Kirche St. Kunibert zu Köln innehaben.

Obwohl der Fluch ihrer Ermordung bis in unsere Zeit gereicht haben soll, ist ihre Verehrung im Ruhrgebiet immer noch lebendig. So sind sie Kirchenpatrone dreier Kirchen, und zwar in Duisburg-Laar, Essen-Altenessen und in Dortmund-Aplerbeck, wo ihnen auch 1981 ein Denkmal errichtet wurde. St. Ewaldi in Altenessen ist im Jahre 2012 abgerissen und das Grundstück von einer Bottroper Firma mit altengerechten Wohnungen bebaut worden.

Werner Rolevinck (1425–1502), ein Kartäusermönch, hat in seinem Werk »Vom Lobe des alten Sachsen, jetzt Westfalen genannt« (erschienen in lateinischer Sprache ca. 1478) weitere wundersame Taten der beiden Ewalde in seinem Geburtsort Laer bei Steinfurt angeführt. Hier sollen sie erfolgreich missioniert und Wunder gewirkt haben, zum Beispiel stachen sie mit einem Stab in die Felsen, aus denen dann ergiebige Quellen entsprangen. Des Weiteren behauptete er, dass in seiner Zeit ihre Häupter in der Domkirche zu Münster aufbewahrt und verehrt worden seien. Rolevinck nutzte also die weitgehend verbreitete Verehrung der Heiligen, um seinen Geburtsort in seiner Bedeutung aufzuwerten.

Dennoch wird man nicht umhinkönnen, die Ewalde als die ersten bedeutenden Missionare zu kennzeichnen, die in der Region des heutigen Ruhrgebiets das Christentum am Ende des 7. Jahrhunderts mehr oder weniger erfolgreich gepredigt haben. Daher ist ihr Wirken in unserer Region und auch anderswo präsent. Die beiden werden als Schutzpatrone Westfalens verehrt.[93] Es gibt diverse Ewaldstraßen im Ruhrgebiet (in Gelsenkirchen, Oer-Erkenschwick; in Herten allerdings benannt nach Ewald Hilger, dem Gründer der 2001 stillgelegten Zeche Ewald) und auch der männliche Vorname »Ewald« ist hier in unserer Gegend durchaus häufig. Als ein Beispiel mag Ewald Lienen, ehemaliger Trainer des MSV Duisburg, genannt sein, dem später die Kölner Fans – als er Trainer des 1. FC war – die »Die Heldensage vom heiligen Ewald« widmeten, gesungen von den Wise Guys.

Die Münsteraner haben, obwohl sie auch in ihrer Stadt Reliquien der beiden Ewalde besitzen, wenig Sorgfalt bei den Angaben zu diesen Heiligen walten lassen: Das Bistumshandbuch und der Heiligenkalender strotzen nur so von historischen Fehlern. Im Bistumshandbuch erhebt Pippin rund 300 Jahre nach seinem eigenen Tod die Gebeine der Heiligen[94], außerdem befördern die Münsteraner ihn zum König. Das wäre er zwar vermutlich gern gewesen, aber dieses Ziel erreichte erst Pippin der Kleine (Jüngere) im Jahre 751.

Noch schlimmer wird es in der Rubrik »Münster aktuell«: Hier wird aus dem Hausmeier Pippin dem Mittleren vom Beginn des 8. Jahrhunderts gar »Kaiser Pippin«, der 1074 die Gebeine erhoben haben soll. Der erste abendländische Kaiser jedoch war, wie allfällig bekannt, Karl der Große, den der Papst am Weihnachtstage des Jahres 800 gekrönt hat (steht so in jedem Schulgeschichtsbuch).[95] Die Münsteraner sollten vielleicht einmal zum »Gotteslob« greifen und die heiligen Ewalde um Hilfe und Erleuchtung bitten:

Gebet (Gotteslob 809):

Herr und Gott, du hast die heiligen Brüder Ewald als Zeugen deines Wortes zu den Sachsen gesandt. Durch ihr Martyrium und auf ihre Fürsprache bewege auch uns, im Leben zu bezeugen, was wir im Glauben bekennen. Darum bitten wir durch Christus, unsern Herrn. Amen.

Der heilige Suitbert
Mann mit engen Kontakten

Zu den Gefährten des Willibrord gehörte auch Suitbert (637–713), über den der verehrungswürdige Beda ebenfalls berichtet[96]; er soll auf der Rheininsel Kaiserswerth ein Kloster gegründet und im Gebiet der Brukterer, also dem Gebiet zwischen Lippe und Ruhr sowie des Bergischen Landes, das Wort Gottes gepredigt haben. Allerdings ist von Suitberts Missionserfolgen wenig historisch greifbar. Die frisch missionierten »Ruhrgebietler« wurden durch den Einfall sächsischer Stämme wieder ins Heidentum zurückgezwungen oder zogen sich mit ihrem Bekehrer in das Einflussgebiet der Franken an den Rhein zurück.

Bischof Suitbert war in England zum Bischof geweiht worden und verfügte wohl über enge Kontakte zum mächtigen Mann des Merowingerreiches, Pippin dem Mittleren – gemunkelt wird, eher zu dessen Frau Plektrud; die bewog ihren Gatten, Suitbert die damalige Rheininsel Kaiserswerth für die Klostergründung zur Verfügung zu stellen und gegen die herandrängenden Sachsen zu schützen.

Auch aufgrund anderer frommer Werke wird Plektrud vornehmlich im Rheinland als Heilige verehrt (Heiligenfest am 10. August), besonders in der von ihr begründeten Kirche St. Maria im Kapitol in Köln, wo sie begraben wurde. Leider ist heute von ihr nichts übrig, da die heiligen Gebeine im Zweiten Weltkrieg verloren gegangen sind. Dies ist um so bedauerlicher, als diese wohl durchaus resolute Frau es geschafft hat, den späteren Bezwinger der Araber, Karl Martell (haben wir alle in der Schule gelernt: Karl Martell, der Hammer, schlug 732 die Araber bei Tours und Poitiers und bewahrte somit das Abendland vor der Islamisierung) in Köln gefangen zu setzen.

Obwohl Suitbert nicht die Krone des Märtyrertums erlangte, sondern vermutlich in Kaiserwerth im Bett gestorben war, wurde er schon bald als Heiliger verehrt. Der Suitbertusschrein aus dem 13. Jahrhundert, der heute in der Kirche St. Suitbertus in Düsseldorf-Kaiserswerth aufbewahrt wird, enthält seine Überreste.

Die merowingischen Könige haben sich mehr damit beschäftigt, sich gegenseitig umzubringen oder sich des Zeichens ihrer Königswürde, des langgelockten Haupthaars, zu berauben, als die Missionstätigkeit jenseits des Rheins zu fördern; Kunibert von Köln und die drei heiligen Männer, Suitbert und die beiden Ewalde, sind also Ausnahmen.

Erst mit den Karolingern, insbesondere unter Karl dem Großen, rückte unsere Region wieder ins Zentrum des Interesses. Ob die Sachsenkriege Karls nun politischen Zwängen, Machtkalkül oder christlichem Eifer entsprangen, wird je nach Sichtweise interpretiert. Sie endeten jedenfalls mit der Taufe des Sachsenherzogs Widukind, der militärischen Sicherung, der Gründung von Klöstern und Einrichtung von Bistümern.

Folgt man Karls Biographen Einhard, so stand sicherlich der christliche Eifer im Vordergrund, andere bezeichnen Karl als den »Sachsenschlächter«, der nicht zimperlich in der Wahl seiner Mittel war. Dass die Enthauptung von 3000 oder mehr sächsischen Adeligen, die sich weigerten, sich taufen zu lassen, in der Gegend von Dortmund »Rote Erde« stattfand – gleichnamig mit der früheren Spielstätte des BVB – gehört in den Bereich der Legende.

Heiliggesprochen worden ist der gute König Karl dann ja auch nicht wegen seiner mehr oder weniger Zwangschristianisierung der Sachsen, sondern vielmehr Jahrhunderte später aufgrund der politischen Ambitionen Kaiser

Friedrich Barbarossas. Der ließ nämlich das Grab seines berühmten Vorgängers öffnen, und aufgrund des geschickten Managements seines Kanzlers Reinald von Dassel geschah just zu diesem Zeitpunkt ein Wunder – ein Lahmer konnte wieder gehen. Zufällig war natürlich auch der Papst von Friedrichs Gnaden, Paschal, zugegen, der postwendend Kaiser Karl heiliggesprochen hat, so dass es noch heute im Kinderlied heißt: Sacre Charlemagne.

Gleichsam als Strafe für die Inszenierung landeten Friedrich und sein Kanzler nach ihrem Ableben im Kochtopf; der eine in der Gegend des Saleph in der Türkei, der andere vor den Toren Roms. – Aber das ist eine andere Geschichte.

Als Kirchenpatron ist Suitbert im Ruhrgebiet durchaus beliebt; so in Dortmund-Wellinghofen, seit 1966 in Gelsenkirchen-Erle, zwei Steinwürfe vom Schalker Stadion entfernt, in Essen-Überruhr, in Duisburg-Wanheim und in Recklinghausen-Hochlar; in Bottrop ist das dem Heiligen gewidmete Kirchengebäude im Ortsteil Vonderort im Jahre 2013 an einen »Projektentwickler« verkauft worden. – Auch das ist eine andere Geschichte.

Der heilige Maternus
Erster Bischof von Köln

Der heilige Maternus, erster Bischof von Köln zur Zeit Kaiser Konstantins I., historisch hinreichend belegt, hat an verschiedenen wichtigen Synoden teilgenommen (313 in Rom; 314 in Arles). Seine Aufnahme in den Heiligenkalender des Bistums Essen ist wohl der Tatsache geschuldet, dass das Vest Recklinghausen, dessen Gebiet zum Beispiel auch Buer, Osterfeld und Bottrop einschloss – alle drei gehören heute zum Ruhrbistum –, seit dem Mittelalter durchgängig als Enklave zum Erzbistum Köln gehörte.

Bei seinem Aufenthalt in Rom hat Maternus sicherlich den berühmten Papst Sylvester I. getroffen, über den an anderer Stelle zu berichten sein wird. Er wird auch als dritter Bischof von Trier gezählt, wo er bereits im 8. Jahrhundert als Heiliger verehrt wurde. Im 11. Jahrhundert wurden seine Gebeine in den Trierer Dom gebracht. Eine Glocke aus dem 16. Jahrhundert ist unter anderem diesem Heiligen geweiht.

Der Legende nach soll Maternus nach seinem Tode in einen Kahn gelegt worden sein, der selbständig rhein- und moselaufwärts bis Trier getrieben ist, um so seine Begräbnisstätte in Trier zu definieren. Außerdem ist die Krypta unter der Vierung des Doms eben diesem geweiht. Aber so etwas konnten die Kölner natürlich nicht ertragen, und deshalb berichten die Kölner Quellen über eine Translation der Gebeine im Jahre 1633 – also mitten im Dreißigjährigen Krieg – nach Köln.

Es müsste also wieder der Erzbischof Ferdinand von Bayern gewesen sein, der die Überführung der Gebeine ins Werk gesetzt hat. Der vornehme Herr wollte sich wahrscheinlich durch die räumliche Nähe zu dem Heiligen gegen die bösen Mächte schützen. Ausgesprochen Angst hatte er wohl vor Hexen, da er die Hexenprozessordnung wesentlich verschärfte. Allein in seinem Herzogtum Westfalen (grob das heutige Sauerland) fielen seinem und anderer Hexenwahn nachweislich 574 angebliche Hexen zum Opfer, 283 allein aus der Gegend um Balve.

Seit dem 17. Jahrhundert findet sich somit im Kölner Dom das Maternusgrab. Warum er als Heiliger verehrt wird, ist zunächst nicht eindeutig. Er soll auf einer Reise von Rom nach Gallien das Zeitliche gesegnet haben, aber mit Hilfe eines Stabes von seinen Gefährten Eucharius und Valerius nach vielen Wochen wieder zum Leben erweckt worden sein.

Auf seine Wundertaten lassen nur die Dinge schließen, weswegen er angerufen wird: Dies soll bei Fieber und ansteckenden Krankheiten geschehen. Also wird er wohl Kranke und Sieche geheilt haben. Ob allerdings seine Zuständigkeit für das Gedeihen von Weinreben darauf hinweist, dass er gerne gebechert hat, mag dahingestellt sein.

Der heilige Viktor
Hauptmann der Thebaischen Legion

Die Überreste des heiligen Viktor befinden sich von jeher in Xanten, da er dort mit 330 weiteren namenlosen Gefährten im 3. Jahrhundert das Martyrium erlitten hat, seit dem 12. Jahrhundert in einem Schrein im Xantener Dom, wo er noch heute bewundert werden kann.

Von Beruf war Viktor Kohortenführer, also eine Art Kompaniechef im heutigen Sinne, und zwar in der für das christliche Abendland so wegweisenden Thebaischen Legion. Diese wohl ausschließlich aus christlichen Ägyptern bestehende Truppe war gegen Ende des 3. Jahrhunderts in die nordalpinen römischen Provinzen verlegt worden und sollte dort auf kaiserlichen Befehl ihrem christlichen Glauben abschwören und den römischen Göttern opfern. Da sie den Götzendienst standhaft verweigerte, wurde sie zweifach dezimiert, das heißt jeweils jeder 10. Mann wurde getötet. Da selbst diese Maßnahmen nicht zum gewünschten Erfolg führten, wurde schließlich die gesamte Legion liquidiert, womit gut 6500 Soldaten den Märtyrertod erlitten.

So hatte man gut 6000 Märtyrer, aber wie im Kriege immer nur die Generäle die Schlachten gewinnen, so erlangten in diesem Fall lediglich die Offiziere der Thebaischen Legion die Ehre der Altäre und werden heute als Heilige verehrt. Dies gilt besonders für den Befehlshaber der Legion, Mauritius, der nicht verschont, dadurch heilig und damit Schutzpatron und Namensgeber von St. Moritz in der Schweiz wurde – dort findet er sich auch im Wappen der Stadt –, dem Ort, in dem er das Martyrium erlitten hat. In einem Schrein aus dem 12./13. Jahrhundert liegen auch heute noch seine Überreste, nun jedoch weniger beachtet, da man sich dort lieber auf den Skipisten die Knochen bricht oder mit dem Jetset feiert.

Mauritius ist einer der wenigen Heiligen, die überwiegend mit schwarzer Hautfarbe dargestellt werden, eben ein Mohr. So wird er auch zum Beispiel am Gildehaus in Riga dargestellt als Schutzpatron der deutschen Handelsgilde, in deren Wappen sich auch der »Mohrenkopf« zusammen mit dem Zeichen seines Martyriums, dem Richtschwert, findet. Mauritius wird auch im Ruhrgebiet verehrt. Die Kirche in Niederwenigern (heute Stadtteil von Hattingen) – erstmalig 1147 urkundlich greifbar – ist ihm geweiht. In ihr ist Nikolaus Groß getauft worden, und dort hat er auch geheiratet, der einzige hier im Ruhrgebiet geborene gelernte Hauer, dem die Ehre der Altäre zugedacht worden ist. Über ihn wird an anderer Stelle berichtet.

Den heiligen Viktor als Kohortenführer und seine ca. 330 Gefährten ereilte der Märtyrertod allerdings nicht in St. Moritz, sondern erst im römischen Militärlager von Xanten. Die Leichen wurden wenig feierlich in den nahegelegenen Sümpfen entsorgt.

Die heilige Helena, Mutter des Kaisers Konstantin, die sich lange in der Residenzstadt der römischen Kaiser, in Trier, und wohl in den Rheinlanden, vermutlich in Köln, aufgehalten hat, war eine ambitionierte Reliquiensammlerin. Sie soll als gute Mittsiebzigerin im Heiligen Land nicht nur Grab und Kreuz Christi, sondern auch die Überreste der Heiligen Drei Könige und nebenbei auch den heiligen Rock aufgefunden haben. Letzteren hat sie als Reisemitbringsel zurück nach Trier gebracht, wo er heute noch liegt und zuletzt im Jahre 2012 den Gläubigen gezeigt wurde.

Helena hat aber nicht nur im Heiligen Land ihrer Passion gefrönt, sondern auch Überreste von Heiligen in der hiesigen Region aufgefunden. In erster Linie sind dies die Reliquien der Märtyrer der Thebaischen Legion, deren Gebeine sie wiederfand und erhob, so die des heiligen Gereon in Köln und eben die unseres Viktors in Xanten. Über den Auffindungsorten ließ sie der Legende nach Kirchen errichten, deren Nachfolgebauten noch an der gleichen Stelle stehen sollen, für Viktor der Dom in Xanten. Entsprechende Kirchenpatrozinien finden sich in Hamm und Schwerte.

Im Laufe der Zeit wurde es hier in der Region chic, zum heiligen Viktor und seinen Gefährten zu pilgern, zu den Heiligen – ad sanctos –, woraus wohl dann mundartlich verballhornt der Name »Xanten« entstand. Die Pilgerfahrt half gegen die Fährnisse des Lebens, heilte oder linderte Krankheiten, tröstete in Trauer und Leid und war nicht zuletzt eine nicht zu unterschätzende Einnahme für die Kirche und die Stadt.

Diese Geschäftsidee wurde dann zu Ende des Dreißigjährigen Krieges gleichsam abgekupfert mit wundersamen Erscheinungen – natürlich der Gottesmutter Maria, denn schließlich musste man die heiligen Knochen übertrumpfen – und außergewöhnlichen Heilungen von Kranken, jetzt allerdings nicht mehr in Xanten, sondern in dem wenig entfernten Kevelaer, das somit nach und nach die Pilgerströme zu sich umlenkte und das sich auch heute noch auf der Internetpräsentation der Gemeinde als »Nordwest-Europas größter Wallfahrtsort, den in jedem Jahr etwa eine Million Gläubige besuchen«[97] präsentiert. Dabei hatte man dort nicht einmal einen probaten Heiligen oder gar passende Reliquien, sondern lediglich ein auf einer Erscheinung beruhendes Gnadenbild, dessen Wunderkraft die Frommen anzog.

Der heilige Engelbert
Ein Haudegen auf dem Kölner Erzstuhl

Ein Highlight ist ganz sicher der heilige Engelbert, Erzbischof von Köln, dessen Patrozinium zahlreiche Kirchen im Revier aufweisen, so in Essen, Bochum, Hattingen und Mülheim. Friedrich von Isenberg, der böse Isenberger, hat ihn 1225 bei Gevelsberg überfallen und ermordet. Nach der Ergreifung des Missetäters und Auslieferung nach Köln gegen entsprechendes Entgelt wurde er ebenda ein Jahr später öffentlich gerädert und sein Leichnam dem Vögeln zum Fraß überlassen.

Engelberts Leiche ist nach Köln gebracht und gekocht worden. Das Gewebe wurde im Turm des alten Doms bestattet, sein Herz im Zisterzienserkloster Altenberg. Die Knochen wurden in einen Schrein gelegt, da man sie zur Klage-Erhebung brauchte. Diese wurden von Ferdinand von Bayern im Kölner Dom in einen Schrein verbracht. Teile des Skeletts verteilten sich als Reliquien hier in der Gegend: Finger in Solingen, Unterarm in Gevelsberg und ein Kopfreliquiar im Domschatz zu Essen (ursprünglich Damenstift Essen).

Engelbert wird im Essener Diözesankalender am 7. November eingefügt und verdrängt da den heiligen Willibrord. Seine Knochen sind 1978 untersucht worden; man hat festgestellt, dass man aus ihm ganz schön Hackepeter gemacht hat, da er sich wohl tüchtig wehrte. Er war gegen 1,80 m groß, für das Mittelalter ein echter Hüne.

Selbst sein größter Fan, sein Biograph Caesarius von Heisterbach, musste zugestehen, dass Engelbert zu Lebzeiten weder eine besondere Gabe für das geistliche Amt noch für einen besonders frommen Lebenswandel hatte. Er war also kein frömmelndes Weichei, sondern ein echter Haudegen im Bischofsornat. Heilig ist er durch sein Martyrium, besser gesagt durch seine Ermordung im Amt geworden, doch auch die hat er keineswegs duldend hingenommen, sondern wohl noch kräftig ausgeteilt, bevor ihm die Isenberger Übermacht den Garaus machte.

Der Umgang mit Dolch und Schwert hat denn auch mehr Engelberts Leben bestimmt als Weihwasser und Messkelch. Herausragt seine Teilnahme am sogenannten Kreuzzug gegen die Albigenser, zu dem Papst Innocenz III. aufgerufen hatte. Albigenser waren eine Sekte bzw. eine Reformbestrebung in der katholischen Kirche, die das Leben nach dem Evangelium in Ablehnung der kirchlichen Autoritäten anstrebte und somit sich in Gegensatz zur Amtskirche setzte. Die Albigenser wurden an ihren Wohnsitzen von geballter christlicher Ritterschaft – unter ihnen an exponierter Stelle der Erzbischof Engelbert – erbärmlich zusammengehauen und verschwanden als Irrlehre von der Bildfläche der Geschichte.

Der gute Caesarius, Engelberts Biograph, musste sich also schon was einfallen lassen, damit aus diesem Haudegen ein richtiger Heiliger wurde. So zählte er insgesamt 76 Wunder auf, die sich an dessen Ruhestätte als auch am Ort seiner Ermordung ereignet hatten. Vornehmlich waren es Krankenheilungen, über die er berichtete: In erster Linie konnten Lahme wieder gehen, Blinde erhielten ihr Augenlicht zurück, und selbst gegen Zahnschmerzen war der Heilige posthum erfolgreich. Zur Bekräftigung dessen, dass diese wundersamen Heilungen tatsächlich stattgefunden hatten, wurden die Geheilten vielfach mit Namen, Stellung und Herkunft benannt. Weshalb man auch heute gerne noch zu diesem im Leben wie nach dem Tode tatkräftigen heiligen Mann wallfahrtet.

Der heilige Eligius
Einer, der aus dem Ruhrgebiet verschwindet

Der heilige Eligius, Bischof von Noyon im 7. Jahrhundert unter den merowingischen Königen Chlothar II. und Dagobert I., hat eine bemerkenswerte Lebensgeschichte und Karriere.

Eligius begann sein Arbeitsleben als Hufschmied und schlug der Legende nach einem störrischen Pferd ein Bein ab, brachte das neue Hufeisen an und setze dann das Bein wieder an. Danach wurde er Goldschmied, der durch seine kunstvollen Arbeiten die Aufmerksamkeit des fränkischen Königshauses auf sich zog. Da er sparsam mit Edelmetallen umzugehen wusste, avancierte er unter Chlothar II. (584–628) zum Münzmeister – am ehesten vergleichbar mit der heutigen Position des Finanzministers – und einflussreichen Berater des letzten bedeutenden Königs des Merowingerreiches, einer Position, die er auch noch unter dessen Nachfolger Dagobert I. innehatte. Danach wurde er zum Bischof von Noyon erwählt.

Um dieses Amt wahrnehmen zu können, ordnete er seine persönlichen Verhältnisse: Er schickte seine Ehefrau ins Kloster; fortan widmete er sich frommen Werken und der Missionierung in Flandern und Friesland. Außerdem gründete er Klöster und fand in Noyon die heiligen Knochen des Quintinus (Fest am 31. Oktober), die später auch bei den Stiftsdamen in Essen landeten, und anderer Heiliger. So nebenbei soll er nach Ausweis des »Martyrologium Romanum« diverse goldene Schreine für die Überreste von fränkischen Heiligen angefertigt haben.

Als er am 1. Dezember 659 oder 660 im Alter von 70 Jahren starb, erfuhr er schnell die Verehrung seiner Schäfchen, da man seine sterblichen Überreste im Dom von

Noyon bestattete, und er wurde aufgrund seiner diversen handwerklichen und geistigen Fertigkeiten nicht nur zum Patron der Schmiede, Schlosser und Goldschmiede, sondern auch der Münzsammler.[98] Außerdem wird er gerne um Hilfe angerufen von denen, die mit finanziellen Problemen zu kämpfen haben und dringend Geld brauchen. Den Tipp könnte man schon mal der griechischen Regierung geben.

Seine Verehrung als Heiliger und als Kirchenpatron ist bis in unsere Zeit eher zurückhaltend; in unserer Region wurde lediglich eine Kirche in Essen-Steele unter seinen Schutz gestellt. So wirklich scheint Eligius sich jedoch um diese nicht gekümmert zu haben, da sie dem Kirchensterben zu Beginn des 21. Jahrhunderts zum Opfer fiel und einer Wohnbebauung weichen musste. Heute erinnert lediglich eine 2014 angebrachte Gedenktafel an den heiligen Eligius und seine Kirche im Herzen des Reviers.

Eine Besonderheit noch: Der heilige Eligius ist einer der wenigen Heiligen des Mittelalters, von denen sich eine eigenhändige Unterschrift erhalten hat. In einer Urkunde des merowingischen Königs Chlodwig II. über einen Synodalbeschluss von 654 unterschrieb er – wie die historische Forschung eindeutig festgestellt hat – eigenhändig:; »† in Christi nomine Eligius episcopus subscripsi« († In Christi Namen habe ich Bischof Eligius unterschrieben).

Der heilige Amandus
Einer vom Rande des Ruhrgebiets

Am Rande des Ruhrgebietes gelegen, gehört Datteln als Bergbaugemeinde (ehemalige Zeche »Emscher-Lippe«) und durch das »Ekel von Datteln« Roggenkämper als Titelheld der allseits beliebten Ruhrgebietskrimis ganz eindeutig zum Pott. Somit wird man auch das Patrozinium der Kirche und den Patron der Stadt, den heiligen Amandus, zu den Heiligen des Reviers rechnen müssen.

Amandus ist ähnlich wie der zuvor behandelte heilige Eligius im Zentrum der Macht um die merowingischen Könige zu finden, er allerdings im Hofstaat des letzten mächtigen langgelockten Königs des gesamten Merowingerreiches Dagobert I. (623–639; im gesamten Frankenreich 629–639). Im Gegensatz zu Eligius stammt er wohl aus einer nichtfränkischen adeligen Familie aus Aquitanien und hat stets ein geistliches Amt ausgeführt.

Geboren um 600, wurde er zunächst gegen den Willen seiner Familie Mönch in der Gegend von La Rochelle, danach Einsiedler in Bourges, der sich mehr als ein Jahrzehnt nur von Wasser und Brot ernährt haben soll. Nach einer Pilgerfahrt nach Rom kam er an den Hof Chlothars II., der ihn mit Misssionsaufgaben betraut haben soll, und auch in Kontakt mit dessen um 608 geborenen Sohn Dagobert I., zu dem er dann lange Zeit ein vertrauensvolles Verhältnis besaß. Nach einer verfälschten Urkunde Dagoberts I. von 637, Mai 1 (MGH DD Merw. Spuria Nr. 42) hat er sogar dessen Sohn Sigibert III. getauft. Darüber hinaus hatte er eine intensive Verbindung zur Familie Pippins des Älteren, zu dessen Ehefrau Iduberga und deren Töchtern Gertrud und Begga, beide seit dem Mittelalter als Heilige verehrt.[99] Nach dem Tod Pippins gründet die Witwe auf Veranlassung des heiligen Amandus das Kloster Nivelle, wird dort mit ihrer Tochter Nonne, Gertrud schließlich Äbtissin und später Patronin von Wattenscheid:

Während die obengenannte Mutter Itta (das ist Iduberga; Anmerkung des Verfassers) *hinsichtlich ihrer selbst und ihrer verwaisten Tochter täglich nachsann, was zu tun sei, kam in ihr Haus ein Mann Gottes, Bischof Amandus, der das Wort Gottes verkündete, und forderte sie auf Geheiß Gottes auf, dass sie für sich und ihre Tochter, die Dienerin Gottes Gertrud, und die Gemeinschaft Christi ein Kloster baue. Sogleich als sie den Ruf erkannte, der zum Heil der Seelen führt, nahm sie den Nonnenschleier und übergab sich und alles, was sie hatte, Gott.*

Amandus hatte auch nicht unerheblichen Einfluss auf den Sohn des Hausmeier-Ehepaares Bavo, der nach einer wilden und bewegten Jugend durch den veredelnden Einfluss des Heiligen diesem in dessen Wirkungsgebiet in der Gegend von Gent nachfolgte und dort in ein von Amandus gegründetes Kloster (später nach ihm St.-Bavo-Abtei benannt) eintrat. Schließlich zog er sich in die Wälder des Klosters zurück und beendete seine Tage als Einsiedler in einem hohlen Baum. Somit ist die Familie des mächtigen Hausmeiers Pippin des Älteren annähernd vollständig heiliggesprochen worden und wird bis heute als heilig verehrt, und dies alles, weil der heilige Amandus sie auf den rechten Weg des heiligmäßigen Lebens geführt hat.

Das Leben des heiligen Amandus wie seine Heiligenlegende sind bestimmt durch das Zentrum der Macht des Merowingerreiches, wobei die historischen Nachrichten in wesentlichen Teilen mit den der hagiographischen Vita übereinstimmen. Geboren um 600, ist er schon früh in der Nähe des 623 zum Unterkönig in Austrien erhobenen

Dagobert zu finden. Als dieser dann 629 zum König des gesamten Frankenreiches avanciert, lässt der junge Mann es zunächst richtig krachen. Die Chronik des Fredegar berichtet über sein ausschweifendes Leben, seine rücksichtslose Bereicherung auf Kosten seiner Untertanen und auch der Kirche. Gleichsam nach dem Motto »Wein, Weib und Gesang« soll er sich mit nicht weniger als drei Königinnen und zahlreiche Konkubinen gleichzeitig vergnügt haben. Ersteres war möglich, da man nach germanischem Recht neben der Ehefrau noch mehrere Ehen »zur linken Hand« (Friedelehen) gleichzeitig eingehen konnte (einer seiner Vorgänger Chlotar I. hatte es ein Jahrhundert zuvor auf fünf Ehefrauen gleichzeitig gebracht, was seine legale Ehefrau, Radegunde, veranlasste, ins Kloster zu gehen und heilig zu werden).

Dass ein solcher Lebenswandel dem frommen und sittenstrengen Amandus nun wahrlich ein Graus war, ist einleuchtend, und da seine Vorhaltungen und Mahnungen dem jungen Wilden nicht gefielen, schickte dieser ihn zwecks Missionierung in den äußersten Winkel seines Reiches, in die nordwestlichste Ecke des heutigen Frankreich und des südlichen Flandern. Dort missionierte er erfolgreich und gründete das Kloster Elno (später nach dem heiligen Mann St.-Amand-les-Eaux benannt; heute auch Name der sich daraus entwickelnden Stadt).

Der Missionserfolg begründet sich nicht zuletzt durch diverse Wunder, die Amandus bewirkte. Das spektakulärste ist die Auferweckung eines Gehenkten. Dies soll auf dem Amandsberg (einem Hügel im heutigen gleichnamigen Stadtteil von Gent) geschehen sein, auf dem sich jetzt eine dem Heiligen geweihte Kirche findet.

Die räumliche Entfernung scheint auch die Auseinandersetzung zwischen König und Amandus beendet zu haben. Dagobert stattete 637 die Klostergründung mit entsprechenden Ländereien aus. Sein Enkel Childerich II. schenkte für das Seelenheil seiner Vorfahren 661 weitere Ländereien an das Kloster.

Dagoberts Sohn Sigibert III. (Sohn der Friedelfrau Ragnetrudis; heute würde man sagen »außerehelich«), König im Teilreich Austrasien, berief im Jahre 647 Amandus zum Bischof von Maastricht. Dies schien ihm aber nicht so recht zugesagt zu haben, da er schon nach knapp drei Jahren sein Bischofsamt aufgab und in sein Kloster Elno zurückkehrte, wo ihm noch ein Vierteljahrhundert kontemplatives Leben beschert war. Dort verfasste er um 675 sein Testament, welches sich ebenfalls erhalten hat (MGH SS rer Merov. 5, S. 483). Hierin bestimmte er das Kloster Elno als seine Grablege und belegte denjenigen, der es wagen sollte, seine Gebeine aus dem Kloster wegzubringen, mit einem Fluch.

Dennoch wurden knapp zwei Jahrhunderte später, als die Wikinger raubend und plündernd vor den Toren des Klosters standen, die Gebeine des Amandus erhoben und nach Paris ins Kloster Saint-Germain-des-Près in Sicherheit gebracht. Unklar ist, wann sie in das Kloster zurückkehrten, das dann 1066 durch Brand zerstört wurde. Wunderbarerweise wurden die Gebeine, die in der Krypta der Kirche beigesetzt waren, von der Feuersbrunst verschont.

Damit wäre eigentlich die Frage nach den Reliquien dieses Heiligen geklärt – so zumindest sollte man meinen. Doch weit gefehlt: Zum einen hat einer seiner Nachfolger im Amt, der spätere Bischof von Salzburg, Arn, ohne sich um den letzten Willen des verehrten Heiligen zu kümmern, Teile des Skeletts mit in seine Diözese nach Salzburg genommen, die dort noch heute in zwei Reliquiaren vorhanden sind; zum anderen existiert gleichsam ein Doppelgänger, Amandus von Worms, dessen Heiligenlegende und Lebenszeit weitgehend der des Amandus von Maastricht entsprechen und dessen Überreste in Worms gelegen hatten und dort verehrt worden waren. Leider kann man dies nicht mehr nachprüfen, da diese Reliquien, ob von einem Doppelgänger oder nicht, mit dem Brand des Domes 1689 im Pfälzischen Erbfolgekrieg zugrunde gegangen sind. So wird man nur darüber spekulieren können, wie die Reliquien des »Apostels der Belgier«, die sich in der Kirche von Datteln finden, dorthin gekommen sind.

Die Kirchengründung ist uralt und bereits auf das frühe Mittelalter zu datieren. Erstmalig erwähnt ist die Kirche mit ihrem Patrozinium in einer Urkunde Papst Eugens III., mit der der Abtei in (Köln-)Deutz unter anderem der Besitz der Kirche in Datteln bestätigt wird.

Es ist also durchaus im Bereich des Möglichen, dass es sich bei der Kirche in Datteln um eine frühe Gründung handelt. Am ehesten ist dabei an den Hausmeier Pippin und seine Frau Plektrud zu denken, die bekanntlich die ersten Missionierungen auf dem rechten Rheinufer in unserer Gegend, siehe zum Beispiel die heiligen Suitbert und Willibrord und die beiden heiligen Ewalde, wesentlich gefördert und unterstützt haben.

Warum sollten Pippin und Plektrud nicht bei der Ausstattung einer Kirche an die Reliquien eines Heiligen gedacht haben, dem ihre Familie so viel verdankte, nämlich unter ihren unmittelbaren Vorfahren vier Heilige (eigentlich waren es sogar fünf, da die Tochter des heiligen Bavo, verheiratet mit dem Sohn eines bedeutenden Bischofs, ebenfalls die Ehre der Altäre erreicht hat). Es muss schon ein erhebendes Gefühl gewesen sein, wenn Großmutter, Onkel und Tanten und selbst eine Cousine zu eigenen Lebzeiten als Heilige Verehrung in der Kirche finden. Und außerdem hat der gute Pippin durchaus eine Ader für die Kreierung von Heiligen gehabt, wie man an Suitbert und Evermarus sieht.

Deshalb hat die Annahme, dass Pippin dem gleichsam »Oberheiligen« seiner Familie ein Kirchenpatrozinium angedeihen lassen wollte, schon eine gewisse Wahrscheinlichkeit, auch deswegen, weil sich in seinem unmittelbaren Herrschaftsbereich an der Maas bei Venlo ebenfalls eine St.-Amandus-Kirche findet, nämlich in Herongen.

Diese These wird sich aufgrund der Quellenarmut der damaligen Zeit nicht letztgültig belegen lassen, doch es spricht vieles dafür, so die Tatsache, dass das Reliquiar der St.-Amandus-Kirche in Datteln, ein Vortragekreuz aus dem 12. Jahrhundert, tatsächlich alte Knochen enthält, wie man durch eine Röntgenuntersuchung im örtlichen Krankenhaus im Jahre 2012 festgestellt hat.

Der Schutzpatron von Flandern und Gent hat somit auch ein Patrozinium hier im Revier. Unsinn ist allerdings, wie bei Wikipedia im Artikel »Amandus von Maastricht« zu lesen ist, dass Amandus auch in einer Kirche in Oberammergau in Gänze seit dem 18. Jahrhundert zu bestaunen und zu verehren ist. Das beigefügte Bild zeigt einen bekrönten mit nur einem Schneidezahn versehenen Schädel (so ungefähr wie bei Bugs Bunny), an dem selbst ein mittlerer Atheist sieht, dass es sich nur um einen Katakombenheiligen handeln kann, der nun mal gar nichts mit dem heiligen Amandus von Maastricht zu tun hat, der in St. Amands-les-Eaux begraben worden ist und dessen Reliquie in Datteln verehrt wird.

Der heilige Rochus
Mit Beinfreiheit und einem Hund

Wie der heilige Altfrid hat der heilige Rochus seinen Feiertag auf dem 16. August, allerdings in anderen Regionalkalendern. Dennoch hat er seit dem späten Mittelalter auch in unserer Region durchgängig Verehrung erfahren, wird er doch als der Heilige angesehen, der bei Pestgefahr angerufen wird, und Pestepidemien hat es im Mittelalter und in der frühen Neuzeit immer wieder gegeben, die teilweise ganze Landstriche entvölkert haben. Medizinische Hilfe gab es gegen diese Krankheit nicht, und so suchte man Zuflucht und Hilfe beim heiligen Rochus. Zahlreiche ihm geweihte Kapellen und häufiger noch Heiligenfiguren in den einzelnen Kirchen zeugen nicht nur von dem Auftreten der Krankheit, sondern auch von der Anrufung und Verehrung des heiligen Rochus.

Dabei ist zunächst einmal festzustellen, dass Rochus niemals von der Amtskirche im eigentlichen Sinne heiliggesprochen worden ist. Päpste haben im 16. und 18. Jahrhundert zwar seine Verehrung erlaubt, ein Heiligsprechungsverfahren ist allerdings nie durchgeführt worden. Das mag unter anderem auch daran liegen, dass man nur wenig Gesichertes über ihn weiß. Selbst seine Lebensdaten sind widersprüchlich. Während die einen von 1295 bis zum 16. August 1327 angeben, hat er nach einer anderen Quelle von 1349 bis zum 16. August 1379 gelebt.

In seinen wesentlichen Lebensereignissen stimmen die Angaben jedoch überein. In adeligem Hause in Montpellier in Südfrankreich geboren, studierte Rochus Medizin an der berühmten Universität der Stadt und trat nach dem frühen Tod der Eltern in den Dritten Orden der Franziskaner ein. Er widmete sich der Pflege von

Pestkranken während der Epidemie in Südfrankreich, die zwischen 1358 und 1361 gewütet hat.

Jahre später begab Rochus sich auf eine Pilgerreise nach Rom, wo er ebenfalls Kranke pflegte. Auf der Rückreise kam er in die Stadt Piacenza, in der die Pest wütete. Er pflegte die Pestkranken der Stadt und erkrankte nun selbst an der Seuche. Da ihm als Bettelmönch die Mittel fehlten, sich pflegen zu lassen, zog er sich in die Einsamkeit zurück. Ebendort wurde er von einem Hund verpflegt, der ihm täglich Brot brachte, und schließlich von einem Engel geheilt, so dass er seinen Heimweg fortsetzen konnte.

In Montpellier dann erkannte ihn niemand aufgrund der Verunstaltungen seines Körpers durch die Folgen der überstandenen Pesterkrankung, und man inhaftierte ihn unter dem Verdacht der Spionage. Im Gefängnis verstarb er. Posthum erkannte man das Missverständnis und bestattete ihn ehrenvoll, und schon bald wurde er als Helfer gegen die Pest angerufen.

Nachdem in Venedig die Pest von 1477 überstanden war, bemühte man sich dort um die Gebeine des Pestheiligen, die dann 1485 dorthin gelangten und in der eigens dafür errichteten Kirche San Rocco feierlich bestattet wurden. Nach anderer Überlieferung ist er bei Piacenza im Gefängnis gewesen und bestattet worden und dann von dort nach Venedig gekommen. Nichts Genaues weiß man eben nicht.

Dennoch wurde Rochus im Laufe der Pestepidemien des späten Mittelalters landauf, landab zum Nothelfer gegen die Pest, dem man Statuen und Kapellen errichtete mit der Bitte um Verschonung vor der Geißel dieser Zeit. Solche Rochuskapellen finden sich beispielsweise in Duisburg-Huckingen und in Werne.

Die Statuen des heiligen Rochus weisen alle eine Besonderheit auf. Sie zeigen den Heiligen mit Pilgerhut und -stab, der jedoch sein Gewand rafft und ein Bein – meist das rechte – bis zum Schritt unbekleidet zeigt. Als Beispiel sei hier die Statue im Essener Dom vom Beginn des 16. Jahrhunderts angegeben. An der Innenseite des Oberschenkels findet sich die Pestbeule als Zeichen seiner Erkrankung. Rochus ist der einzige im Pantheon der Heiligen, der so freizügig eine seiner Gliedmaßen zeigt und ist aufgrund dieser »Beinfreiheit« in seiner Darstellung stets unverwechselbar. Mit Bezug auf seine Legende wird er regelmäßig in Begleitung eines Hundes dargestellt, der ein Brot in der Schnauze trägt.

Da Rochus' Name mit der Pflege von Kranken unmittelbar verbunden ist, tragen Krankenhäuser und andere Pflegeeinrichtungen seinen Namen, wie zum Beispiel das Sankt-Rochus-Hospital in Castrop-Rauxel. Seine Geburtsstadt Montpellier besitzt nicht nur eine ihm geweihte Kirche, sondern hat auch den Hauptbahnhof nach ihm benannt. Am Rhein bei Bingen muss er mit seinem Namen für eine besondere Weinlage herhalten, benannt nach der dort vorhandenen Rochuskapelle.

Wofür Rochus allerdings nichts kann, ist die umgangssprachliche Formulierung: einen Rochus auf jemanden haben. Dies hat eine völlig andere Etymologie.

Der heilige Marsus
Der große Unbekannte

Der große Unbekannte, der heilige Marsus, zählt eigentlich nicht zum engeren Kreis der Heimmannschaft, wird jedoch aufgrund seiner exklusiven Verehrung im Revier hier aufgenommen. Ein aufwändiges Büstenreliquiar findet sich im Essener Domschatz. Seine Reliquien sollen durch den Gründer des Stiftes Essen, Altfrid, im 9. Jahrhundert dorthin gekommen sein.

Marsus war Priester und vermutlich Märtyrer (wenn dies zutreffen sollte, müsste er der Christenverfolgung des Decius, 249–251, zum Opfer gefallen sein) im Gallien des 3. Jahrhunderts, ansonsten ist nicht viel über ihn bekannt. In Zedlers Universallexikon aus dem 18. Jahrhundert findet sich, dass er ein Gefährte des heiligen Peregrinus gewesen ist und diesem geholfen hat, das Wort Gottes in Auxerre (Frankreich) zu verkünden und zu missionieren. Da sein Todestag, respektive der Tag seines Martyriums, unbekannt ist, verehrt man ihn am Todestag des Peregrinus, dem 4. Mai.

Nach Zedlers Universallexikon: *Sein Leib ist nach Essen in Westphalen versetzet worden. Man feyret ihn den 16. May. Nach einer anderen Version kamen der Kopf und die Brust erst um das Jahr 1000 ins Essener Damenstift.*[100] Demnach war es Äbtissin Mathilde II., die ihren Onkel, Kaiser Otto III., und den Bischof Hugo von Chalon einspannte, um Brust und Kopf des Heiligen zu erhalten. Für diese wurde zunächst ein entsprechender Reliquienschrein geschaffen, später dann das Kopfreliquiar, in dem die Schädeldecke aufbewahrt wurde. An der Büste kann man praktischerweise die Tonsur hochklappen, um einen Blick auf die kostbare Reliquie zu werfen.

Die Reliquie der Schädelkalotte ist bei der Auslagerung des Domschatzes in den Bombennächten des Zweiten Weltkrieges verlorengegangen. Ein kleines Stück des Schädelknochens findet sich allerdings noch in Essen. Es ist im Armreliquiar der Essener Stadtpatrone Kosmas und Damian untergebracht, das, im 17. Jahrhundert angefertigt, die Zeiten überdauert hat. Möglicherweise sind größere Teile der Gebeine bei einer Grabung auf dem Vorplatz zum Essener Dom im Jahre 2009 wiederentdeckt worden. Damit hat es der heilige Marsus bis in die Bild-Zeitung geschafft.[101]

Auf Reisen und in seine Bischofsstadt zurückgekehrt ist der Gute posthum auch noch. Als mit Essener Hilfe zu Beginn der 60er Jahre in Auxerre eine ihm zu weihende Kirche errichtet wurde, hat der Essener Bischof Hengsbach 1964 ein Stückchen seiner kostbaren Knochen dorthin geschickt. Unterstützt wurden die Essener durch die St.-Elisabeth-Gemeinde in Duisburg-Duissern. Zur Europawahl im Mai 2014 schrieb die WAZ unter der Überschrift »Europa im Glauben verbunden«: »1949 trafen sich Realschullehrer ›Kaplan‹ Heinrich Konermann aus Duisburg und der Deutschlehrer Abbé Henri Rivière [...] Der Beginn der langjährigen Freundschaft. In den 50er Jahren treffen sich die Schüler aus beiden Städten in Zeltlagern, beim Schüleraustausch. Im Mittelpunkt stand die Versöhnung nach dem Krieg und am Europagedanken zu arbeiten. [...] 1960 bis 1964 erfolgte mit tatkräftiger Hilfe der St.-Elisabeth-Gemeinde der Bau der St.-Marsus-Kirche in Auxerre.«[102]

Der alte Kaplan Konermann war sechs Jahre lang des Autors Religionslehrer, ein ganz strenger Religionslehrer, der uns ganz schön gepiesackt hat. Der kontrollierte nicht nur persönlich die Anwesenheit im Schulgottesdienst –

es gab einen Eintrag ins Klassenbuch wegen einer Fehlstunde und eine saftige zusätzliche, schriftliche Aufgabe, falls man die Schulmesse schwänzte oder zu spät kam –, sondern er kontrollierte auch die Gesangbücher, ob die Merkzettel in der richtigen Reihenfolge bei den zu singenden Liedern lagen. Er war derjenige, der uns die Lust am Messdienerdasein vergällt hat.

Für seinen Einsatz in Bezug auf die Marsus-Kirche in Auxerre ist er 1988 noch Ehrendomherr des Erzbistums Sens-Auxerre geworden.[103] Er starb 100-jährig im Jahre 2012, wie das Sechswochenamt am 15.12. 2012 in der Kirche St. Elisabeth in Duisburg-Duissern belegt.[104]

5. Globale Heilige

Der heilige Martin
Schutzpatron der Raucher?

Am Festtag des heiligen Martin erhalten Kinder als Geschenk einen Stutenkerl/Weckmann, der grundsätzlich mit einer Gips- oder Tonpfeife versehen ist, die in der Regel zum Rauchen von Tabak geeignet ist. Ganze Generationen von Kindern haben ihre ersten Rauchversuche mit diesen Weckmannspfeifen gemacht, so dass sich zunächst die Frage stellt: War denn der heilige Martin vielleicht ein Raucher?

Diese Frage ist anachronistisch. Sankt Martin war Soldat im römischen Heer der Kaiserzeit des 4. nachchristlichen Jahrhunderts und nach seiner Militärzeit der erste Bischof der Stadt Tours in Frankreich. Die Gewohnheit hingegen, Tabak zu rauchen, wurde nach der Entdeckung Amerikas mit der Tabakpflanze von den Indianern übernommen und verbreitete sich in den europäischen Regionen erst in der zweiten Hälfte des 16. Jahrhunderts. Zwischen der Lebenszeit des Heiligen, dessen Fest wir noch heute am 11. November feiern, und dem Tabakkonsum liegen also gut zwölf Jahrhunderte.

Trotzdem werden an diesem Tag traditionsgemäß in großer Zahl Männchen aus süßem Weißbrotteig gekauft, verschenkt und gegessen, deren Kennzeichen die Tonpfeife ist, die sie in den Armen halten. Soll er die Männchen zum Rauchen anstiften?

Tonpfeifen zum Tabakkonsum sind seit etwa einem Jahrhundert bei den Pfeifenrauchern nicht mehr oder höchst selten in Gebrauch. Sie werden allein zum Schmuck dieser Backwaren hergestellt. So schauen uns die Stutenkerle in großer Zahl Anfang November aus den Auslagen der Bäckereien treuherzig mit ihren Rosinenaugen an und scheinen stillvergnügt ihr Pfeifchen zu rauchen, indem sie sich so die Zeit bis zum Martinsfest vertreiben wollen.

Hat sich darüber hinaus eigentlich schon mal jemand Gedanken gemacht, warum besonders hier in unserer Gegend am 11. November jeden Jahres die Kinder im Dunkeln mit Laternen hinter einem als römischer Legionär verkleideten Mann auf einem Pferd herlaufen und fröhlich singen »Sankt Martin ritt durch Schnee und Wind, sein Rösslein trug ihn fort geschwind«?

Erinnert werden soll damit an den heiligen Martin, Bischof von Tours in Frankreich, der vor etwas mehr als 1600 Jahren ein ausgesprochen frommes Leben geführt und viele Wunder gewirkt hat. Geboren in der Gegend des heutigen Ungarn, war Martin als Soldat der römischen Armee weit herumgekommen und bekannte sich schließlich zum christlichen Glauben, was in dieser Zeit noch nicht selbstverständlich und zum Teil noch eine gefährliche Angelegenheit war. Ob seiner Frömmigkeit, seiner Askese und diverser Wunder, die er bewirkte – zum Beispiel auch das der Auferweckung eines Toten –, wollten die Christen aus Tours, dass er ihr Bischof werden sollte. Aus bescheidener Demut wollte er diese Ehre nicht annehmen und versteckte sich in einem Gänsestall. Die Gänse verrieten ihn jedoch durch ihr Geschnatter, und er wurde gleichsam wider Willen zum Bischof erhoben.

Diese Geschichte und die, dass er seinen Soldatenmantel mit dem frierenden Bettler teilte, haben es bis in unsere Zeit geschafft. Aber was hat sich ereignet, dass die Erinnerung an diesen eigentlich weit entfernten Lokalheiligen sich gerade bei uns erhalten hat?

Dies liegt im Wesentlichen daran, dass er einen wortgewaltigen und umtriebigen Promoter hatte – einen seiner späteren Nachfolger im Bischofsamt namens Gregor von Tours. Der propagierte nicht nur die besondere Heiligkeit seines Vorgängers, sondern bezeugte auch wortreich die vielen Wunder, die an dessen Grab in der Bischofskirche von Tours geschehen seien.

So ist es nicht weiter verwunderlich, dass die Könige der Franken auf der Suche nach einem Schutzpatron für ihr Königreich auf eben diesen heiligen Martin verfielen. Eine passende Reliquie war auch schnell gefunden, nämlich der Mantel, den er mit dem Bettler geteilt hatte. Der heilige Mantel kam in die Obhut der fränkischen Könige und wurde seit 679 unter Theuderich III. am Königshofe dauerhaft aufbewahrt. Bei Feldzügen und Kriegen wurde er im Heer mitgeführt, damit der unerschrockene Soldat Martin als Heiliger das Heer schützen und zum Siege führen sollte. Der Hausmeier Pippin der Mittlere (Hausmeier 679–714), der realiter die Herrschaft im Reiche der Merowinger innehatte, nahm somit auch den Schutzpatron und dessen Reliquie für sich in Anspruch, so dass der Heilige nahtlos zum nachfolgenden Herrschergeschlecht der Karolinger überwechselte. Der Mantel – lateinisch die cappa – wurde später in der kaiserlichen Pfalz zu Aachen in einem besonderen Gebäude, der Kapelle, aufbewahrt und von ausdrücklich dazu berufenen Leuten – den capellani (den Kaplänen) – bewacht.

Die Kriegs- und Missionszüge auf das rechtsrheinische Gebiet wurden im Namen und mit Segen des Schutzpatrons Martin durchgeführt, ähnlich wie dies später die Spanier mit dem heiligen Jakobus gemacht haben. Mit der Befriedung und der dauerhaften Christianisierung unserer Region etablierte sich das Martinspatrozinium auch in unserer Gegend. Mit Pippin dem Mittleren geht wohl auch die erste Martinskirche in Köln einher, wenn auch die Quelle, die dies berichtet, nicht ganz zuverlässig ist.[104] Auf jeden Fall waren Pippin und seine Frau Plektrud an der Missionierung der Gebiete rechts des Rheins durchaus interessiert, wie die Förderung Suitberts bei der Gründung von Kaiserswerth beweist. Die Nachricht, dass um 690 in Köln eine Martinskirche geweiht worden ist, passt durchaus in den historischen Kontext.

Der heilige Martin genoss somit nicht nur in seinem Bistum, sondern auch in den durch die Franken missionierten Regionen große Verehrung, dies im Wesentlichen aus zwei Gründen: Zum einen ist er ein heldenhafter Heiliger, der Kraft und militärische Stärke ausstrahlte; zum anderen ist er der erste Heilige, der nicht als Märtyrer wegen seines Glaubens das Leben gelassen hat, sondern friedlich im hohen Alter entschlafen ist.

Allerdings ist Martin – gleichsam in Amtsgeschäften unterwegs – in Candes gestorben, was dazu führte, dass sich die Christen von Poitiers und die von Tours um den Leichnam gestritten haben. Letztere stahlen bei Nacht und Nebel den Toten, den sie durch ein Fenster in einen Kahn auf der nahen Loire brachten und ihn mit einem Fackelzug ca. 50 Kilometer flussaufwärts nach Tours schipperten und dort feierlich an einem 11. November bestatteten. Den Protest der Bürger von Poitiers wiesen sie mit dem Argument zurück, dass, wenn der heilige Martin dies nicht gewollt hätte, er die »Entführung« seines Leichnams sicherlich durch ein Wunder verhindert hätte.

In Folge entwickelte sich an seinem Grabe der Martinskult, und Tours wurde für etwa ein Jahrtausend zu einem beliebten Wallfahrtsort. Erst die französischen Protestanten – die Hugenotten – bereiteten im 16. Jahrhundert dem Martinskult gewaltsam ein Ende, indem sie sein Grab plünderten und die Leichenreste verbrannten, so dass heute nur noch die Schädelkalotte und einige Knochenstücke erhalten sind.

Der Vandalismus in Frankreich tat der Martinsverehrung in unserer Gegend allerdings keinen Abbruch. Eine Vielzahl von Martinspatrozinien und Martinsbräuchen etablierte sich, nicht zuletzt auch deswegen, weil dessen Gedenktag – der 11. November – schon seit dem frühen Mittelalter der Tag war, an dem die Abgaben, der Zehnt, zu leisten waren. Nicht zuletzt deswegen ist auch die Leibeigenschaft in Preußen an einem Martinstage aufgehoben worden.

Martinsumzüge, die in der Regel im Dunkeln mit Fackeln und Laternen durchgeführt werden, sind zwar verschiedentlich mit dem Reformator Martin Luther in Verbindung gebracht worden, eher wahrscheinlich ist jedoch die Tradition, dass mit diesen Umzügen der Heimführung des Leichnams mit Fackeln über die Loire nach Tours gedacht wurde, dies um so mehr als Luther jegliche Form der Heiligenverehrung ablehnte.

Eine weitere Tradition spricht für die lange Geschichte der Martinsverehrung, nämlich die, dass am Martinstage den Kindern Weckmänner/Stutenkerle geschenkt werden. Man rätselt, was dieses Gebäckmännchen mit Martin zu tun hat.

Tonpfeifen sind seit dem späten 16. Jahrhundert mit der Gewohnheit, Tabak zu rauchen, ein beliebtes, verbreitetes und vor allen Dingen billiges Produkt, welches allgemein verfügbar war. Die einleuchtendste Erklärung für die pfeifetragenden Weckmänner ist wohl, dass diese den heiligen Martin als heiligen Bischof darstellen sollten. Zu diesem Zweck musste dem Stutenmännchen ein Bischofsstab als charakteristische Kennzeichnung beigefügt werden. Diesen für die Backwaren gesondert herzustellen, war sicherlich aufwändig. Wenn man jedoch eine Tonpfeife mit dem Kopf nach oben dem Weckmann hinzufügt, so hat sie dann sicherlich die annähernde Form des Hirten- bzw. Bischofsstabes. Es mag also eine Verlegenheits- oder auch Billiglösung gewesen sein, dass man als Symbol des Bischofsstabes eine umgedrehte Pfeife gewählt hat, um den Stutenkerl als heiligen Martin zu kennzeichnen. Erst als die Symbolik in Vergessenheit geriet, drehte man die Pfeife um, so dass es heute aussieht, als ob das Kerlchen raucht. Damit hatte der gute Martin jedoch nun wirklich nichts zu tun.

Dennoch findet sich heute nach wie vor an jedem Weckmann eine Tonpfeife – die allerdings nur noch höchst selten, zum Beispiel beim Schaffermahl in Bremen, geraucht wird –, und das sehr zur Freude der Jungen, die damit ihre erste Erfahrung mit dem Tabakrauchen machen, oder auch den Mädchen, die mit diesen Tonpfeifen wunderbare Seifenblasen produzieren.

Wie dem auch sei, jeder von uns hat bildhafte Erinnerungen an die Martinsumzüge seiner Kindheit, an die Laterne, die man mitführte, an die Mantelteilung auf dem Schulhof. In Bezug auf die Martinsverehrung ist es verwunderlich, dass allein diese gute Tat des Heiligen und keines seiner vielfältigen Wunder, die er gewirkt hat, in Erinnerung geblieben und zur lebendigen Tradition geworden ist. Viel lustiger wäre es doch gewesen, man hätte sich an das Wunder erinnert, mit dem der heilige Mann der Obrigkeit – dem Kaiser der Römer – Feuer unter dem Allerwertesten gemacht hat. Von diesem seinem kuriosesten Wunder berichtet die »Legenda aurea« des Jakobus de Voragine:

In dem Dialogus Severi und Galli, der Schüler Sanct Martini, darin vieles ergänzt ist, was Severus in der Lebensbeschreibung des Heiligen hat weggelassen, liest man auch, dass der Heilige einst den Kaiser Valentinianus um eine notdürftige Sache wollte angehen; da wußte der Kaiser, dass er käme etwas zu bitten, das er ihm nicht wollte geben, darum ließ er die Tore des Palasts vor ihm beschließen. Da Sanct Martin das zum zweiten und dritten Male musste leiden, zog er ein hären Gewand an, streute Asche auf sein Haupt, und kasteiete sich eine Woche lang, und nahm weder Speise noch Trank. Darnach ging er auf des Engels Geheiß wieder zu dem Palast, und kam bis vor den Kaiser, und hinderte ihn niemand. Da der Kaiser ihn kommen sah, ward er zornig, daß man ihn hatte eingelassen, und wollte nicht gegen ihn aufstehen. Da bedeckte plötzlich Feuer den königlichen Thron und brannte den Kaiser an seinem hinteren Teil, dass er voll Zornes musste aufstehen. Und bekannte also, dass er Gottes Macht hatte gespürt. Er umarmte den Heiligen mit Fleiß und bewilligte ihm alles, noch ehe er darum bat, und bot ihm große Gaben; die wollte Sanct Martin aber nicht nehmen.[105]

Aber die Franken hatten sich nun mal den Mantel als Reliquie und Zeichen des heiligen Martin ausgesucht, so dass es leider bei der Mantelteilung blieb, um die Bedeutung dieses heiligen Überbleibsels hochzuhalten.

Wetterfrösche
a) Siebenschläfer
Allseits beliebt

Der 27. Juni, der Tag der Siebenschläfer, ist ein nach den Bauernregeln richtungsweisender Tag für die Wetterentwicklung im Sommer:
Das Wetter am Siebenschläfertag,
der Regen sieben Wochen nicht weichen mag.
Ist der Siebenschläfer nass, regnet's ohne Unterlass.

Die Siebenschläfer selbst sind höchst komische Heilige, die den Weg in den Heiligenkalender nicht nur des lateinischen Abendlandes gefunden haben. Ihre Geschichte ist schnell erzählt:

Sieben christliche Jünglinge mit Namen Maximilianus, Malchus, Martinianus, Constantinus, Dionysius, Johannes, Serapion, alle aus Ephesus (heute Selcuk an der türkischen Mittelmeerküste und beliebtes Touristenziel beim Ferienort Kuşadasi) flohen vor der Christenverfolgung des römischen Kaisers Decius (251) in eine Höhle, heute etwa einen Kilometer östlich des antiken Theaters von Ephesus. Der bösartige Christenhasser ließ die Höhle dann mit schweren Felsbrocken verrammeln, um die jungen Männer dem Hungertode zu überantworten. Darauf fielen diese in einen tiefen rund 150 Jahre andauernden Schlaf, während dem sie täglich von einem Engel gewendet wurden, damit sie nicht verwesten. Als die Höhle dann nach der langen Zeit wieder geöffnet wurde, natürlich in Anwesenheit des römischen Kaisers Theodosius II. (401–450), wachten sie auf und traten nach draußen, wobei ihre Gesichter wie die Sonne strahlten. Wenig später legten sie sich nieder und starben endgültig. Sie hatten also eigentlich kein Martyrium erlitten, dennoch wurde über der Höhle sehr bald eine Kirche errichtet, und sie wurden alsbald als Heilige verehrt.

Ihre Geschichte und ihre Verehrung wurden im Abendland durch Gregor von Tours initiiert und fanden dann ihren Platz in der »Legenda aurea« des Jacobus von Voragine, so dass auch heute noch ihr Heiligenfest am genannten Datum gefeiert wird und sie für die Wetterregeln herhalten müssen.

Etwas Besonderes sind diese seltsamen Heiligen darüber hinaus, als sie zu den wenigen gehören, die nicht nur in der christlichen Kirche, sondern gleichermaßen auch im Islam als Heilige verehrt werden, da sie dem Pantheismus abschworen und den einzigen alleinigen Gott anbeteten. Dies schien den Propheten Mohammed so beeindruckt zu haben, dass ihre Geschichte sogar ausführliche Erwähnung in der 18. Sure des Korans findet. Deshalb werden sie auch im traditionellen Freitagsgebet der Muslime angerufen.

Erstaunlich ist, dass, zu keiner Zeit irgendwelche Reliquien aufgetaucht sind, obwohl der Kult in Mittelalter und Neuzeit weit verbreitet war; außerdem haben die Siebenschläfer es eigentlich nicht zur Ehre der Altäre gebracht. In Deutschland gibt es nur eine Kirche in Bayern, die ihr Patrozinium aufweist.

b) Die Eisheiligen
Kleingärtnerschrecken

Diese gemischte Truppe tritt gemeinhin als Trio auf und bezeichnet den Termin im Mai, bis zu dem in unserer Gegend Nachtfröste auftreten können. Eigentlich sind es sogar fünf, die Schrecken bei den Klein- und Hobbygärtnern und bei den Bauern verbreiten, die vor diesem Termin frostempfindliche Pflanzen ins Freie gesetzt haben. Allerdings hat es nur einer von ihnen hier im Ruhrgebiet zum Kirchenpatron gebracht, nämlich der heilige Pankratius mit der Dekanatskirche St. Pankratius in Oberhausen-Osterfeld. Er gehört zur Kerntruppe der Eisheiligen, zusammen mit Mamertus und Servatius, deren Heiligenfeste zwischen dem 11. und 13. Mai gefeiert werden. Dazu kommen noch die beiden Heiligen der Folgetage, der heilige Bonifatius und die »Kalte Sophie«.

Diese weitgehend ziemlich unspektakuläre Ansammlung von verehrungswürdigen Zeugen des Glaubens wird im Spätmittelalter zu einer Bauern- bzw. Wetterregel verwurstet, die meteorologisch wohl durchaus Sinn macht; ihr Zusammenhang beruht allerdings lediglich auf der eher zufälligen Reihenfolge im Heiligenkalender.

Mamertus, Bischof von Vienne, einer Stadt südlich von Lyon an der Rhône gelegen, soll Mitte des 5. Jahrhunderts hier allein durch sein Gebet einer Feuersbrunst Einhalt geboten haben und ist somit logischerweise neben dem allfällig bekannten Florian Schutzpatron der Feuerwehr. Mamertus starb im Bett, und seine Beförderung zur Ehre der Altäre resultierte aus diesem Wunder und denjenigen, die posthum an seinem Grab geschahen.

Der zweite im Bunde ist Servatius, Bischof von Tongern, einer Stadt in Belgien, gut zehn Kilometer nördlich von Lüttich, der an einem 13. Mai 384 oder um 450 in Maastricht gestorben sein soll, wo sein Grab im Übrigen im Dom auch heute noch Verehrung findet.

Auf einer Reise nach Rom soll Servatius eine Erleuchtung gehabt haben, die ihn den Hunneneinfall Mitte des 5. Jahrhundert vorausschauen ließ. Dunkel erinnert man sich, wie im Geschichtsunterricht beim Thema »Völkerwanderung« der Hunneneinfall mit der Schlacht auf den Katalaunischen Feldern, wohl bei Troyes im Nordosten Frankreichs gelegen, thematisiert wurde, durch die die Römer mit Hilfe germanischer Heerscharen – vornehmlich Goten und Franken – Hunnenkönig Attila abwehrten.

Neben etlichen Wundern, die der gute Servatius nach späteren Legenden gewirkt haben soll, soll ihm auch der Märtyrertod widerfahren sein. Man habe ihn mit einem Holzschuh erschlagen. Eher wahrscheinlich nach den ursprünglichen Berichten ist wohl, dass er als Bischof von Maastricht wohl lange vor besagtem Hunneneinfall friedlich in seinem Bett verschied.

Über ein ganz besonderes posthumes, an seinem Grab geschehenes Wunder berichtet das »Martyrologium Romanum« Papst Gregors XIII.; das ist der mit der Gregorianischen Kalenderreform Ende des 16. Jahrhunderts: Wenn es schneit und der Schnee überall liegen bleibt, so ist das Grab des Heiligen grundsätzlich schneefrei. Leider kann man dieses Wunder schon lange nicht mehr bewundern, weil man eine Kirche über seinem Grab errichtet hat.

Bonifatius und Sophia gehören ebenfalls nicht zu den einflussreichen Heiligen. Bei Bonifatius denkt man wahrscheinlich zuerst an den berühmten Mann, der die Donareiche fällte, doch ebender ist gar nicht gemeint. Vielmehr handelt es sich hier um Bonifatius von Tarsus (heute Türkei), der während der Christenverfolgung um die Wende zum 4. Jahrhunderts den Märtyrertod erlitt. Man kochte ihn in siedendem Pech. Er wäre namenlos und nicht in den Kanon der Heiligen aufgenommen worden, hätte man nicht seinen Leichnam nach Rom gebracht und dort dann seine Verehrung begonnen.

Die Dame in der Runde ist die heilige Sophia, die »Kalte Sophie«, die in der diokletianischen Christenverfolgung das Martyrium erlitt. Ihre Gebeine wurden Mitte des 9. Jahrhunderts erhoben und in einer Kirche Roms durch Papst Sergius II. (844–847) feierlich beigesetzt, wodurch ihre Verehrung in Rom initiiert wurde. Bischof Remigius von Straßburg soll schon zuvor, Ende des 8. Jahrhunderts, Reliquien dieser Heiligen in das Elsass gebracht haben.

Vielleicht ist die »Kalte Sophie« aber auch identisch mit der heiligen Sophia von Mailand, die knapp zwei Jahrhunderte früher das Martyrium erlitten hat, vielleicht aber auch mit der heiligen Sophie von Minden, deren Reliquien in der Zeit Karls des Großen ins Elsass gelangt sind. Dort soll noch bis zum Beginn des 19. Jahrhunderts ein entsprechendes Reliquiar vorhanden gewesen sein. Dieser Kuddelmuddel um die »Sophia frigida« mag dazu geführt haben, dass sie schon im »Martyrologium« Gregors XIII. nicht mehr auftaucht und es ihr ergeht wie vielen anderen Heiligen: Der Vatikan streicht sie aus der Heiligenliste, was aber ihrer weiteren Verehrung keinerlei Abbruch tut.

Etwas anderes erhitzt aber bis heute die Frage rund um die Eisheiligen. Da diese bereits seit dem Mittelalter als solche bezeichnet werden, hat diese Wettermarke auch die sogenannte Gregorianische Kalenderreform von 1582 mitgemacht. Eben diese Reform ließ in dem genannten Jahr 10 Tage ausfallen, auf den 4. Oktober folgte der 15. Oktober, womit sich die Eisheiligen um 10 Tage verschoben. Heute ist die Differenz auf 13 Tage angewachsen, so dass man die Eisheiligen eigentlich erst Ende Mai zu erwarten hat. Vielleicht jedoch wird dies durch die globale Erwärmung wieder relativiert. Für die Gartenfreunde ist es immer wieder ein kleines Vabanquespiel, wann sie nun die frostempfindlichen Pflanzen nach draußen bringen.

Und die Meinung der katholischen Kirche, die gleichsam die Heiligen erfunden hat, zu den »Wetterfröschen«? Ganz oben stehen dort die Heiligen, die nach Vorgabe des Vatikans allgemein verehrt werden.[106] Diese finden sich im »Calendarium Romanum Generale«. Die einzelnen Kirchenprovinzen können diesem folgen, aber auch eigene Heilige einfügen; dies tut in unserem Fall der »Regionalkalender für das deutsche Sprachgebiet«.[107] Und schließlich haben die einzelnen Diözesen auch einen eignen Diözesankalender, in den sie gleichsam die Heiligen vor Ort einbringen können.[108]

Im »Calendarium Romanum Generale« sucht man allerdings die Siebenschläfer vergeblich, und auch von den Eisheiligen ist lediglich der heilige Pankratius übrig geblieben. Der 13. Mai – also der Gedenktag des Mamertus – ist seit 2002 durch das Fest »Unserer lieben Frau in Fatima« ersetzt. Den Servatius findet man nicht mehr. Im Regionalkalender ist dies nicht anders. Dies mag daran liegen, dass in vielen Gegenden diese Wetterregeln notwendigerweise wegen eines anderen Klimas nicht gelten und somit diese Gedenktage zugunsten anderer Vertreter der knapp 10 000 Heiligen ersetzt werden. Enttäuschend jedoch ist die Tatsache, dass auch der Diözesankalender des Bistums Essen in Bezug auf Siebenschläfer und Eisheilige den Vorgaben aus Rom folgt. Arme Wetterfrösche!

Die Heiligen Drei Könige
Kölner Dreigestirn

Das »heilige« Köln war ursprünglich gar nicht so heilig. Erst als man die Gebeine der Heiligen Drei Könige in den Mauern barg, konnte man sich von anderen Städten abheben und als Wallfahrtsort etablieren. Man fragt sich natürlich, wie diese drei Heiligen – wenn sie denn nun wirklich Heilige waren – nach Köln gelangt sind.

Obwohl im neuen Testament berichtet wird, dass die drei Weisen aus dem Morgenland in ihre entfernte Heimat zurückkehren, fand die römische Kaiserin Helena, Mutter von Konstantin, auf ihrer Seniorenrundfahrt durch das Heilige Land zu Beginn des 4. Jahrhunderts dort deren Gebeine und brachte sie hocherfreut, quasi als Reiseandenken, mit nach Konstantinopel, wo sie sich schon einer gewissen Verehrung erfreuten. Warum das so war, weiß man wohl nicht so recht, schließlich waren sie weder Christen, noch war ihnen bewusst, dass sie dem Erlöser und Gründer einer neuen Religion huldigten. Vom Orient gelangten die Gebeine nach Mailand, wo sie rund sieben Jahrhunderte ihres Heiligendaseins verbrachten, bevor sie als Kriegsbeute – Barbarossa hatte die Stadt Mailand erobert und seinem Reichskanzler geschenkt, der gleichzeitig Erzbischof von Köln war – in feierlichem Zuge nach Köln gelangten.

Die in der heiligen Schrift als Magier Bezeichneten – dort wird nicht einmal klar, dass es drei waren – waren für die Kölner selbstverständlich zu popelig, so dass man sie zunächst zu Königen aus dem Morgenland beförderte, ihnen Namen gab und einen von ihnen noch mit einer dunklen Hautfarbe ausstattete. Und so hatte Köln dann ruck, zuck eine neue Heiligenattraktion, so dass man sich wenig später dazu entschloss, ein entsprechendes Ambiente für die zu verehrenden Überreste zu schaffen. Man beschloss ein riesiges, alle anderen Kirchen überragendes Gotteshaus zu bauen, das mehr dem Anspruch der Kölner als dem der Könige gerecht wurde, mit dem Erfolg, dass der Kirchenbau viele Jahrhunderte lang unvollendet blieb – Ähnlichkeiten mit dem Berliner Flughafenbau sind hoffentlich nicht erkennbar. Denn selbst 600 Jahre später waren nur der Chor, also der östliche Teil der Kirche, und ein Teil des Westwerks – im Grunde die Hälfte von einem der zwei Türme – fertiggestellt. Die Überreste der drei Könige wurden 1322 in den unfertigen Dom überführt. Sie fristeten ihr Dasein also gut ein halbes Jahrtausend in einer Baustelle.

Die französischen Revolutionstruppen nutzten den unfertigen Dom als Pferdestall, so dass die Könige in ihrem Schrein nach Westfalen umzuziehen genötigt waren, und erst nachdem Napoleon auf die Insel St. Helena (benannt nach eben derselben Finderin ihrer Überreste) verfrachtet worden war, wurden sie in die Baustelle zurückgestellt. Für den Weiterbau engagierte sich dann das protestantische preußische Königshaus von König Wilhelm IV. bis hin zu Kaiser Wilhelm I., das hier wohl ein Symbol für die »Wacht am Rhein« zu schaffen gedachte.

Diese Unbill tat jedoch der Popularität der Könige vornehmlich im Kölner Erzbistum und damit auch in unserer Region keinen Abbruch. Auch heute noch laufen am 6. Januar die Sternsinger (als Heilige Drei Könige verkleidete Kinder) von Haus zu Haus, singen ihr Lied, sammeln für einen guten Zweck und malen mit Kreide die jeweilige Jahreszahl mit den Buchstaben »CMB« – »Christus mansionem benedicat« (Christus möge dieses Haus segnen) – an die Haustür oder Hauswand.

Der römische Heiligenkalender verzeichnet am 6. Januar das Fest der Erscheinung des Herrn (Epiphania). Die Kölner haben dennoch mit ihren Heiligen Drei Königen vollen Erfolg gehabt, so dass ihr Stadtwappen seit 700 Jahren und auch heute noch mit den drei Kronen im oberen Teil des Wappens die drei Könige symbolisiert.

In der unteren Hälfte des Wappens finden sich 11 Tränen als Symbol (so die Kölner) für den zweiten großen Reliquienschatz der Stadt: die Überreste der heiligen Ursula und ihrer 11 000 Jungfrauen. Ursprünglich waren dies wohl eher 11, bis irgendein Witzbold oder auch geschäftstüchtiger Kleriker aus der 11 die 11 000 gemacht hat. Dies lässt sich bei der Schreibweise der römischen Ziffern – die heute geläufigen arabischen wurden im Abendland erst später bekannt – leicht mit einem Federstrich bewerkstelligen, indem man XI mit einem Strich darüber zu elftausend machte. Eine entsprechend große Anzahl von Reliquien war insofern leicht verfügbar, als man einen antiken Friedhof der Stadt plünderte. Schließlich war das Geschäft mit Gebeinen von 11 000 Jungfrauen dann doch günstiger und vor allem ertragreicher.

Der heilige Sylvester
Papst aus der Geschichtsmottenkiste

Päpste mit Namen Sylvester hat es bislang zwei gegeben: einen, den man als Heiligen verehrt und dessen Fest man am 31. Dezember feiert; einen anderen (999–1003), von dem man zu dessen Lebzeiten munkelte, dass er mit dem Teufel im Bunde stünde, weil er sich in den Naturwissenschaften gut auskannte und besonders gut rechnen konnte – das Letztere mit Hilfe von seltsamen Ziffern, die er im damals arabischen Teil der Iberischen Halbinsel kennengelernt hatte, den arabischen Ziffern.

Der erste Sylvester war Papst zu Anfang des 4. Jahrhunderts, und die belastbaren historischen Fakten über ihn sind spärlich. Auf dem großen Konzil dieser Zeit, dem Konzil von Nicäa (325), das uns das Glaubensbekenntnis und die bis heute variablen Ostertermine (1. Sonntag nach Frühlingsvollmond) beschert hat, war er nicht einmal anwesend. Es ist nicht zu entscheiden, ob er nicht über das entsprechende Kleingeld für die Reise verfügte oder schlicht zu wenig Bedeutung und Gewicht besaß, so dass er nicht eingeladen wurde.

Sylvester ist historisch und für die Geschichte der Kirche eine Quantité négligeable und fristete ein kümmerliches Dasein in den Listen der Päpste, bis eine grandiose Fälschung ihn nach mehr als 600 Jahren aus dem Dunkel des Vergessens herausholte und ihn mit Glorienschein und Wundern zu den Großen der Weltgeschichte rückte: die sogenannte Konstantinische Schenkung. Diese ist quasi bis heute die faktische Grundlage des Kirchenstaates, obwohl bereits der große Petrarca im 15. Jahrhundert geäußert hat, dass nur ein Esel dieses Machwerk als eine echte Schenkung ansehen könne. Mit ihr nämlich übergab der große römische Kaiser Konstantin die Oberherrschaft über Italien dem so aufgewerteten Papst. Anlass dazu war eine Hautkrankheit eben genannten Kaisers, die dieser gemäß dem Rat seiner Ärzte nur mit dem Blute unschuldiger Kinder behandeln konnte. Ob aus Mitleid mit den Kindern oder in Erwartung angemessener Belohnung eilte Sylvester hinzu, verhinderte die Tötung der Kinderchen und heilte den an Krätze oder gar Neurodermitis leidenden Kaiser durch Gebet und Handauflegung, was der so Geheilte in oben genannter Weise honorierte.

Sicher ist wohl die Tatsache, dass Sylvester der erste Papst war, der friedlich im Bett starb und nicht den glorreichen Märtyrertod erlitt. Seine Verehrung als Heiliger geht auf die Legende sowie die Fälschung zurück, die dann im hohen Mittelalter – besonders in der »Legenda aurea« des Jacobus de Voragine – ausgeschmückt und verbreitet wurde, so dass sein Todestag (31. Dezember) noch heute seinen Namen trägt, an dem wir feiernd und knallend das neue Jahr begrüßen. Ansonsten ist er im Kreise der Heiligen eher ein Hinterbänkler; es gibt weder eine Kirche, die ihm geweiht ist, noch haben irgendwelche Reliquien sich von ihm verbreitet. Er ist lediglich Schutzpatron der Haustiere, und ob die dies wissen, ist sicherlich zweifelhaft.

Der heilige Jakobus
800 Jahre verschollen

Jakobus der Ältere, Jünger und Apostel im Neuen Testament, ist einer der wichtigsten Heiligen der Kirche, aber auch wegweisend für die Weltgeschichte.

Als Sohn des Fischers Zebedäus – warum man dessen Namen als Ausdruck für die Zeichen der Männlichkeit gewählt hat, ist unklar – wird seine Gefolgschaft und sein Verhältnis zum Erlöser in den Evangelien geschildert und berichtet, dass er im Jahre 43 (?) den Märtyrertod durch Enthauptung unter Herodes Agrippa I., einem Enkel des biblischen Kindermörders Herodes, erlitten hat. Er wurde wohl in Jerusalem begraben, und später ist über der Stelle seines Martyriums eine Jakobuskirche errichtet worden. Als der römische Kaiser Titus im Jahre 70 Jerusalem eroberte, wurden die Gebeine des Jakobus zuvor ins Katharinenkloster auf dem Sinai (heute Ägypten; das älteste Kloster und, da es nie zerstört wurde, Weltkulturerbe) gebracht.

Damit wäre eigentlich die Biographie des Heiligen beendet gewesen, wäre nicht im Mittelalter auf der Iberischen Halbinsel die Legende aufgebracht worden, Jakobus hätte vor seinem Martyrium eine Missionsreise nach Spanien unternommen und den Menschen dort das Evangelium gebracht. Diese Legende lässt sich nun wahrlich in keiner Weise aufrechterhalten, da von dem angeblich segensreichen Wirken des heiligen Apostels nichts nachzuweisen ist, weder in der römischen Provinz Spanien noch in dem später dort begründeten Reich der Westgoten, das mit der Niederlage 711 gegen die islamischen Heerscharen am Río Guadalete bei Jerez de la Frontera zu existieren aufhörte. Selbst Isidor, Bischof von Sevilla und großer Enzyklopädist des Westgotenreiches, weiß nichts von der Tätigkeit des Jakobus in seiner Heimat. Auch dem Beatus von Liebana, einem der bedeutendsten Theologen im Königreich Asturien, ist Mitte des 8. Jahrhunderts noch nichts von einer Missionstätigkeit des Jüngers Jesu bekannt.

Erst als zu Beginn des 9. Jahrhunderts ein passender Heiliger gesucht wurde, der erfolgversprechende Unterstützung im Kampf gegen die maurische Herrschaft gewähren könnte, »fand« man sein Grab wieder, für dessen Vorhandensein in Spanien man auch wenig später eine passende Erklärung parat hatte: Nach der Enthauptung des Jakobus legten seine Jünger den Leichnam in ein unbemanntes Schiff, welches sich auf wunderbare Weise selbsttätig auf den Weg durch das Mittelmeer und über den Atlantik nach Nordspanien machte, dort anlandete und der Heilige selbst seinen Begräbnisort ebenda bestimmte. Die Grabstätte soll dann – trotz der christlichen Region – knapp acht Jahrhunderte unbeachtet und vergessen worden sein, bis der heilige Leichnam die Ignoranz leid war und die Entdeckung seines Grabes ins Werk setzte. Zu Beginn des 9. Jahrhunderts baute man über dem Grab eine Kirche und später dann die Kathedrale von Compostela, die noch heute das Ziel der Pilgerfahrt zum heiligen Jakobus ist.

Jakobus selbst erlebte eine Metamorphose insofern, als er sich schon bald vom Apostelfürsten quasi zu einem Nationalheiligen wandelte, der den Kampf gegen die Mauren tatkräftig unterstützte. So nimmt es überhaupt nicht wunder, dass alsbald die christlichen Scharen mit dem Schlachtruf »Santiago« (heiliger Jakobus) gegen die islamischen Besatzer der Iberischen Insel zu Felde zogen und der fromme Mann mit Stab und Muschel sich als martialischer Ritter auf einem Schlachtross dahinsprengend und einen »Mohren« tötend wiederfand. So wurde er als »Maurentöter« (Matamoros) zum Symbol der Reconquista, der christlichen Rückeroberung der Iberischen Halbinsel von den Mauren. Selbst die Eroberung Granadas im Jahre 1492 geschah im Namen des Maurentöters Jakobus, und auch Kolumbus, dem das kastilische Königshaus in Siegeslaune drei Schiffe bewilligte, damit er den Seeweg nach Indien erkunden konnte, unternahm dies im Namen Santiagos.

Im weiteren Verlauf eroberten die Konquistadoren den neu entdeckten Kontinent mit der traditionellen Anrufung des Heiligen. Viele von ihnen gegründete oder auch nur umbenannte Städte führten dann den Namen des siegreichen Heiligen: Santiago de Chile, Santiago de Cuba. Weitere »Santiagos« gibt es in Brasilien, Bolivien, Panama, Paraquay und Peru. In Cusco (Peru) in der Kathedrale gibt es sogar ein Gemälde, auf dem der Matamoros nicht Mohren, sondern einen Inka tötet. Selbst noch im 20. Jahrhundert, als der Caudillo und Generalissimus Franco im Spanischen Bürgerkrieg obsiegt hatte, führte dieser den militärischen Erfolg seiner Faschisten auf die Hilfe des heiligen Jakobus zurück, da die entscheidende Schlacht an einem 25. Juli – dem Festtag des Heiligen – stattfand. Welch ein furchtbarer Heiliger ist aus dem Apostel und Jünger des Herrn gemacht worden!

Trotz dieser »kriegerischen« Variante ist es von Seiten der »Grabesstätte« Santiago de Compostela nicht verabsäumt worden, diesen ihren Heiligen als attraktives Pilgerziel zu propagieren. Wem die Pilgerfahrt ins Heilige Land zu beschwerlich oder auch zu gefährlich erschien, der machte sich auf den Weg nach Rom zum Apostelfürsten Petrus oder besuchte eben in Santiago de Compostela den heiligen Jakobus. Es entstanden feste Pilgerrouten, an denen entlang Herbergen und Hospize eingerichtet wurden, um die Pilger zu versorgen. Wegbeschreibungen (Itinerarien) wiesen den Pilgern den Weg, benannten Wegstrecken und Rastmöglichkeiten, ja wiesen selbst auf besondere Sehenswürdigkeiten hin. Von allen größeren Regionen aus gab es festgelegte Wege – Jakobswege –, die in Südfrankreich zusammentrafen und über die Pyrenäen bis nach Santiago de Compostela führten.[109]

Hier im Ruhrgebiet führte ein Jakobsweg – aus Westfalen kommend – über Wattenscheid (Stalleiken-Pilgerkapelle, heute noch erhalten) nach Düsseldorf (St. Joris, St. Georg, Kaiserswerth) und dann nach Köln. Außerdem gab es für den Pilger nach Santiago eine einheitliche Kennzeichnung: die Jakobsmuschel, den Pilgerstab und den Flaschenkürbis (Trinkflasche).

Die Pilgerreise nach Santiago de Compostela erfreute sich im hohen und späten Mittelalter großer Beliebtheit. Bevor man loszog, sich sein Seelenheil zu sichern, schloss man sein bisheriges Leben ab, regelte seine Obliegenheiten und machte sein Testament.

Ende des 20. Jahrhunderts erlebte die Jakobuswallfahrt einen neuen Boom. Die alten Pilgerwege wurden neu ausgeschildert, es erschienen in Vielzahl regionale Reiseführer für die Pilgerwege. Hier im Ruhrgebiet nahm das Interesse an dem kontemplativen Fußweg sprunghaft zu, als ein Recklinghäuser Komiker seine Erfahrungen auf dem Jakobsweg zwischen zwei Buchdeckeln zusammenfasste und hunderttausendfach »Ich bin dann mal weg« (erschienen 2006) verkaufte.

Bei einer solchen Vermarktung durch die Kirche von Santiago de Compostela verwundert es nicht, dass man eifersüchtig die Überreste des heiligen Apostels hütete und – ähnlich wie die Kölner mit ihren Heiligen Drei

Königen – nichts von den kostbaren Knochen herausgab. Daher sind die Kirchen, die dem heiligen Jakobus geweiht sind, auch höchst spärlich verbreitet. Allein die St.-Jakobus-Kathedrale in Jerusalem beansprucht, einen Teil der Reliquien in ihren Mauern zu beherbergen. Die Kirche wurde an der Richtstätte des Apostels erbaut und ist heute Sitz des armenischen Patriarchen von Jerusalem. Nach der Enthauptung des Jakobus habe man den abgeschlagenen Kopf Maria gebracht, so dass dieser an der Richtstätte verblieb und schließlich als größter Reliquienschatz heute unter dem Hochaltar der St.-Jakobus-Kathedrale verwahrt wird. Somit müssten die Überreste des Heiligen in Compostela kopflos sein, oder der Jünger Christi hätte zwei Köpfe besessen.

In der Tat hat man Ende des 19. Jahrhunderts in Compostela, nachdem der Wallfahrtsboom abgeflacht war, das Grab des verehrten Apostels und Nationalheiligen geöffnet, die Überreste entnommen und nach einigen Jahren diese in einem kostbaren Schrein in der Krypta der Kirche untergebracht. Den weiter bestehenden Zweifeln an den Legenden und der Authentizität der Knochen setzte dann kein Geringerer als Papst Leo XIII. im Jahre 1884 ein Ende, indem er in einem Hirtenbrief an seine Schäfchen die Verehrung dieses Heiligen in Compostela empfahl.

Umso erstaunlicher war es dann, dass ein Priester und allerdings auch herausragender Kirchenhistoriker, Louis Duchesne – seine dreibändigen Bischofslisten und seine ebenfalls mehrbändige Geschichte der alten Kirche sind auch heute noch einflussreiche Werke der Geschichtswissenschaft – im Jahre 1900 mit kritischer historischer Methode die Zweifel an der historischen Realität des Jakobusgrabes in Spanien zusammentrug, was ihm letztlich Ärger mit seinem obersten Dienstherrn einbrachte. Die

Argumente von Louis Duchesne sind wissenschaftlich nie hinreichend in Frage gestellt oder widerlegt worden; sie sind von den gläubigen Pilgern und den Verantwortlichen in Compostela einfach nicht zur Kenntnis genommen worden, so dass es seit Beginn der 80er Jahre des 20. Jahrhunderts wieder chic wurde, sich auf den Weg nach Compostela zum heiligen Jakobus zu machen.

Die Nachfolger Leos XIII. hatten dann auch weiterhin keine Zweifel an den Überresten des Apostels in Spanien; sowohl Johannes Paul II. (jetzt selbst heilig) als auch Benedikt XVI. haben in Compostela die Überreste des heiligen Jakobus besucht. So verwundert es denn auch nicht mehr, dass 1993 der Jakobsweg als spirituelles Weltkulturerbe von der UNESCO anerkannt wurde.

Der ganze Hype der Pilgerei nach Compostela lässt sich leicht an zwei Zahlen illustrieren: Im Jahre 1978 waren es ganze 13 Pilger, die sich gemäß des vom Domkapitel der Kathedrale von Compostela geführten Pilgerverzeichnisses die erfolgreiche Pilgerfahrt bestätigen ließen, im Jahre 2014 war es etwa die Einwohnerzahl einer mittleren Großstadt, nämlich 237 812.

Der heilige Valentin
Flower Power hoch drei?

Kaum sind die Schokoladenweihnachtsmänner aus den Regalen der Supermärkte weggeräumt, die jetzt nutzlosen Tannenbäume spätestens seit dem 2. Februar entsorgt, Luftschlangen, Böller und Sektflaschen zur Feier des heiligen Sylvesters verschwunden, schon werden die leeren Flächen mit Schokoherzen, in violettem und rotem Stanniol verpackt, und Pralinenschachteln gefüllt. Darüber hinaus prangt an jedem Blumenladen in den bunten Farben des noch nicht eingetretenen Frühlings das Datum des Heiligenfestes und der Name des Heiligen, den man bis vor einem halben Jahrhundert eigentlich noch nicht kannte: 14. Februar – Valentinstag.

Blicke in den aktuellen Heiligenkalender der römischen Kirche, in den des deutschen Sprachgebietes sowie in die Heiligenkalender der umliegenden Bistümer sind vergeblich, verzeichnen diese am 14. Februar doch keinen »Valentin«. Und trotzdem wird ein Aufstand veranstaltet, als gelte es, Martin und Nikolaus auf einen Tag zu feiern.

Der Valentinstag ist einer nach dem Zweiten Weltkrieg aus dem angloamerikanischen Raum importierter Event, wobei dort – denn schon Ophelia spricht in Shakespeares »Hamlet« von ihm[110] – die Valentinsverehrung ähnlich wie in Italien eine längere Tradition hat.

Blicke in die Heiligenlegendenliteratur bereiten dem Leser eine weitere Überraschung: Es gibt zwei Valentine, die jeweils eine weitgehend identische Legende aufweisen. Der erste wirkte als Priester in Rom, und er wurde am 2. Meilenstein der Via Flaminia (das ist die alte Römerstraße von Rom zur Adriaküste) am 14.02.269 enthauptet. Der zweite Märtyrer gleichen Namens war Bischof von Terni im Umbrien, und ihn ereilte das gleiche Schicksal der Enthauptung am 14.2.268 am 63. Meilenstein der gleichen Straße. Ersterer wirkte das Wunder, dass ein blindes Mädchen wieder sehen konnte; der andere heilte wundermäßig einen verkrüppelten Jungen. Beide missionierten und überzeugten viele Menschen vom Christentum.

Der Chronograph von 354 kennt in der Tat einen Valentin, dem Papst Julius I. (337–352) am 2. Meilenstein der genannten Straße eine Basilika errichten ließ. Erst in der »Legenda aurea« wird die Legende des Valentin von Rom ausgeschmückt, durch ein Streitgespräch des Heiligen mit dem Kaiser Claudius Gothicus (268–270: der war jedoch meistens mit seinen Legionen unterwegs, um Alemannen, Goten und Vandalen zu besiegen), der wundersamen Heilung des blinden Mädchens sowie der heimlichen Trauung von Liebenden. Doch Letzteres wird er sicherlich nicht gemacht haben können, entwickelte sich doch die kirchliche Eheschließung erst gut sieben Jahrhunderte später und wurde noch später erst zum Sakrament. Man kann sich also aussuchen, welcher Valentin jetzt für die Blumenhändler, Schokoladenhersteller oder auch Juweliere zuständig ist.

Das Duo der italienischen Heiligen wird derweil sogar zum Trio, weil es einen weiteren heiligen Valentin im 5. Jahrhundert gegeben hat, der als einer der ersten Bischöfe von Passau gewirkt haben und im heutigen Meran an einem 7. Januar verblichen sein soll. Er soll, wie der Heilige aus Terni, gegen Epilepsie helfen. Der nordalpine Valentin avancierte zum Schutzpatron des Bistums Passau, so dass sich im Spätmittelalter die Legenden aller drei miteinander mehr oder weniger vermischten.

Auch die Reliquien der drei – oder waren es nur zwei oder gar nur ein Heiliger? – helfen nicht recht weiter. Der

Kopf des Heiligen aus Rom, er befindet sich heute in der Kirche S. Maria in Cosmedin in Rom, scheint aber nicht vollständig zu sein, da sich in Culm (Chelmno, Polen) in der dortigen Kirche ein Teil des Schädels befindet. (Daher wirbt die Stadt mit dem Slogan, eine Stadt der Verliebten zu sein.[111]) Dieses Stück des Schädels sei von Papst Gregor XV. (1621–1623) einem polnischen Geistlichen im Jahre 1623 geschenkt worden.

Der Kopf des Heiligen aus Terni hingegen soll aus der Kirche von Terni im 12. Jahrhundert entwendet worden und nach Jumièges (Normandie, Pfarrkirche St. Valentin) in Frankreich gekommen sein. In Terni selbst ist wenig von den Gebeinen des Ortsheiligen erhalten. In der Basilika San Valentine gibt es zwar eine aufwändige figürliche Darstellung unter der Altarplatte in Form einer liegenden Bischofsstatue des 17. Jahrhunderts; jedoch ist diese leer. Lediglich ein Beutel am rechten Oberarm enthält die noch vorhandenen Knöchelchen.

Um die Verwirrung vollständig werden zu lassen, gibt es im ehrwürdigen Stephansdom in Wien eine Valentinskapelle aus dem 15. Jahrhundert, in deren Mitte ein Sarg mit den Gebeinen des heiligen Valentin (Terni?) steht.[112]

Zu allem Überfluss liegt derselbe Valentin in der Kirche St. Michael in Krumbach bei Günzburg in Bayern. In der Erkenntnis, dass Valentin von Terni schon in Rom, Wien oder sonst wo liegt, geht man jetzt hier im Schwäbischen davon aus, dass es sich bei dem Heiligen um den aus Rom handelt, der im 18. Jahrhundert nach Krumbach gekommen sein soll. In einem gläsernen Sarg im linken Seitenaltar findet sich ein Valentin, der wie ein Bischof gekleidet ist.[113] Für diesen Valentin ist als wahrscheinlich anzunehmen, dass er 1734 als Katakombenheiliger aus Rom gekommen ist. Katakombenheilige sind aber keine echten Heiligen. Vielmehr resultiert ihre Existenz aus der Geschäftstüchtigkeit der Kurie und des Papsttums, die ab dem 16. Jahrhundert die Katakomben in der Stadt Rom nutzten, um unbekannte Gebeine zu entnehmen, diese mit den vorgefundenen oder auch Fantasienamen zu versehen und den Gläubigen zu präsentieren. Da dies meist vollständige Skelette waren – man hatte ja genügend Vorrat in den zahlreichen Katakomben –, wurden diese bei den Empfängern meist in gläsernen Sarkophagen umfänglich geschmückt zur Verehrung ausgestellt. Den Rekord hält wohl die Stiftsbasilika in Waldsassen (etwa 40 Kilometer östlich von Bayreuth), die insgesamt zehn solcher Skelette vermeintlicher Heiliger zur Schau stellt.[114] Der Kirchenbesuch wird somit durchaus gruselig.

Will man den ganzen Kuddelmuddel ein wenig strukturieren, so wird man zusammenfassend festzustellen haben, dass es mindestens zwei historische Valentine gegeben hat, den von Rom bzw. Terni und den, der in Passau verehrt wird. Sie sind Märtyrer gewesen und daher zur Ehre der Altäre erhoben worden. Ihre Reliquien sind ob ihrer Beliebtheit, die überwiegend aus den wesentlich späteren Legenden resultiert, weitflächig über die westliche Christenheit verstreut, selbst in Irland und Schottland werden solche verehrt. Die weiteren Valentine sind gleichsam spätere Trittbrettfahrer aus den Katakomben Roms.

Nicht zu entscheiden ist, welcher Valentin letztendlich in Wien im Stephansdom liegt, da diese Reliquie bereits aus dem 15. Jahrhundert stammt. Für ihn wird offiziell der von Terni in Anspruch genommen. Der hätte dann aber zwei Köpfe haben müssen.

Mit Blumen, Schokolade, Ehestiftung und Ähnlichem hatten alle Valentine realiter nichts zu tun. Weshalb man sich vielleicht im Zuge der heutigen Gleichberechtigung der Geschlechter auf eine Heilige für diese Gelegenheit und diesen Tag einigen sollte: die heilige Valentina. Dies war eine heilige Jungfrau, die der Legende nach in Palästina um 317 das Martyrium erlitt. Ihr Grab fand sich wohl in den Katakomben Roms.

Auf jeden Fall schenkte Papst Clemens XI. im Jahre 1702 das Skelett dieser Jungfrau einer österreichischen Gräfin, die dann die Ganzkörperreliquie in der Kirche St. Martin in Drosendorf (Niederösterreich an der Grenze zu Tschechien) unterbrachte, wo man heute noch jeweils am 25. Juli ein Valentinafest feiert.

Die Verantwortlichen der Kirche haben bereits die Zeichen der Zeit erkannt und auf ihrer Homepage den Wechsel zu ihrer Katakombenheiligen vollzogen:

In einem barocken Glassarg liegt in kostbaren Gewändern gehüllt die Hl. Valentina. Bemerkenswert ist die kleine Steintafel links vorne im Sarg, auf der der genaue Sterbetag der Toten steht. Daraus konnte man errechnen, daß das Sterbejahr 317 gewesen sein muß. Am 14. Februar, dem Namenstag der HL. VALENTINA, werden auf der ganzen Welt Blumen geschenkt.[115]

Heureka, das wäre es doch! – Man lässt die ganzen männlichen Valentine in der Mottenkiste der Heiligen verschwinden, und es wird nur noch der Festtag der heiligen Valentina am 25. Juli mitten im Sommer gefeiert Dies würde allerdings den Blumenhändlern weniger gefallen, da dann die Blumen billiger wären und ihre Gewinnspanne geringer ausfiele.

Der heilige Nikolaus
Mann mit zwei Gesichtern?

Er ist wohl der weltweit bekannteste Heilige und genießt auch im Revier ganz besondere Beachtung und Verehrung, dies am 6. Dezember, wenn er mit seinem Kumpel Ruprecht Geschenke oder auch eine Rute bringt, um gute Taten zu belohnen und schlechte zu bestrafen, wobei Letzteres eigentlich immer weniger ins Gewicht fällt.

Als Geschenkebringer ist Nikolaus im letzten Jahrhundert zum Weihnachtsmann mutiert, bei den Atheisten zum Väterchen Frost und schließlich in der modernen Konsumgesellschaft zum Marketingexperten und zur Werbefigur mit weißem Rauschebart in rotem Gewande. In der Vorweihnachtszeit laufen Unmengen solcher rotgewandeten Zausel durch die Innenstädte und Kaufhäuser mit Glocken und häufig auch blinkender Zipfelmütze, rufen »Hohoho« oder wünschen »Fröhliche Weihnachten«, als wenn sie leicht beschränkt wären. So kann es nicht verwundern, dass man hier im Pott den Begriff »Weihnachtsmann« zu einer abfälligen Bezeichnung eines Menschen nutzt: Der iss abber en Weihnachtsmann.

Trotz alledem ist die Popularität des heiligen Nikolaus ungebrochen, selbst wenn seine Figur zum Teil bis zur Unkenntlichkeit verändert, ja verballhornt wird. Es erscheint uns keineswegs widersprüchlich, wenn der aus Myra in der heutigen Türkei stammende Bischof heute mit einem von einem rotnasigen Rentier namens Rudolph gezogenen Schlitten durch die Luft saust und die Geschenke durch den Kamin in die Häuser wirft. Der historische Nikolaus wird im mediterranen Klima seiner Wirkungsstätte weder einen Schlitten gekannt noch jemals ein Rentier gesehen haben.

Nikolaus ist das Paradebeispiel dafür, wie sich selbst bei den vorgeblich die Heiligenverehrung ablehnenden Protestanten die traditionelle Begeisterung für einen Heiligen erhalten hat. Die protestantischen Niederländer haben einen 80 Jahre andauernden Krieg gegen die katholischen Spanier im 16. und 17. Jahrhundert geführt, um ihrem reformatorischen Glauben weiter anhängen zu können. Sie haben wie alle reformierten Gläubigen die Heiligen aus ihren Kirchen verbannt – bis auf den heiligen Nikolaus. Sämtliche Bestrebungen seit der Zeit der Reformation, seine Verehrung in den Niederlanden zu beseitigen, sind gescheitert, und noch heute erscheint Sinter Claas – vielfach zu Schiff –, um die Erinnerung an diesen Heiligen aus Kleinasien aufrechtzuerhalten. Lediglich seinen Begleiter, den Zwarten Piet, hat man in letzter Zeit in Frage gestellt.

Auch die Erfindung des Christkindes als Ersatz für den Nikolaus durch Martin Luther konnte den beliebten Heiligen in der Volksgläubigkeit nicht verdrängen. Vielmehr adaptierten im Laufe der Zeit auch die katholischen Gläubigen diese Kunstfigur – eine Art engelsgleiches, jugendliches Wesen –, so dass in Folge am 6. Dezember der Nikolaus und an Weihnachten das Christkind die Geschenke brachten. Im 20. Jahrhundert kam dann der zum Weihnachtsmann mutierte Nikolaus auch noch als Geschenkelieferant an Weihnachten hinzu, so dass wir hier drei Gabenbringer an zwei Festen haben, und die Kinder durchaus singen: »Freu dich, das Christkind kommt bald« und »Morgen kommt der Weihnachtsmann«, nachdem sie am 6. Dezember »Nikolaus komm in unser Haus, pack die große Tasche aus« geschmettert haben.

Der große Reformator hat zwar die Heiligen aus den Glaubensüberzeugungen getilgt, ist aber an dem heiligen

Mann aus Myra gescheitert, wie die Beibehaltung des Nikolausnamens bei vielen protestantischen »Nikolaikirchen« zeigt, bei denen die überzeugten Protestanten dann häufig das »Sankt« weglassen: Die in Dortmund tun das allerdings nicht.[116]

Selbst Martin Luther war, was die Heiligenverehrung in Bezug auf den Nikolaus anging, inkonsequent. Noch in den 30er Jahren des 16. Jahrhunderts hat es nachweislich in seiner Familie Geschenke zu Nikolaus gegeben. Ob hierbei die Familie Luther sich den damals üblichen Gebräuchen beugte oder doch der Nikolaustradition verbunden blieb, ist nicht feststellbar.

Der Beliebtheit des Nikolaus konnte auch nicht schaden, dass die Amtskirche in Rom ihn Ende der 60er Jahre aus ihrem Heiligenkalender gestrichen hat, da seine historische Persönlichkeit nicht gesichert schien. Dies interessierte die Schäfchen der Kirche recht wenig, sie feierten weiterhin den Nikolaustag, genauso wie sie weiterhin die heilige Barbara und den Christophorus verehrten, die mit Nikolaus das gleiche Schicksal teilten.

Mittlerweile mögen Zweifel an der Richtigkeit der Entscheidung der Kirchenoberen erlaubt sein, hat doch die Geschichtswissenschaft erwiesen, dass eine der überlieferten Teilnehmerlisten des berühmten Konzils von Nicäa (325; das ist das Konzil, das uns den variablen Ostertermin beschert hat und das Glaubensbekenntnis), die den Bischof Nikolaus von Myra als Teilnehmer nennt, durchaus als zuverlässig gelten kann, also der heilige Mann nicht hineingeschummelt worden ist.[117]

Man wird mit gebotener Zurückhaltung davon ausgehen können, dass Nikolaus eine historische Persönlichkeit war, die wirklich gelebt hat und zur Zeit Kaiser Konstantins in Myra Bischof gewesen ist. Myra, das heutige

Demre – das liegt etwa 100 Kilometer südwestlich von Antalya –, war um diese Zeit christlich und Bischofsstadt. Dies belegen archäologische Ausgrabungen, die von einem Team der Universität Ankara seit 1988 durchgeführt worden sind. Dabei fand man alte Fresken[118], die Leben und Wundertaten des Heiligen darstellen, darüber hinaus einen aufgebrochenen leeren Steinsarkophag, der nach Auffassung der Ausgräber aller Wahrscheinlichkeit nach der originale Sarg des heiligen Nikolaus ist.

Dass dieser Sarkophag aufgebrochen und leer ist, ist historisch erklärbar. Als der Siegeszug des Islam im 11. Jahrhundert auch Kleinasien überrannte, da waren es italienische Kaufleute aus Bari, die ihn aufbrachen und die die Überreste des Nikolaus in ihre Heimatstadt in Süditalien brachten, um sie vor den Andersgläubigen zu retten. Dort kamen sie am 8. Mai 1087 an, so dass die Stadtbewohner am 9. Mai die heiligen Gebeine zu sehen bekamen. Für die Überreste wurde eine Kirche gebaut und durch niemand Geringeren als den Papst Urban II. (das ist der mit der berühmten Kreuzzugspredigt) eingeweiht. Seit dieser Zeit werden dort an jedem 9. Mai die Gebeine des Nikolaus mit einer Prozession durch die Stadt getragen und verehrt.

Dieser »Diebstahl« wird den Italienern heute noch übelgenommen. Der ehemalige Kultusminister des Kabinetts Erdogan, Ertuğrul Günay, forderte offiziell von der italienischen Regierung die Rückgabe der »geraubten« Gebeine. Die italienische Regierung wies das Ansinnen zurück mit dem Hinweis, dass die Gebeine in eine Kirche gehören, in der sie von christlichen Gläubigen verehrt werden könnten, und nicht in ein Museum, wie es mit der Kirche in Demre geplant sei. Wie der Vatikan auf eine entsprechende Nachfrage nachgeordneter türkischer Stellen reagiert hat, ist nicht bekannt.

Nikolaus ist mittlerweile auch in der Türkei bekannt. Man nennt ihn dort Noel Baba, und er gilt bei den mehr weltlich orientierten Türken als Symbolfigur, um sich am Sylvesterabend zu beschenken. Im islamischen Glauben ist er nicht erwähnt. Es sollen sich Überreste von ihm im Stadtmuseum von Antalya (Antalya Müzesi) befinden.

In Demre ist vor einiger Zeit – weitgehend zur Förderung des Tourismus – die Nikolauskirche als Museum (Noel Baba Müzesi) eingerichtet worden, vor dem man in Laufe der Zeit verschiedene Nikolausfiguren aufgestellt hat.[119] Sie zeigen den Nikolaus als weltbekannten Heiligen, als Weihnachtsmann und schließlich als türkischen Bauern mit Kind und Kegel.

Auch in den orthodoxen Kirchen Russlands und Griechenlands gilt Nikolaus als bedeutendster Heiliger, vielfach noch vor den Heiligen der Bibel. Er ist Schutzpatron Russlands, und sein Bild befindet sich in den Ikonenwänden der orthodoxen Kirchen meist an herausragender Stelle.

Die Frage ist, was ihn so bekannt und beliebt gemacht hat. Obwohl er unter den Christenverfolgungen (des Kaisers Galerius) des beginnenden 4. Jahrhunderts gelitten hatte und wohl auch gemartet worden war, ist er letztendlich friedlich in seinem Bett gestorben und war ähnlich wie der heilige Martin einer der ersten Heiligen, die nicht durch das Martyrium zur Ehre der Altäre erhoben worden sind. Sicherlich hat er ein herausragend gottgefälliges Leben geführt und war durch seine frommen Taten und Wunder wohl schon zu seinen Lebzeiten hochberühmt. Er verteilte sein Vermögen an die Armen, als er bereits im jugendlichen Alter zum Bischof erhoben wurde.

Die Geschichte, der Nikolaus habe drei jungen Frauen, deren finanzielle Situation nicht für die Mitgift einer standesgemäßen Verheiratung ausreichte, ganz stickum drei Goldklumpen zukommen lassen, damit diese nicht gezwungen waren, sich zu prostituieren, ist wohl die bekannteste und hat dazu geführt, dass er ikonographisch regelmäßig mit drei goldenen Kugeln dargestellt wird. Gleichermaßen bekannt ist das sogenannte Kornwunder. Während einer Hungersnot in Myra bat der heilige Bischof die Seeleute eines im Hafen liegenden Schiffes, welches Getreide für Byzanz geladen hatte, um Korn für die hungernde Stadtbevölkerung. Die Schiffsbesatzung ließ sich erweichen, obwohl die Kornladung genau bemessen war. Das entnommene Getreide reichte zur Linderung der Hungersnot zwei Jahre und darüber hinaus für die Aussaat. Als das Schiff dann den Bestimmungsort erreichte, war durch das Gebet des Heiligen die Ladung wieder genauso umfänglich wie ursprünglich.

Weniger bekannt ist das Stratelatenwunder, nicht zuletzt deswegen, weil man mit dem Begriff zunächst mal nicht so recht etwas anfangen kann. Als Stratelaten wurden hohe Offiziere des oströmischen Heeres bezeichnet. Drei von ihnen wurden unschuldig zum Tode verurteilt. In Erwartung ihres baldigen Ablebens riefen sie Bischof Nikolaus an, der daraufhin dem oströmischen Kaiser im Traum erschien und diesen bewog, das Fehlurteil aufzuheben und die drei Feldherren freizulassen.

Dass der heilige Nikolaus Schutzpatron der Seefahrer wurde, liegt daran, dass eine Schiffsbesatzung in einem Sturm, in dem ihr Schiff führerlos trieb und unterzugehen drohte, den heiligen Mann anrief; der erschien auf dem Schiff, beruhigte den Sturm und steuerte das Schiff sicher in den Hafen von Myra.

Eine mehr makabre Legende berichtet von drei Jünglingen, die auf Arbeitssuche an einen Fleischer gerieten, der sie kurzerhand tötete, zerteilte und einpökelte. Der

Heilige kam zu diesem fürchterlichen Mann und verlangte, von dem gepökelten Fleisch zu essen. Als er die Grauseligkeit erkannte, erweckte er die drei Jungen wieder zum Leben.

Im Laufe der Jahrhunderte sind viele weitere Erzählungen über Wunder hinzugekommen, die der Bischof zu seinen Lebzeiten bewirkte oder die posthum an seinem Grab geschehen waren. Herausragt das Grabeswunder, dass nämlich am 9. Mai in Bari aus seinem Grab eine Flüssigkeit entnommen – in der Regel wenige Milliliter – werden kann, die dann, nach Art der Homöopathie in Weihwasser großzügig verdünnt, an die Gläubigen verteilt werden kann, was im Übrigen auch heute noch passiert.

Wie dem auch sei, die Verehrung des heiligen Mannes breitete sich in der orthodoxen Kirche schon in der Spätantike und im frühen Mittelalter aus. Er wurde unter anderem Schutzpatron der Russen und zahlreicher Berufsstände. Sein Patronat über die russischen Schnapsbrenner hat sogar bewirkt, dass sein Name in der russischen Sprache mit dem Begriff des »sich Betrinkens« verbunden ist: nikolitjsja.[120]

Auch in den westlichen Kirchen hat man den heiligen Nikolaus häufig zum Schutzpatron erwählt. Er hält seine schützende Hand über Lothringen, natürlich über Bari in Italien, Meran, Amsterdam und New York (da dies von Niederländern als »Neu Amsterdam« begründet wurde). Auch in Alicante wird er als Schutzpatron verehrt und durch eine jährliche Prozession am 6. Dezember gefeiert, die von der Kathedrale San Nicolas ausgeht.

Auch in unserer Region hat die Nikolaus-Verehrung eine ungeheuer lange Tradition. Niemand Geringerer als der heilige Liudger, der Begründer des Bistums Münster, hat bereits vor 800 im münsterländischen Billerbeck eine Nikolauskirche errichtet[121], die dann später nach ihm selbst als Ludgeruskirche benannt wurde.

So richtig in Schwung kam die Nikolausverehrung jedoch erst mit Theophanu, der byzantinischen, im orthodoxen Glauben aufgewachsenen Prinzessin, Ehefrau Kaiser Ottos II., die gleichsam die Verehrung des Nikolaus als herausragendem Heiligen aus Byzanz mitbrachte und im Reiche Ottos II. verbreitete. Diese tatkräftige und einflussreiche Frau regierte als Kaiserin nach dem Tode Ottos II. für ihren minderjährigen Sohn Otto III. das Reich und hat sicherlich in Bezug auf ihre Begeisterung für Nikolaus auf ihre Kinder wie auch später auf ihre Enkelkinder entsprechend eingewirkt, wie Mütter respektive Großmütter dies zu tun durchaus in der Lage sind.

Eine von Theophanus Töchtern, Sophia, und ihre Enkelin ebenfalls mit Namen Theophanu, wurden Äbtissinnen im Stift Essen, wobei Letztere zu den bedeutendsten Frauen an der Spitze des Stiftes zählte. So ist es nicht verwunderlich, dass die Verehrung des Lieblingsheiligen von Großmutter und Mutter hier in der Region sich ausgebreitet hat. Dies lässt sich sowohl daran erkennen, dass Nikolaus in allen möglichen Lebenslagen um Hilfe angerufen und schon sehr bald zu den 14 Nothelfern gezählt wurde, als auch daran, dass in der zweiten Hälfte des 11. Jahrhunderts von der Essener Äbtissin Swanhild (der direkten Nachfolgerin der Theophanu) im heutigen Essen-Stoppenberg eine St.-Nikolaus-Kirche[122] begründet, gebaut und vom Kölner Erzbischof Anno II. geweiht wurde.[123]

In Bezug auf die Gebeine des Heiligen wird regelmäßig der Reliquienraub der Kaufleute aus Bari von 1087 herangezogen, in der Überzeugung, dass diese das gesamte Skelett aus dem in Myra aufgebrochenen Sarkophag hatten mitgehen lassen. Im Jahre 1953 schließlich hat man den Sarkophag in Bari geöffnet und musste überrascht feststellen, dass die dort vorhandenen Gebeine wenig vollständig waren. Neben dem Schädel, der an der linken Kieferseite Beschädigungen aufwies, waren es nur wenige Skelettreste, die man dokumentieren konnte.[124] Die dabei erstellten Unterlagen und Röntgenbilder wurden dann im 21. Jahrhundert genutzt, um das Erscheinungsbild des heiligen Mannes zu rekonstruieren, und zwar zum einen in der westlichen Hemisphäre und zum anderen unabhängig davon in Russland. Übereinstimmend stellte man fest, dass es sich um einen verhältnismäßig kleinen Mann von ca. 1,60 Meter gehandelt haben muss, allerdings mit einem auffallend dicken Kopf.

Die Rekonstruktion des Nikolaus-Gesichtes mit modernen kriminalistischen Methoden führte allerdings zu wenig übereinstimmenden Ergebnissen: Selbst als Laie kann man sich kaum vorstellen, dass die beiden Rekonstruktionen den gleichen Schädel als Vorlage benutzt haben. Das mag daran liegen, dass nur Fotos, Röntgenbilder und Vermessungen zugrunde gelegt werden konnten.

Der Befund jedoch, dass in Bari nur ein geringer Teil der Gebeine vorhanden ist, macht die Suche nach dem Rest spannend. Zunächst ist davon auszugehen, dass in Konstantinopel, wo schon früh die Nikolausverehrung einsetzte, entsprechende Reliquien vorhanden waren. Auch die orthodoxe Kirche kam bei Kirchengründungen nicht ohne solche aus. Außerdem hat Theophanu, als sie zu ihrer Verheiratung mit Otto II. gen Westen zog, sich ganz offensichtlich einen kleinen Vorrat von Reliquien ihres Haus- und Hofheiligen mitgenommen. Anders lassen sich die Nikolausreliquien im Rheinland wohl kaum erklären. Wir wissen davon, dass sie zum Beispiel die Kirche St. Pantaleon in Köln, in der Theophanu bestattet worden ist, mit einer Nikolausreliquie ausstattete. Auch als ihre Tochter Mathilde zusammen mit ihrem Gatten Ezzo in Brauweiler auf dem linken Niederrhein eine Benediktinerabtei gründete, wurde diese nach dem heiligen Nikolaus benannt. Von Papst Benedikt VIII. (1012–1024) erhielt sie anlässlich der Weihe Reliquien des Heiligen. Nach Caesarius von Heisterbach hat es sich um einen Zahn und einen Finger gehandelt. Also muss davon ausgegangen werden, dass – bereits gut ein halbes Jahrhundert vor dem Diebstahl in Myra – Nikolausreliquien sowohl in Byzanz und Rom als auch im Rheinland vorhanden waren.

Hinzu kommt, dass die Venezianer im Verlauf des 1. Kreuzzuges – also gut ein Jahrzehnt nach der Aktion der Kaufleute aus Bari – aus Myra erneut die Gebeine des heiligen Nikolaus bargen und nach Vendig brachten. Sie erbauten Kirche und Kloster San Nicolo am Lido und machten den Nikolaus zum Schutzpatron ihrer Flotte und damit zur entscheidenden Figur bei der symbolischen Vermählung Venedigs mit dem Meer.

Weitere Überreste des heiligen Mannes finden sich in Fribourg (Schweiz) in der Kathedrale St. Nikolaus. Hier wird ein Oberschenkelknochen in einem Schrein aus dem Jahre 1514 verehrt, der ebenfalls von den Türken zurückgefordert wird. Besonders beliebt und heute noch gefeiert wird die Armreliquie in Saint Nicolas de Port, einem kleinen Ort etwa 12 Kilometer südwestlich von Nancy. Am 6. Dezember wird sie in einem bunten Umzug mit geschmückten Wagen durch die Stadt gefahren. Es wird eine Kirmes veranstaltet und ein Feuerwerk abgebrannt. Das Gleiche passiert noch einmal am Pfingstmontag.

In Halberstadt existiert ein weiterer Finger, allerdings in einem Armreliquiar verpackt. Insofern ist der gute Nikolaus ausgiebig über die Regionen verteilt, in denen er besondere Verehrung genießt. Er soll in Gänze an drei Stellen begraben sein, zunächst in Myra, von wo man ihn nach rund 700 Jahren gestohlen und nach Bari umgebettet hat. Vermutlich haben die Bareser dabei nur noch den Rest der Gebeine erwischt, da man sich zuvor wohl schon hinlänglich bedient hatte. Zum dritten haben die Veneziianer ihn aus Kleinasien mitgehen lassen und in Venedig bestattet. Wieviel sie von dem Heiligen mitbekommen haben, lässt sich nicht eindeutig sagen.

Fest steht: Der heilige Nikolaus ist der beliebteste Heilige der gesamten Christenheit – noch vor den Aposteln und heiligen Personen der Bibel – und der einzige, der in der Vorweihnachtszeit millionenfach als Schokoladenfigur in buntbedruckter Metallfolie in den Regalen der Supermärkte steht und von Kindern wie von Erwachsenen mit pseudokannibalistischem Vergnügen in großen Mengen verzehrt wird.

Aufgrund seiner jahrhundertealten Bedeutung und aufgrund seiner Verehrung durch die gläubigen Christen hat er es wahrlich nicht verdient, als Reklamefuzzi mit Zipfelmütze und rotnasigem Rentier verulkt zu werden.

6. Die Heilige Familie

a) Der heilige Joseph
Ziehvater des Herrn

Der heilige Joseph als Ziehvater des Erlösers spielt im Neuen Testament eine wenig ausschlaggebende Rolle und verschwindet sang- und klanglos nach den kargen Berichten über die Jugend Jesu. In der theologischen Literatur hat man verschiedentlich über ihn spekuliert, da im Evangelium des Matthäus von Geschwistern des Herrn die Rede ist: *Ist das nicht der Sohn des Zimmermanns? Heißt nicht seine Mutter Maria und sind nicht Jakobus, Josef, Simon und Judas seine Brüder? Leben nicht alle seine Schwestern unter uns?* (Matthäus 13,55f.) Man interpretierte diese Stelle aufgrund der unbefleckten Empfängnis Mariens und ihrer andauernden Jungfernschaft unter anderem dahingehend, dass Josef vor seiner Verlobung mit Maria bereits eine Ehe hinter sich gehabt hatte und aus dieser Ehe die Halbgeschwister des Herrn hervorgegangen waren.

Ansonsten stand Joseph für die Verehrung als Heiliger weitgehend nicht im Fokus des Interesses, so dass er erst von den Mönchen der Bettelorden (Minderbrüder) im 13. Jahrhundert einen Platz im Pantheon der Heiligen gefunden hat. Es gibt weder direkte Überreste von ihm, die man hätte verehren können, noch Berührungsreliquien. Sein Zimmermannshammer hätte sicherlich eine entsprechende Verehrung erfahren wie zum Beispiel der Mantel des heiligen Martin. Der bescheidene Handwerker genoss dennoch bei den kleinen Leuten eine immerwährende Verehrung, so dass Papst Sixtus IV. im Jahre 1479 den 19. März als seinen Heiligentag verbindlich festlegte.

Seine weitgehend marginale Rolle in der Bibel ist für das Mittelalter wenig real. So bezieht sich Jacobus de Voragine in seiner »Legenda aurea« auf die apokryphen Evangelien des Pseudo-Matthäus (aus dem 7. Jahrhundert) und weist Joseph bei der Geburt des Heilands eine durchaus aktive Rolle zu: Als die Geburt nahte, holte er zwei Hebammen herbei, die aber erst den Stall in Bethlehem erreichten, nachdem das Christuskind geboren worden war. Die eine überprüfte ganz pragmatisch, dass Maria auch nach der Geburt noch Jungfrau war. Ihre Kollegin namens Salome konnte diesen Befund nicht glauben und überzeugte sich von der Aussage ihrer Kollegin, mit dem Erfolg, dass die untersuchende Hand verdorrte. Erst durch die Berührung des Jesuskindes wurde die Hand wieder gesund. Joseph beteiligte sich durchaus aktiv an der Versorgung des göttlichen Säuglings. Er kochte Brei und wusch Windeln.

Seine Karriere als Heiliger begann im 19. Jahrhundert, als sich im Zuge der Industrialisierung das Arbeiterproletariat mehr und mehr seiner Verehrung zuwandte und ihm auch im Revier eine Vielzahl von Kirchen geweiht wurde: in Bochum, Bottrop, drei in Duisburg, fünf in Essen (Frintrop, Kupferdreh, Katernberg, Kray und Steele), drei in Gelsenkirchen (eine davon auf Schalke), Gladbeck, Mülheim, drei in Oberhausen (Styrum, Buschhausen und Schmachtendorf) und eine Witten.

Unter Pius IX. wurde er zum Patron der Kirche, und 1937 machte Pius XI. ihn zum Patron derjenigen, die gegen den Kommunismus kämpften. Pius XII. setzte noch eins drauf und erklärte 1955 den 1. Mai zum Fest »Joseph der Arbeiter« und schuf damit die katholische Entsprechung zum Tag der Arbeit.

b) Die heilige Anna
Oma des Jesuskindes

Die heilige Anna wird in der Bibel als Mutter der Gottesgebärerin nicht einmal erwähnt. Das liegt daran, dass in den Evangelien in der Genealogie Jesu bei Matthäus (1, 1–17) und Lukas (3,23–38) nur der Mannesstamm, also die Vorfahren des Joseph, gelistet wird. Die Gleichberechtigung war zu der Zeit noch nicht erfunden.

Lediglich einige Texte, die nicht den einen biblischen Kanon aufgenommen wurden, die Apokryphen, berichten über die Geburt Mariens und deren Eltern Anna und Joachim. Diese lebten wohl zwei Jahrzehnte in frommer, aber kinderloser Ehe, bevor Anna schwanger wurde und Maria gebar. Nach einer anderen Überlieferung hat Anna ihren Ehemann überlebt und ist zwei weitere Ehen eingegangen mit Männern namens Keophas und Salomas, denen sie jeweils eine Tochter schenkte.

Abgesehen von der Tatsache, dass Anna selbst für die damalige Zeit in höchst fortgeschrittenem Alter noch Kinder gebar, erfährt man wenig mehr über Leben und Wirken der Mutter Mariens. So ist es nicht weiter verwunderlich, dass sie in den ersten Jahrhunderten des Christentums schlichtweg keine Verehrung gefunden hat. Erst im 6. Jahrhundert wurde ihr in Konstantinopel eine Kirche geweiht, und erst die Eroberung des Heiligen Landes durch die Kreuzfahrerheere des 1. Kreuzzuges und das damit verbundene Auffinden von biblischen Stätten initiierten die Verehrung dieser Frau als Heilige.

Avda, Witwe des Balduin, nach Gottfried von Bouillon (der hieß wirklich so und war keineswegs der Erfinder der Kraftbrühe) erster Königs von Jerusalem (1100–1118), fand am Teich von Bethesda das Wohnhaus von Anna und

Joachim und ließ an dieser Stelle eine Kirche errichten. Die später entstehenden Viten und Legenden berichten von Wundern, die nach Annas Tod geschahen, und machten somit auch ihre Verehrung im Abendland bekannt.

Quasi zur Modeheiligen wurde Anna im 15. und 16. Jahrhundert, in denen auch erste Reliquien von ihr im Abendland auftauchten, zum Beispiel ihr Haupt in Düren. Dorthin gelangte die Reliquie im Jahre 1500 durch Diebstahl. Ein Steinmetzgeselle, der in der Stephanskirche zu Mainz Reparaturen auszuführen hatte, ließ vom dort verehrten Haupt der heiligen Anna einen Teil der Schädelkalotte »mitgehen« und nahm sie mit nach Düren. Die bestohlenen Mainzer wandten sich an Papst Julius II. und auch Kaiser Maximilian, jedoch letztendlich ohne jeden Erfolg. Man war wohl wieder der Meinung, die Heilige hätte die Entwendung ihrer heiligen Knochen verhindert, wenn sie dies nicht gewollt hätte. So blieb dieser Überrest der heiligen Anna am linken Niederrhein und zahlte sich dort aus, da man daraufhin begann, zu ihr zu wallfahren, was im Übrigen bis heute andauert.[125]

Sehr bald – aus welchen Gründen auch immer – wurde sie zur Schutzpatronin der Bergleute. Der bedeutendste Ort im sächsischen Silberbergbau wurde nach ihr »Annaberg« benannt. Dort wurde seit der zweiten Hälfte des 15. Jahrhunderts planmäßig Silbererz abgebaut. Die Kirche in Annaberg war natürlich der heiligen Anna geweiht, und der berühmte Adam Riese verbrachte dort seine zweite Lebenshälfte als Bergbeamter.

Die Fangemeinde war allerdings nicht nur unter den Bergleuten groß, sondern auch herausragende Persönlichkeiten ließen ihr besondere Verehrung zukommen, allen voran Kaiser Maximilian, den man auch als den letzten Ritter bezeichnet hat.

Als der junge Martin Luther auf einer Reise von einem schweren Gewitter überrascht wurde und um sein Leben fürchtete, betete er zur heiligen Anna und gelobte, in ein Kloster einzutreten, wenn sie ihn aus dieser Gefahr erretten würde. Er hat das Gewitter überstanden und ist dann etwas mehr als zwei Wochen später tatsächlich Augustinermönch geworden. Warum er in der Gefahr gerade die Mutter Mariens angerufen hat, ist leicht erklärt: Im Elternhause der Familie Luther wurde die heilige Anna besonders verehrt, war der Vater doch Bergmann und Bergwerksbesitzer im kaum mehr als zehn Kilometer von Annaberg entfernten Mansfeld, wo Kupfererz abgebaut wurde. Damit ist einleuchtend, dass Luther in Gefahr die in der Familie bevorzugte heilige Anna angerufen hat, die dann auch allgemein für die Abwendung von Gefahren durch Gewitter angerufen wurde. Obwohl der Reformator späterhin nichts mit den Heiligen im Sinn hatte, so hat doch seine Lieblingsheilige ihn letztendlich bewogen, in den geistlichen Stand des Mönchtums zu treten, mit den bekannten Folgen.

Für unsere einstmalige Bergbauregion ist es natürlich nicht weiter verwunderlich, dass sich hier eine Vielzahl von Annakirchen findet, so in Essen-Altendorf (mittlerweile entweiht und soll abgerissen werden), Bochum, Gelsenkirchen-Schalke (seit 2007 geschlossen), Duisburg-Neudorf und Dortmund. Weitere finden sich in Ratingen, Lintorf und Krefeld.

Warum sich die heilige Barbara als Schutzpatronin der Bergleute hier im Revier durchgesetzt hat, an Stelle von Anna, ist oben bereits geklärt worden.

c) Die heilige Maria Magdalena
Flamme vom Chef

Im Neuen Testament begegnen uns im Leben Jesu vornehmlich zwei namentlich genannte Frauen: zum einen seine Mutter Maria; zum anderen Maria Magdalena, die Sünderin. Seine Mutter Maria begleitet ihn auf allen Stationen seines Lebens; heute würde man sagen, er ist, wie es häufig bei männlichen Einzelkindern vorkommt, »mutterzentriert«. Maria umsorgt ihren Sohn selbst im Erwachsenenalter und steht an seiner Seite. Maria Magdalena hingegen wird in der Ikonographie, in der Kunst und im allgemeinen Volksglauben vornehmlich als reuige Sünderin angesehen – häufig auch als »leichtes Mädchen« –, die ihren Lebenswandel bereut und Jesus nachfolgt. Diese Sichtweise beruht auf einer etwas seltsamen Textkonstellation in den Evangelien. Bevor Maria Magdalena namentlich genannt wird, steht die Geschichte der namentlich nicht genannten Sünderin, die Jesus mit ihren Tränen die Füße wäscht und mit ihren Haaren trocknet (Lk 7,36–50). Dann erst wird im folgenden Kapitel Maria Magdalena im Gefolge des Herrn genannt:

In der folgenden Zeit wanderte er von Stadt zu Stadt und von Dorf zu Dorf und verkündete das Evangelium vom Reich Gottes. Die Zwölf begleiteten ihn, außerdem einige Frauen, die er von bösen Geistern und von Krankheiten geheilt hatte: Maria Magdalena, aus der sieben Dämonen ausgefahren waren, Johanna …, Susanna und viele andere. Sie alle unterstützten Jesus und die Jünger mit dem, was sie besaßen. (Lk 8,1-3).

Dieser Text lässt sich nur dahingehend interpretieren, dass in Schar der Jünger eine bunte Mischung von Männlein und Weiblein vorhanden war. Würde man sie in der heutigen Zeit ansprechen wollen, so formulierte man wie die Politiker: Liebe Jüngerinnen und Jünger! Allerdings geht aus diesen wenigen Sätzen auch mehr als deutlich hervor, dass die weibliche Anhängerschaft andere Aufgaben zu erfüllen hatte. Sie war ganz offensichtlich zuständig für die Essensversorgung, für Waschen, Kochen, Bügeln, Bettenmachen, während sich die männlichen Vertreter um die wesentlichen Dinge kümmerten wie das Evangelium zu predigen, Wunder zu wirken und dem Herrn nachzufolgen. Geht man weiterhin davon aus, dass es sich bei der Jüngerschar um ausgewachsene Männer im besten Mannesalter gehandelt hat, mit einer natürlichen Zuneigung zum weiblichen Geschlecht, so wird man sicherlich nicht fehlgehen mit der Annahme, dass es unter ihnen eheliche, vielleicht auch außereheliche Beziehungen gegeben hat, mit welchen Folgen auch immer.

Die »erste Geige« in der Frauenfraktion spielte auf jeden Fall Maria Magdalena als wohl treuste Anhängerin des Herrn. Sie war gemeinsam mit der Mutter Maria bei seiner Kreuzigung zugegen und auch beim Begräbnis, während die männlichen Vertreter der »Jesusfraktion« ängstlich beiseite standen. So ist es dann auch nicht weiter verwunderlich, sondern eigentlich nur folgerichtig, dass der auferstandene Christus zuallererst eben Maria Magdalena erscheint und ihr somit eine entscheidende Rolle in der Ostergeschichte zuweist.

Dass die Gemeinde der Christgläubigen dieser vom Menschen Jesus geschätzten Frau letztlich in der Heiligenverehrung so wenig Beachtung schenkte, lag daran, dass man sie schon in den frühchristlichen ersten Jahrhunderten identifizierte mit der zuvor genannten Sünderin mit der halbseidenen Vergangenheit. Zementiert wurde diese falsche Zuschreibung von kirchlicher Seite

Ende des 6. Jahrhunderts durch Papst Gregor I., den man den Großen nannte (590–604), der diese Gleichsetzung in die Lehre der Kirche aufnahm. Gleichsam rehabilitiert wurde Maria Magdalena erst im 20. Jahrhundert im Zuge des Zweiten Vatikanischen Konzils und von dem Makel der Frau »mit Vergangenheit«, der ihr mehr als ein Jahrtausend zugewiesen war, befreit.

In den Apokryphen und in anderen Überlieferungen erscheint sie eher als Lebensgefährtin des Herrn. Dies wird insbesondere bei den Berichten über Kreuzigung, Tod und Auferstehung des Herrn in den Evangelien deutlich. Dies mag an einem Zitat aus der Bibel dokumentiert sein, welches im Zusammenhang mit der Kreuzigung steht:

Auch viele Frauen waren dort und sahen von Weitem zu; sie waren Jesus seit der Zeit in Galiläa nachgefolgt und hatten ihm gedient. Zu ihnen gehörten Maria aus Magdala, Maria, die Mutter des Jakobus und des Josef, und die Mutter der Söhne des Zebedäus. (Mt 27, 55-56).

Die Anhängerschaft des Herrn war also zu einem durchaus bedeutenden Teil weiblich. An ihrer Spitze fanden sich keine Girlies, sondern durchweg gestandene Frauen und Mütter, die – wie man hier so schön sagt – den Laden am Laufen hielten. Und Maria Magdalena war eindeutig die bedeutendste Frau in der weiblichen Fangemeinde und hatte wohl eine besondere Nähe zu Jesus.

Über ihre Rolle ist im Laufe der Jahrhunderte viel gelehrte und auch weniger profunde Tinte verschrieben und eine Menge spekuliert worden. Sie erscheint uns nach der zugegeben subjektiven Auswahl aus den Berichten der Bibel als bodenständige, pragmatische Frau, die die täglichen Erfordernisse sah, die nicht nur dafür sorgte, dass was Ordentliches auf den Tisch kam, sondern die auch darauf achtete, dass ihr Herr und Meister saubere Socken trug und das Gewand keine Essensflecken aufwies. Wenn sie auch noch hübsch anzusehen gewesen ist, dann kann man sicherlich gut verstehen, dass sie die Lieblingsjüngerin des Herrn war. Einen solchen Typ Frau wie Maria Magdalena kennt und schätzt »Mann« im Revier.

Erst die Männergesellschaft der frühen (nur der frühen?) Jahrhunderte des Christentums hat die Rolle der weiblichen Wesen – mit Ausnahme Mariens – minimiert, getreu ihrem Motto: »mulier taceat in ecclesia« (1. Kor., 1, 34); (in der bottropischen Übersetzung in etwa: »Ne Frau hat inner Kirche nix zu melden.«).

Die Annahme der – dann selbstverständlich ehelichen – Verbindung von Maria Magdalena und Jesus literarisch verwurstet hat Dan Brown in seinem Welterfolg »Das Sakrileg« (Da Vinci Code). Er weist in seinem Roman der aus dieser Ehe hervorgegangenen Tochter Sarah die Rolle der »Urmutter« einer Geschlechterfolge zu, die über die merowingischen Könige bis in die Neuzeit reichte.

Diese Idee einer so weit zurückreichenden Genealogie ist allerdings nicht neu; schon Kaiser Maximilian I. hatte zwei maßgebliche Gelehrte seiner Zeit beauftragt, eine Genealogie der Habsburger zu erstellen. Der eine kam auf Caesar als dem Urvater der Kaiserfamilie, scheiterte aber letztendlich an den merowingischen Königen, die er dann fröhlich zusammenfälschte. Also wurde die Geschlechterfolge des zweiten Gelehrten genommen, der »schlüssig« als Ahnherrn der Habsburger Noah und seine Nachkommen erwies. Diese Ahnentafel ist heute noch auf Schloss Tratzberg in Tirol zu besichtigen.

Dan Browns Ideen, den heiligen Gral mit der Gebärfähigkeit Maria Magdalenas gleichzusetzen und ihre sterblichen Überreste auf dem Tempelberg in Jerusalem finden zu lassen, waren allerdings neu und sorgten selbst für ein

Rauschen im Blätterwald der Geschichtsforschung. Ausgangspunkt seiner Idee war Leonardo da Vincis Gemälde »Das Abendmahl«, bei dem die Person, die rechts neben Jesus sitzt, deutlich weibliche Züge aufweist und wohl auch durch einen helleren Teint auffällt. In dieser Person sieht er nicht einen der Apostel, sondern eben Maria Magdalena, womit der gute Leonardo Dreh- und Angelpunkt von Dan Browns Geschichte wird. Wie dem auch sei, das Buch hat sich gut 80 Millionen Mal verkauft.

Maria Magdalenas Verehrung als Heilige hat der ganze Rummel um dieses Buch allerdings keinen Auftrieb gegeben. So ist sie auch bei den Kirchenpatrozinien des Reviers höchst mager vertreten. Kirchen, die ihren Namen tragen, finden sich in Wattenscheid-Höntrop und in Dortmund-Lütgendortmund. Die Kirche und das Patrozinium in Höntrop stammen bereits aus dem hohen Mittelalter, sind also alt.

Auch mit Maria Magdalenas Überresten ist es mager bestellt. Erst die »Legenda aurea« berichtet darüber einiges. Der Legende nach soll sie von bösen Menschen in ein Schiff ohne Steuer und Segel gesetzt, dem Meer überantwortet worden und so nach Südfrankreich gelangt sein, so dass ihre sterblichen Überreste in einem Kloster in Vézelay oder auch in der Kirche von Saint-Maximin-le-Sainte-Baume liegen. Die Kirche Ste.-Marie-Madeleine in Vézelay gehört mittlerweile zum UNESCO-Weltkulturerbe. In Baume wird noch heute als Touristenattraktion und Wallfahrtsziel auf dem Weg nach Santiago de Compostela eine Grotte gezeigt, in der Maria Magdalena als Eremitin gelebt haben soll, und die Kirche La Madeleine in Paris auf dem Montmartre kennen die meisten.

Nachwort
Das Heilige und das Profane

Obwohl wir heute manchmal geneigt sind, vom dunklen Mittelalter zu sprechen, so bewundern wir doch dessen großartige Architektur, die sich uns vornehmlich in Kirchen und Domen erschließt. Wir besuchen mit großer Freude Mittelaltermärkte und klettern mit Begeisterung durch mittelalterliche Burgruinen, die ganze Landschaften geprägt haben, wie zum Beispiel das mittlere Rheintal.

Wenn man sich mit der mittelalterlichen Geschichte etwas intensiver beschäftigt hat, so führt man eine Reihe von Dingen an, die diese Zeit hervorgebracht hat und die uns heute noch alltäglich vertraut sind. Es beginnt mit unserem Kalender und den beweglichen kirchlichen Festen wie Ostern und Pfingsten; selbst die Terminierung des Weihnachtsfestes auf den 25. Dezember und der Jahreswechsel zum 31. Dezember hat sich erst im Laufe des Mittelalters durchgesetzt; selbst unsere Zählweise der Jahre nach Christi Geburt ist eine ›Erfindung‹ des Mittelalters, wobei uns dabei nicht einmal stört, dass wir heute sicher wissen, dass der ›Erfinder‹, Dionysius Exiguus, sich um ein paar Jahre verrechnet hat; genauso wenig wie wir realisieren, dass die Geschehnisse zu Christi Geburt, wie sie in den Evangelien berichtet werden, sicher nicht im Winter stattgefunden haben.

Wir verdanken dem Mittelalter profunde Erfindungen wie das Buch in seiner heutigen Form, die Schubkarre, Knopf und Knopfloch, Schnaps und andere auch heute noch gebräuchliche Dinge des Alltags, aber eben auch die ›Erfindung‹ der christlichen Heiligen und deren Verehrung. Deren Legenden und Wunder, vor allem deren Aufgaben und Funktionen im christlichen Leben erscheinen in unserer Wirklichkeit, in der Zeit des pragmatischen Realismus, seltsam fremd und vielfach wenig nachvollziehbar, manchmal vielleicht auch einfältig. Wenn man sich jedoch einmal die Praxis des christlichen Glaubens des Mittelalters bis eigentlich in unsere Zeit vergegenwärtigt, also die Religionsausübung der ›Mustermanns‹ vergangener Zeiten, so ergibt sich eine völlig andere Sichtweise.

Die Religion, zu der man missioniert oder in die man hineingeboren wurde, begründete sich in einem Buch, das in einer unbekannten Sprache geschrieben wurde, und einem allmächtigen Gott, der in einem weit entfernten und unbekannten Land durch die Lehren seines Sohnes gewirkt hatte. An der Ausübung des Ritus hatte man keinen oder nur wenig Anteil, da er in einer Sprache gehalten wurde, der ›Otto Normalverbraucher‹ des Mittelalters nicht mächtig war. Hinzu kam sicherlich auch, dass die Institution der Religion, die Kirche, nicht nur Eigentümer des Grund und Bodens war, auf dem man lebte, sondern dass man dieser auch hörig war, also leibeigen.

Ein Blick auf die unsrige Region mag dies, ohne dass dabei auch nur annähernde Vollständigkeit angestrebt wird, hinreichend belegen. Den größten Grundbesitz mit den dazugehörenden Menschen besaß von alters her die Abtei Werden, deren erhaltene Güterverzeichnisse sich auch heute fast wie ein Ortsverzeichnis des Ruhrgebiets lesen. Entsprechendes gilt für das Stift Essen, dessen Äbtissin dem Reichsfürstenstand angehörte und das Sagen im westlichen Ruhrgebiet hatte. Weniger einflussreich waren die Zisterzienserinnen in Duissern bei Duisburg, Saarn bei Mülheim und Sterkrade, heute Oberhausen); dennoch konnten die Damen von dem ihnen gehörenden Grund und den darauf sitzenden Leuten verhältnismäßig gut leben. Hinzu kommen noch die Ordensritter, die in mönchähnlichen Gemeinschaften, in Kommenden, zusammenlebten und ihren Lebensunterhalt aus ihrem meist von Hörigen bewirtschafteten Grundbesitz bestritten. Allein der Deutsche Ritterorden hatte hier in der Gegend drei solcher Einrichtungen, und zwar in Duisburg, Welheim (heute Bottrop) und Brackel (heute Dortmund), die alle bis zum Beginn des 19. Jahrhunderts Bestand hatten. Die uns erhaltenen Urkunden der Kommende Welheim zum Beispiel beinhalten zu einem nicht unerheblichen Teil Veräußerungen oder Tausch von Grundstücken samt den dazugehörenden Menschen.

Selbst nachdem Martin Luther sein epochales Werk der Übersetzung der Bibel ins Deutsche vollendet und verbreitet hatte, änderte dies nichts Grundlegendes am Verhältnis der ›kleinen Leute‹ zur alles bestimmenden Religion, da die wenigsten zu lesen und zu schreiben im Stande waren, da eine Schulbildung, die dieses hätte vermitteln können, nicht vorgesehen war. Erst Mitte des 18. Jahrhunderts konnte man sich zu einer allgemeinen Schulpflicht durchringen, bei der aber nur die rudimentärsten Bildungsinhalte vermittelt werden konnten.

Unter den hier nur grob und kurz skizzierten Lebensbedingungen der Altvorderen war es klar, dass diese wenig mit dem mehr oder weniger abstrakten Gott des Heiligen Landes anzufangen wussten. Heilige jedoch, die gelebt hatten und zum Wohle der Menschen mit Hilfe Gottes Wunder gewirkt und den Menschen im Jammertal ihres irdischen Lebens geholfen hatten, die waren durch ihr heiligmäßiges Leben und ihre wundertätige Hilfe präsent. Ihnen waren bestimmte Aufgaben und Bereiche zugeordnet, so dass man im Bedarfsfall gleichsam einen zuständigen Spezialisten anrufen konnte, der aufgrund seines

Heiligseins bereits im Angesichte Gottes stand und dessen Ohr hatte. Somit waren die Fährnisse des Lebens durch die diversen Heiligen abgedeckt; die dann diese durch ihre Anrufung von vornherein vermieden oder gleichsam als Nothelfer bereitstanden, wenn das Unglück eingetreten war. Es waren fassbare Individuen, von denen man sich ein Bild machen konnte, das diese unverkennbar charakterisierte. Als Beispiel seien hier die beiden Antoniusse angeführt; der Eremit aus Ägypten, zuständig für das Gedeihen des Viehs, wird als männliche Figur mit Schweinen dargestellt; der italienische Antonius, der mit dem Jesuskind auf dem Arm, war zuständig ist für das Wiederfinden von verlorenen Sachen. Der heilige Rochus schützt vor der Pest, und der Segen des heiligen Blasius verhindert, dass beim Verzehr von Fisch eine Gräte im Hals steckenbleibt und man erstickt.

Die Heiligen sind also Teil des gelebten Glaubens und sicherlich ein maßgeblicher Bestandteil der Lebensbewältigung unserer Altvorderen. Insofern steht es uns nicht an, ausschließlich mit technokratischem Realismus die Heiligenverehrung zu betrachten. Wir haben für jedes Zipperlein eine Pille und sind nicht nur allein durch den technischen Fortschritt in vielen Bereichen annähernd vollständig abgesichert. Insofern haben sich für uns die alltäglichen Fährnisse zumindest zum Teil relativiert. Damit ist aber auch die von dem Menschen den Heiligen zugeschriebene Funktion prima vista in weiten Bereichen minimiert. Welche Funktion hat heute ein Heiliger, der uns gegen die Pest schützen soll? Diese Frage ist genauso müßig wie die nach dem heutigen Nutzen der so bewunderten mittelalterlichen Kathedralen.

Das Pantheon der Heiligen ist wesentlicher Bestandteil der christlichen Lebenswelt bis in unsere Zeit und somit maßgeblicher Helfer der gläubigen Menschen bei der Bewältigung und Meisterung ihres Lebens.

So kann es nicht wundernehmen, dass der Himmel über dem Ruhrgebiet seit knapp eineinhalb Jahrtausenden durch eine Vielzahl von Heiligen bevölkert war und ist, bei denen die Menschen dieser Region Schutz, Trost und Hilfe suchten und suchen.

Die Schar der hier verehrten Heiligen war und ist bunt und multikulturell, wenn man diese irdischen Begriffe für die himmlischen Heerscharen nutzen darf. In Ermangelung von Heiligen aus der eigenen Umgebung hat man – angefangen von der Missionierung bis in unsere Zeit, von Martin bis Pius X. – Heilige aus allen Regionen der christlichen Hemisphäre gleichsam importiert, ihnen Altäre und Kirchen geweiht und sie dort und anderswo verehrt. Vergegenwärtigt man sich einmal, aus welchen Ländern und Regionen Heilige ins Ruhrgebiet gleichsam importiert, integriert und für die Region vereinnahmt worden sind, so dokumentiert sich auch im Himmel die bunte Vielfalt, für die unsere Region seit mehr als zwei Jahrhunderten steht.

Um die geographische Zuordnung zu erleichtern, sei es hier ausnahmsweise erlaubt, die modernen Herkunftsländer zu gebrauchen, die die Zuordnung erleichtern. Neben Italien, Frankreich, Belgien, Spanien, Schweiz, England und Irland müssten hier dann selbst Friesland und Bayern genannt werden. Des Weiteren kommen die Heiligen des Reviers aus Nordafrika, Ägypten, dem Vorderen Orient, Palästina und Syrien. Wem ist schon präsent, dass der heilige Nikolaus, die Barbara und der Christophorus aus der Region der heutigen Türkei stammen und manche Heilige auch im islamischen Glauben als solche verehrt werden wie die Siebenschläfer oder auch der heilige Georg?

Wenn dann auch noch die Vorstellung erlaubt sei, dass die Heiligen im Himmel über dem Pott die in ihrem weltlichen Leben gebräuchliche Sprache zu Gott dem Herrn sprächen, welch eine babylonische Sprachenvielfalt würde dann vorhanden sein.

Es wäre also sehr bedauerlich, wenn dieser in Jahrhunderten gewachsene bunte Strauß von Heiligen, die hier in der Gegend verehrt wurden und zum Teil noch werden, durch die Rationalität und den rigorosen Pragmatismus unserer Zeit verwelken würde, wo doch selbst der Protestantismus mit seiner Ablehnung der Heiligenkulte es in einem halben Jahrtausend nicht geschafft hat, deren Verehrung zu beseitigen.

Es sollte gelingen, dass auch noch die nachfolgenden Generationen des Reviers die Figur einer jungen Frau, die einen mit drei Fenstern versehenen Turm trägt, als die heilige Barbara, die Schutzpatronin der Bergleute und damit des Kohlenpotts, erkennen.

Anmerkungen

(1) In Anlehnung an Joh. 5,8, Die Heilung eines Kranken am See Bethesda.

(2) Wer sich die sehenswerte Kirche ansehen will, findet passende Hinweise in: G. Spohr, Ausflugsziele im Ruhrgebiet. Schöne Stätten des Mittelalters, Essen 1998, S. 50–53.

(3) Handbuch der Historischen Stätten Nordrhein Westfalen, 3. Aufl. 2006, S. 459f.

(4) www.heiligerantonius.de

(5) Einen ins Deutsche übersetzten Text der Vita Antonii findet sich im Internet unter: www.unifr.ch/bkv/kapitel44.htm (bes. am 13.08.2015).

(6) Dazu einleuchtend und allgemeinverständlich: H. C. Zander, Als die Religion noch nicht langweilig war. Die Geschichte der Wüstenväter, Köln 2001, S. 54ff.

(7) *Wenn dies alles auch wenig ist im Vergleich zu seiner Tugend, so erwäget doch daraus, wie der Mann Gottes, Antonius, geartet war, der von Jugend auf bis in sein hohes Alter den gleichen Eifer in der Askese bewahrte; wie er weder mit Rücksicht auf sein Alter unterlag durch die Auswahl der Nahrung, noch wegen der Schwäche seines Körpers die Art seiner Kleidung änderte, oder sich auch nie die Füße mit Wasser wusch; und gleichwohl blieb er in allem unversehrt. Seine Augen waren gesund und untadelig, und er sah gut; von seinen Zähnen fiel auch nicht einer aus; nur am Zahnfleisch waren sie abgenützt, aber wegen des hohen Alters des Greises. Seine Hände und Füße blieben gesund, und überhaupt erschien er glänzender und kräftiger als alle, die sich mannigfacher Nahrung, der Bäder und verschiedener Gewänder bedienen.* (Vita Antonii, Kap. 93).

(8) So z. B. www.aegypten-online.de/antoniuskloster.htm (bes. am 14.08.2015).

(9) *Bestattet meinen Leichnam und bergt ihn unter der Erde. Mein Gebot soll von Euch beachtet werden, so daß niemand den Ort kennt außer ihr allein. Denn ich werde bei der Auferstehung der Toten vom Heiland einen unvergänglichen Körper erhalten. Verteilet meine Kleider; dem Bischof Athanasius gebt das eine Schaffell und den Mantel, den ich darunter anzog; er hat ihn mir neu gegeben, von mir aber ist er abgenützt worden. Dem Bischof Sarapion gebt das andere Schaffell, Ihr behaltet das härene Gewand. Und nun lebt wohl, Kinder; denn Antonius geht hinüber und ist nicht mehr mit Euch.* (Vita Antonii, Kap. 91).

(10) Abb. unter wikimedia.org/wikipedia/commons/3/3f/Antoniusaltar3.JPG (bes. am 28.08.2015)

(11) Laut Brief Bruder Hugos vom 27.08.2015.

(12) Markus, Kap. 5.

(13) Wer es genau wissen will, lese die Dissertation von Christine Hanebeck, Der Heilige Antonius der Große – Ein Beitrag zur Kulturgeschichte des Schweines unter besonderer Berücksichtigung der Mutterkornvergiftung, Berlin 2011, online verfügbar unter: www.diss.fu-berlin.de/diss/servlets/MCRFileNodeServlet/FUDISS_derivate_000000010221/Hanebeck_online.pdf?hosts= (bes. am 17.08.2015).

(14) 700 Jahre nach der Entdeckung der unversehrten Zunge, 1963, schreibt Papst Johannes XXIII. an P. Basil Heiser, Generalminister der Minderbrüder-Konventualen: *Bei der Rekognition des Leibes des heiligen Antonius wurde seine rötliche Zunge gefunden, wie bei einem lebenden Menschen, so als sei er noch nicht lange verstorben.* Siehe: www.sendbote.com/messaggero/pagina_articolo.asp?IDX=768IDRX=168 (bes. am 18.08.2015).

(15) www.pilgerreisen.de/assisi-und-padua (bes. am 18.08.2015}.

(16) Um nur ein Beispiel von Dutzenden zu nennen: www.paduafahrt.com/index.php?id=3 (bes. am 18.08.2015): *Jedes Jahr machen wir uns auf den Weg, am 04. Juni 2015 findet bereits zum 25. Mal unsere Wallfahrt nach Padua statt. Jede Fahrt war bisher eine persönliche Bereicherung durch die Begegnungen mit den Teilnehmern, die geselligen Stunden, und durch die guten geistlichen Impulse der uns begleitenden Priester. Vorrangiger Grund unserer Pilgerfahrt ist es, mit dem hl. Antonius für unseren eigenen Lebensweg und um einen guten Ehepartner zu beten. Er, der in Italien schlicht »Il Santo« (»Der Heilige«) genannt wird, hat sich in diesem Anliegen schon oft als mächtiger Fürsprecher erwiesen. Beten wollen wir auch für die Gesundung unserer Gesellschaft, um Offenheit und Unterstützung für Familien und Kinder. Ein jeder kann mitkommen. Er sollte sein ganz persönliches Anliegen um einen guten Ehepartner als Bitte nach Padua tragen wollen. Als fröhliche Gemeinschaft pilgern wir mit dem Reisebus über einige Tage in den 1 Stunde vor Venedig gelegenen Ort.*

(17)www.sendbote.com/messaggero/pagina_articolo.asp?IDX=768IDRX=168 (bes. am 19.08.2015).

(18) Wer sich dafür interessiert, möge die ersten Bände von K. Deschner, Kriminalgeschichte des Christentums lesen, der zwar sehr tendenziös schreibt; die Fakten, die er anführt, sind allerdings korrekt.

(19) Wer weitere Informationen zu diesen wünscht, s. H. Kühner, Das Imperium der Päpste. Kirchengeschichte, Weltgeschichte, Zeitgeschichte von Petrus bis heute, 1980.

(20) Der heilige Urban von Langres (* in Unter-Colmier; † (vermutlich) 23. Januar 375) war im 4. Jahrhundert Bischof von Langres und Autun. Der Legende nach verbarg er sich vor seinen Verfolgern hinter einem Weinstock. In der christlichen Ikonographie wird er deshalb oft mit einer Traube von Weinbeeren oder einem ganzen Weinstock in der Hand abgebildet. So im Wikipedia-Artikel: https://de.wikipedia.org/wiki/Urban_von_Langres.

(21) www.pv-dortmund-suedwest.de/wir/sankt-clemens/pfarrei-sankt-clemens/hl-clemens-von-rom (bes. am 03.09.2015).

(22) Kunstwort, das als juristischer Begriff erstmalig im Reichsjagdgesetz von 1934 auftaucht. Hermann Göring wurde zum Reichsjägermeister ernannt und mit entsprechenden Befugnissen ausgestattet. Die Verbindung zur braunen Diktatur war vom Hersteller des alkoholischen Getränks durchaus gewollt, wenn sie auch heute schamhaft verschwiegen wird.

(23) *Auf grünem Grund in goldener Schrift umrandet er das Etikett: Das ist des Jägers Ehrenschild, dass er beschützt und hegt sein Wild, weidmännisch jagt, wie sich's gehört, den Schöpfer im Geschöpfe ehrt.*

(23) www.klasterni-pivovar.cz/de/bierbrauerei/geschichte-der-bierbrauerei (bes. am 06.10.2015).

(24) So z. B. G. Spohr, Ausflugsziele im Ruhrgebiet, Schöne Stätten des Mittelalters, S. 48f.

(25) www.st-ida-herzfeld.de /wallfahrt (bes. am 10.10.2015).

(26) Das ist einer der Schutzpatrone der Stadt Essen.

(27) 1. Buch, Kap. 83: Quelle: www.paxetbonum.net/biographies/celano1_de.html (bes. am 30.10.2015)

(28) Diese Episode aus dem Leben des heiligen Franziskus ist romanhaft verarbeitet worden: E. Cyran, Begegnung in Bari. Friedrich II. von Hohenstaufen und Franziskus von Assisi, 2. Aufl. 1992.

(29) Online-Portal für Hobbygärtner, Gärtner, Gartenfreunde, Gartenfreaks und Naturliebhaber. Quelle: www.garten-literatur.de/Leselaube/persoenl/franz_p.htm (bes. am 01.11.2015).

(30) In deutscher Übersetzung in der Bibliothek der Kirchenväter: www.unifr.ch/bkv/buch.php?werknr=95 (bes. am 16.12.2015).

(31) In deutscher Übersetzung in der Bibliothek der Kirchenväter: www.unifr.ch/bkv/buch9-30.htm (bes. am 16.12.2015).

(32) *It was during his reign that the friends and admirers of Saint George, under the direction of the emperor's mother, Saint Helen, built an elegant and beautiful church in Lydda (Diospolis, Lod), at a distance of nine miles east of Joppa and thirty miles from Jerusalem. The Christians translated the relics of Saint George to the newly built church. Simultaneously with the deposition of the relics, the church was consecrated and dedicated on the 3rd of November. The Christian community expanded in Lydda, so that in 325 its bishop attended the first Ecumenical Council.* Quelle: www.sanktgeorg.net/content/uber-den-heiligen-georg (bes. am 17.12.2015).

(33) So in der Übersetzung von H. Donner, Pilgerfahrt ins Heilige Land, Die ältesten Berichte christlicher Palästinapilger (4.– 7. Jh.), 2002, S. 193.

(34) Ebd. S. 269.

(35) www.domus-ecclesiae.de/historica/gregorius-turonensis/gregorius-turonensis.miracula.01.html#100 (bes. am 21.12.2015).

(36) www.deutscher-orden.de/all_spiri_patrone.php (bes. am 16.12.2015).

(37) So im Baedeker-Reiseführer, Israel, Palästina, 14. Aufl. 2016, S. 390.

(38) Arnulf von Kärnten, einer der letzten Karolinger (Kaiser von 896–899).

(39) *Am heutigen St. Georgsfest wurde die neue Stehle des St. Georg in der Messe geweiht. Sie besteht aus einem Untergestell aus einfachem Eisen, geschwärzt, und einem schlichten Kreuz aus Messing, welches die Reliquie des heiligen Georg enthält. Das Kreuz kann abgenommen werden. Es wurde in der Prozession nach der Messe mitgetragen.* kath-reichenau.de/html/aktuell/aktuell_u.html?&artikel=41129&m=36919&stichwort_aktuell= (bes. am 28.12.2015).

(40) Sehr schön beschrieben in: M. Becker-Huberti, K. Beikircher, Kölner Reliquien. Heilige Knöchelchen – schräg betrachtet, 2012, Kapitel: Zwei episkopale Kölner Knochenjäger.

(41) www.familie-berendes.de/georg (bes. am 26.12.2015).

(42) www.kirche-hawi.de/gemeinden/hattingen/st-georg (bes. am 26.12.2015).

(43) Blasonierung: In blau der auf rot gezäumtem silbernen Ross sprengende, silbern gerüstete und golden nimbierte heilige Georg, der die silberne Lanze dem grünen Lindwurm in den Rachen stößt.

(44) www.kirchengemeinde-luenen.de (bes. am 29.12.2015).

(45) www.st-georg-marl.de (bes. am 26.12.2015).

(46) www.heisingen.de/Heisingen/Gemeinde.html (bes. am 27.12.2015).

(47) Zu diesem s. S. 176f.

(48) Zu diesem vgl. S. 136ff.

(49) Zu diesen vgl. S. 142f.

(50) So bei www.heiligenlexikon.de/MRFlorilegium/5Juni.html (bes. am 30.12.2015): *Es gelang ihm dann im bayerischen Gebiet Bistumssitze und ihre Grenzen festzulegen; 739 errichtete er das Bistum Passau und gab ihm Vivilo (20. Februar 746), der in Rom von Papst Gregor III. um 733 die Bischofsweihe empfangen hatte, als erstem Bischof. Im selben Jahr errichtete er das Bistum Regensburg neu, wo schon der heilige Emmeram (22. September 690/8) Bischof gewesen war, der aber vertrieben und im Exil gestorben war, und setzte Gaubald (23. Dezember, um 761) als seinen ersten Abtbischof ein, der die Gebeine Emmerams feierlich zurückholte, und der dessen Nachfolger Erhard (8. Januar 707/9) ebenfalls ehrte. Im selben Jahr 739 gründete er das Bistum Salzburg, in der Missionsbischof Rupert (27. März 718/1) 696 die Abtei Sankt Peter errichtet hatte, vor seinem Tod als seinen Nachfolger als Abtbischof den heiligen Vitalis (20. Oktober, vor 730/4) einsetzte, dessen Nachfolger der selige Abtbischof Flogbrigis (12. Februar 736) war; Bonifatius setzte 739 als ersten Diözesanbischof den Abt Johannes I. von Sankt Peter ein (10. Juni 745).*

(51) So zuletzt L. v. Padberg, Bonifatius, Missionar und Reformer, 2003, S. 110.

(52) Wen die unappetlichen Einzelheiten wie Fliegen, Maden und Ähnliches, was sich bei einer Leiche einfindet, interessiert, der lese S. Beckett, Chemie des Todes, 2007, ein Thriller, in dem der Protagonist u. a. die Leiche seiner ermordeten Freundin studiert.

(53)www.st-elisabeth-schonnebeck.de/%C3%BCber-uns/unsere-geschichte/kapitel-7/www.st-elisabeth-schonnebeck.de/%C3%BCber-uns/unsere-geschichte/kapitel-7 (bes. am 12.01.2016).

(54) www.ekkw.de/elisabethjahr (bes. am 09.01.2016). *Im Jahr 2007 jährte sich der Geburtstag von Elisabeth zum 800. Mal. Die ungarische Königstochter Elisabeth, Gemahlin des thüringischen Landgrafen Ludwig IV., Stifterin des Hospitals in Marburg sowie radikale Vertreterin eines gelebten Evangeliums, ist eine herausragende Gestalt der hessischen, deutschen und europäischen Kirchengeschichte. Ihr Lebensentwurf von vollständiger Armut, tätiger Caritas und selbstloser Hingabe übt noch heute große Faszination aus.*

(55) Die Verschwörungstheorie, dass Friedrich II. seine Frau sowie den Landgrafen Ludwig habe vergiften lassen, um Elisabeth heiraten zu können, ist von Seiten des Papstes Gregors IX. geäußert worden, um den zu exkommunizierenden Herrscher in einem möglichst schlechten Licht erscheinen zu lassen.

(56) O*bwohl nun der Leichnam der gottseligen Elisabeth vier Tage lang nach der Todesstunde unbeerdigt lag, verbreitete ihr Körper keinen üblen Geruch, wie es bei anderen vorzukommen pflegt, sondern einen würzigen Duft, der den Geist zu erquicken schien. Mit einem grauen Gewand bekleidet, ihr Antlitz mit Tüchern umwunden, lag sie da. Viele schnitten aus Frömmigkeit Teilchen von den Tüchern, andere rissen ein Stückchen weg, wieder andere schnitten ihre Haare vom Haupte und die Nägel ab. Einige Frauen stutzten auch ihre Ohren, selbst die Spitzen ihrer Brustwarzen schnitten sie ab und hoben sie sich als Reliquien auf.* Oktober 1234/1. Januar 1235: Libellus (I) de dictis quatuor ancillarum s. Elisabeth confectus, Bericht der päpstlichen Kommission über die Aussagen der vier Dienerinnen Elisabeth in: ELISABETH VON THÜRINGEN in Quellen des 13. bis 16. Jahrhunderts, hg. S. Weigelt, S. 69.
www.db-thueringen.de/servlets/DerivateServlet/Derivate-23352/elisabeth.pdf (bes. am 11.01.2016).

(57) S. ebd.

(58) www.evermarus.de/V4/index.php/orte-staetten/pfarrkirche/der-hl-evermarus (bes. am 30.11.2015). Eine ähnliche Version findet sich unter: www.heiligen.net/heiligen/05/01/05-01-0700-evermarus.php: *In 968 ontvangt pastoor Ruzelinus van de St-Martinuskerk te Rutten een visioen waarin hem drie keer de toedracht en de begraafplaats van de heilige martelaren wordt getoond. De bisschop van Luik, Euraclius († 970), wordt ingeschakeld en brengt het gebeente van de heilige mannen plechtig over naar de kerk. Later*

verrijst er een kapel op de plek van de moord zelf. Elk jaar wordt daar een processie en een soort passiespel opgevoerd. In 968 ontvangt pastoor Ruzelinus van de St-Martinuskerk te Rutten een visioen waarin hem drie keer de toedracht en de begraafplaats van de heilige martelaren wordt getoond. De bisschop van Luik, Euraclius († 970), wordt ingeschakeld en brengt het gebeente van de heilige mannen plechtig over naar de kerk. Later verrijst er een kapel op de plek van de moord zelf. Elk jaar wordt daar een processie en een soort passiespel opgevoerd.(bes. am 30.11.2015).

(59) www.evermarus.be (bes. am 01.12.2015).

(60) Eine kurze Zusammenfassung in: heraldik-wiki.de/index.php?title= Heinrich_II._%28HRR%29 »Forschungsgeschichte« (bes. am 08.12.2015). Wer es ausführlich und pointiert nachlesen will, liest K. Deschner, Kriminalgeschichte des Christentums. Das 11. und 12. Jahrhundert, 1999, S. 14–122.

(61) www.erzbistum-muenchen.de/Page000409.aspx (bes. am 08.12.2015).

(62) B. Schneidmüller, Die einzigartig geliebte Stadt – Heinrich II. und Bamberg. In: J. Kirmeier, B Schneidmüller, S. Weinfurter, E. Brockhoff (Hrsg.): Heinrich II. 1002–1024, Katalog zur Bayerischen Landesausstellung 2002,. Augsburg 2002, S. 30–51, hier: S. 50.

(63) de.wikipedia.org/wiki/Lithotomus (bes. am 09.12.2015).

(64) *Kaiser Heinrich und seine Frau stifteten auch den Dom, der am 6. Mai 1012, dem Geburtstag Heinrich des ll. geweiht wurde. 1524 verlieh das Bistum Bamberg der »Alten Freyung« das reale Brau- und Schankrecht. Im Gedenken an die Gründung des Bistums zieren Kaiserpaar und Dom seit damals das Wappen der Brauerei. Dem 1000-jährigen Jubiläum erweist deshalb auch die Brauerei Göller ihren Respekt mit einer neuen Bierspezialität, dem »Kaiser Heinrich Urstoff«. Einem hellen, mildwürzigen Bier, hergestellt nach einem alten, überlieferten Braurezept und abgefüllt in der urigen 0,5l-Euroflasche.* www.brauerei-goeller.de/aktuelles/2148.Neu_bei_Goeller_Kaiser_Heinrich_Urstoff.html (bes. am 08.12.2015).

(65) www.rp-online.de/nrw/staedte/krefeld/die-st-heinrich-kirche-wird-100-jahre-alt-aid-1.5003775 (bes. am 08.12.2015).

(66) www.st-heinrich-marl.de/frame/index1.html (bes. 08.12.2015).

(67) Jacobus de Voragine, Legenda aurea: www.heiligenlexikon.de/Legenda_ Aurea/Christophorus.html (bes. am 04.12.2015).

(68) www.kristofor.hr/deutsch-ritter.html (bes. am 04.12.2015).

(69) orthpedia.de/index.php/Christophorus,_Martyrer (bes. am 04.12.2015).

(70) Vgl. Chr. Wendt, die schönsten Kirchen der Eifel, 2010, S. 22.

(71) Germania Sacra, Bistum Freising 1, 1988, S. 160.

(72) Quelle: www.heiligenlexikon.de/BiographienC/Christophorus.htm (bes. am 13.01.2016).

(73) www.derwesten.de/staedte/essen/bittere-abschiede-vom-gotteshaus-id474587.html (bes. am 05.12.2015).

(74) Handbuch der Historischen Stätten Nordrhein-Westfalen, S. 107.

(75) Dahin sind ihre Überreste vom Markusdom gebracht worden, als Napoleon auf seinem Italienfeldzug gegen Venedig anrückte.

(76) www.google.de/imgres/www.vigilfuoco.it (bes. am 12.10.2015).

(77) www.religion.orf.at/stories/2710738 (bes. am 12. 10.2015).

(78) Die Reliquie der heiligen Barbara befindet sich in Kiev, Ukraine, in der Wladimirkathedrale; sie wurde nach der Zerstörung der Klosterkirche St. Michael in den 1930er Jahren dort hingebracht. www.bgorthodox-muenchen.de/product_ info.php?info=p158.html (bes. am 12.10.2015).

(79) www.picssr.com/photos/vizconde/favorites/page18 (bes. am 8. 11.2015).

(80) So z. B.: www.frauenruhrgeschichte.de/frauenregion/personen/personen-single/?tx_frgdatabases_pi1[showUid]=25 (bes. am 12.10.2015).

(81) H. Kühne, Ostensio Reliquarum, Untersuchung über Entstehung, Ausbreitung und Funktion der Heiltumweisungen im römisch-deutschen regnum, 2000, S. 257ff.

(82) D. Scheler, Kohle und Eisen im mittelalterlichen »Ruhrgebiet«. In: Vergessene Zeiten. Mittelalter im Ruhrgebiet. Katalog zur Ausstellung im Ruhrlandmuseum Essen, Bd. 2, hrsg. von F. Seibt, 1990, S. 111–117, hier S. 112.

(83) K. Deschner, Kriminalgeschichte des Christentums, Bd. 2, Die Spätantike, S. 110 f., 1989.

(84) U. Löer, Das adelige Kanonissenstift St. Cyriakus zu Geseke. Germania Sacra, das Erzbistum Köln 6, 2007, S. 207f.

(85) www.st-liborius.de/NikolausGross.htm

(86) www.nikolaus-gross-musical.de

(87) www.mit-gott-auf-schalke.de

(88) www.totaleoffensive-bvb09.de

(89) www.offene-Kirche-schalke.de

(90) Den Text der Eintragung mit bewegten Bildern auf der UNESCO-Seite www.unesco.org/culture/ich/index.php?lg=en&pg=00011&RL=00392

(91) web.cathol.lu/991/mouvements/oeuvre-saint-willibrord/willibrordus-bauverein/springprozession/springprozession-2014/teilnahme-verlauf-und-organisationreisetravel.eu.

(92) Beda Venerabilis, historia ecclesiastica gentis Anglorum, Buch 5, Kap. 10. *Nec martyrio eorum caelestia defuere miracula. Nam cum peremta eorum corpora amni, ut diximus, a paganis essent iniecta, contigit, ut haec contra impetum fluuii decurrentis, per XL fere milia passuum, ad ea usque loca, ubi illorum erant socii, transferrentur. Sed et radius lucis permaximus, atque ad*

caelum usque altus, omni nocte supra locum fulgebat illum, ubicumque ea peruenisse contingeret, et hoc etiam paganis, qui eos occiderant, intuentibus. Sed et unus ex eis in uisione nocturna apparuit cuidam de sociis suis, cui nomen erat Tilmon, uiro inlustri, et ad saeculum quoque nobili, qui de milite factus fuerat monachus; indicans, quod eo loci corpora eorum posset inuenire, ubi lucem de caelo terris radiasse conspiceret.

(93) kirchensite.de/aktuelles/bistum-aktuell/bistum-aktuell-news/datum/2010/06/16/heilige-brueder-ewald-1.

(94) *Fast 400 Jahre später, 1074, ließ König Pippin der Mittlere ihre Reliquien nach St. Kunibert zu Köln überführen, wo sie durch Erzbischof Anno II. von Köln feierlich erhoben wurden.* kirchensite.de/bistumshandbuch/e/heilige-brueder-ewald.

(95) Die Gebeine der Brüder Ewald wurden später von Kaiser Pippin nach Köln gebracht, wo sie im Jahr 1074 durch Erzbischof Anno II. feierlich erhoben wurden. Seither ruhen sie in der Kölner Kirche Sankt Kunibert, direkt am Rhein. kirchensite.de/aktuelles/bistum-aktuell/bistum-aktuell-news/datum/2010/06/16/heilige-brueder-ewald-1.

(96) Beda, Kirchengeschichte, 5. Buch, Kapitel 11, berichtet über Missionstätigkeit, Klostergründung und den friedlichen Heimgang des Heiligen.

(97) www.kevelaer.de/de/stadt-wfg/wallfahrtsort (bes. am 27.03.2016).

(98) www.muenzeoesterreich.at/var/ezflow_site/storage/images/produkt produkte/medaille-der-heilige-eligius-patiniert/755819-1-ger-DE/muenze_produkt_medaille-der-heilige-eligius-patiniert_muenze_small.png.

(99) Nach der Vita der heiligen Gertrud von Nivelles. Wer diese nachlesen will, kann dies in deutscher Übersetzung unter www.regionalgeschichte.net/bibliothek/texte/biographien/gertrude.html tun (bes. am 15.05.2016).

(100) Vgl. Röckelein, Leben im Schutz der Heiligen, in: Berghaus, G., Schilp, Th., Schlagheck, M. (Hg.), Herrschaft und Gebet. Gründung und Anfänge des Frauenstiftes Essen, 2000, S. 89.

(101) www.bild.de/regional/ruhrgebiet/raetselraten-um-moegliche-reliquien funde-8024152.bild.html (bes. am 27.03.2016).

(102) www.derwesten.de/staedte/duisburg/europa-im-glauben-verbunden-aimp-id9384797.html (bes. am 27.03.2016).

(103) Bistum Münster, Direktorium für den 16.5.2014 www.kirchevor ort.de/beftp/gemeinden/st-ludger_duisburg/Aktuelles_Neudorf_Duissern_081212.pdf (bes. am 27.03.2016).

(104) Die Nachricht wird bei Gelenius überliefert, den Oppermann in diesem Bereich als Fälschung definiert. Dies mag mit Fug bezweifelt werden, da Oppermann in seinen »Rheinischen Studien« eine Vielzahl von »Fälschungen« entlarvt hat, die heute durchaus als vertrauenswürdig gelten.

(105) www.heiligenlexikon.de/Legenda_Aurea/Martin.htm (bes. 30.10.2013).

(106) www.introibo.net/download/brevier/martyrologium_latein.pdf.de.wikipedia.org/wiki/Calendarium_Romanum_Generale.

(107) de.wikipedia.org/wiki/Regionalkalender_f%C3%BCr_das_deutsche_Sprachgebiet.

(108) de.wikipedia.org/wiki/Bistum_Essen#Di.C3.B6zesankalender.

(109) Eine Übersicht über die Jakobswege in Deutschland liefert www.jakobus-info.de/jakobuspilger/germany.htm (bes. am 27.07.2015).

(110) Shakespeare, Hamlet, 4. Akt, Szene 5: Ophelia singt: »Tomorow is Saint Valentine's day«.

(111) www.chelmno.info/reliquie-des-heiligen-valentin; »Culm an der Weichsel – Geschichte und Sehenswertes« (bes. am 11.12.2015).

(112) www.stephansdom.at/dom_architektur_ebene2.htm (bes. am 11.12.2015).

(113) www.mittelbayerische.de/nachrichten/kirche-in-krumbach-paare-pilgern-zum-hl-valentin-20007-art196452.html (bes. am 11.12.2015).

(114) www.br.de/radio/bayern2/bayern/zeit-fuer-bayern/heilige-leiber-koerperreliquien-bayern-100.html (bes. am 11.12.2015).

(115) www.tiscover.com/at/guide/5,de/objectId,SIG131869at/intern.html (bes. am 11.12.2015).

(116) www.nicolai-kirche.de (bes. am 30.04.2016).

(117) Vgl. G. Cioffari, War Nikolaus Teilnehmer des Konzils von Nicäa? In: San Nicola. La vita, i miraculi, le leggende (=Studi e testi 12) Bari 2006, S. 22, deutsche Übersezung 2010, web.archive.org/web/20101212072903/www.unifr.ch/iso/iso100101de.htm (bes. am 23.11.2015).

(118) Bilder der Fresken finden sich unter: images.google.de/imgres?imgurl=www.histolia.de/lykien/myra-nikolaus-kirche/bilder/myra-nikolaus-kirche-lykien-sarkophag-p4300582.jpg (bes. am 23.11.2015).

(119) www.kemer-tr.info/Demre-Myra.htm (bes. am 28.11.2015).

(120) Die Übersetzung aus dem Russischen verdanke ich Herrn Dr. Andreas Kamp, wofür ich herzlich Dank sage.

(121) kirchensite.de/fragen-glauben/durch-das-jahr/kirchenjahr-nikolaus (bes. am 25.11.2015).

(122) www.st-nikolaus-essen.kirche-vor-ort.de/8736.html (bes. am 25. 11.2015).

(123) Anno II. wurde später selbst heiliggesprochen und mit dem Kirchenpatrozinium in Essen-Stoppenberg ausgestattet; die Kirche ist heute serbisch-orthodox und dem heiligen Stephanus geweiht.

(124) Vgl. den Bericht des Senders ORF TV: tv.orf.at/groups/magazin/pool/newtonnikolaus (bes. am 26.01.2016).

(125) Vgl. A. Angenendt, Heilige und Reliquien. Die Geschichte ihres Kultes vom frühen Christentum bis zur Gegenwart, 2. Aufl. 2007, S. 165. Ebenso A. Dörfler-Dierken, Die Verehrung der heiligen Anna in Spätmittelater und früher Neuzeit, 1992, S. 19.

Literatur

Angenendt, A., Heilige und Reliquien. Die Geschichte ihres Kultes vom frühen Christentum bis zur Gegenwart, 2. Aufl. 2007

Becker-Huberti, M., Beikircher, K., Kölner Reliquien. Heilige Knöchelchen – schräg betrachtet, 2012

Berghaus, G., Schilp, Th., Schlagheck, M., (Hrsg.) Herrschaft und Gebet. Gründung und Anfänge des Frauenstiftes Essen, 2000

Borst, A., Barbaren, Ketzer und Artisten. Welten des Mittelalters, 1988

Cioffari, G., War Nikolaus Teilnehmer des Konzils von Nicäa? In: San Nicola. La vita, i miraculi, le leggende (=Studi e testi 12) Bari 2006, deutsche Übersetzung 2010

Cyran, E., Begegnung in Bari. Friedrich II. von Hohenstaufen und Franziskus von Assisi, 2. Aufl. 1992

Deschner, K.H., Kriminalgeschichte des Christentums, Die Spätantike, 1988

Deschner, K.H., Kriminalgeschichte des Christentums, Frühmittelalter, 1994

Deschner, K.H., Kriminalgeschichte des Christentums, Das 11. und 12. Jahrhundert, 1999

Dörfler-Dierken, A., Die Verehrung der heiligen Anna in Spätmittelalter und früher Neuzeit, 1992

Donner, H., Pilgerfahrt ins Heilige Land. Die ältesten Berichte christlicher Palästinapilger (4.–7. Jh.), 2002

Doyé, F., Heilige und Selige der römisch-katholischen Kirche, deren Erkennungszeichen, Patronate und lebensgeschichtliche Bemerkungen, 2 Bde., 1929

Geary, P.J., Furta sacra. Thefts of Relicts in the central Middle Ages, 1978

Gregorovius, F., Geschichte der Stadt Rom im Mittelalter, 1859–1872, benutzt Nachdruck 5 Bände, 1978

Handbuch der Historischen Stätten Nordrhein Westfalen, 3. Aufl. 2006

Hanebeck, Chr., Der Heilige Antonius der Große – Ein Beitrag zur Kulturgeschichte des Schweines unter besonderer Berücksichtigung der Mutterkornvergiftung, 2011

Kellner, K. A., Heortologie oder die geschichtliche Entwicklung des Kirchenjahres und der Heiligenfeste, 1906

Klein, D. H., Das große Hausbuch der Heiligen. Berichte und Legenden, 2000

Kühne, H., Ostensio Reliquiarum, Untersuchung über Entstehung, Ausbreitung und Funktion der Heiltumsweisungen im römisch-deutschen Regnum, 2000

Kühner, H., Das Imperium der Päpste. Kirchengeschichte, Weltgeschichte, Zeitgeschichte von Petrus bis heute, 1980

Löer, U., Das adelige Kanonissenstift St. Cyriakus zu Geseke. Germania Sacra, das Erzbistum Köln 6, 2007

Oppermann, O., Rheinische Urkundenstudien 1 – die kölnisch-niederrheinischen Urkunden, 1922

Padberg, L. v., Bonifatius, Missionar und Reformer, 2003

Scheler, D., Kohle und Eisen im mittelalterlichen »Ruhrgebiet«. In: Vergessene Zeiten. Mittelalter im Ruhrgebiet. Katalog zur Ausstellung im Ruhrlandmuseum Essen, Bd. 2, hrsg. von F. Seibt, 1990, S. 111–117

Schneidmüller, B., Die einzigartig geliebte Stadt – Heinrich II. und Bamberg. In: J. Kirmeier, B. Schneidmüller, S. Weinfurter, Evamaria Brockhoff (Hrsg.): Heinrich II. 1002–1024, Katalog zur Bayerischen Landesausstellung, 2002

Schreiber, G., Der Bergbau in Geschichte, Ethos und Sakralkultur, 1962

Spohr, G., Ausflugsziele im Ruhrgebiet. Schöne Stätten des Mittelalters, 1998

Torsy, J., Lexikon der deutschen Heiligen, Seligen, Ehrwürdigen und Gottseligen, 1959

Wendt, Chr., Die schönsten Kirchen der Eifel, 2010

Wimmer, O., Handbuch der Namen und Heiligen mit einer Geschichte des christlichen Kalenders, 1956

Zander, H. C., Als die Religion noch nicht langweilig war. Die Geschichte der Wüstenväter, 2001

Kalender der Heiligenfeste
Heilige, nach denen Kirchen im Ruhrgebiet benannt sind

Januar

06. Heilige 3 Könige	NT * (?); † (?)
07. Reinoldus	Heiliger * 10. Jh.; † 10. Jh.
17. Antonius der Eremit	Heiliger * um 251; † 356
23. Nikolaus Groß	Seliger * 30.9.1898; † 23.1.1945

Februar

06. Amandus	Heiliger * um 600; † 06.02.676/684
14. Valentin	Heiliger * 3. Jh.; † 14.2.269 (?)

März

17. Gertrud von Nivelles	Heilige * 626; † 17.3.659
19. Joseph	NT * (?); † (?)
21. Nikolaus von Flüe	Heiliger * 21.3.1417; † 21.3.1487
22. Clemens A. Graf von Galen	Seliger * 16.3.1878; † 22.2.1946
26. Liudger	Heiliger * um 742; † 26.3.809

April

21. Konrad von Parzham	Heiliger * 22.12.1818; † 21. 4.1894.
23. Georg	Märtyrer * (?); † 23.4. um 303

Mai

01. Evermarus	Märtyrer * 7. Jh.; † Ende 7. Jh.
11. Mamertus	Heiliger * um 400; † um 477
12. Pankratius	Märtyrer * um 290; † um 304
13. Servatius	Heiliger * um 300; † 13.5.384
14. Bonifatius von Tarsus	Märtyrer * 3. Jh.; † um 306
15. Sophie von Rom	Märtyrerin * 3. Jh.; † um 304
19. Urban I.	Heiliger * Ende 2. Jh.; † 19.5.230

Juni

05. Bonifatius (Winfried)	Heiliger * um 673; † 5.6. 754/55
06. Norbert von Xanten	Heiliger * 1080/85; † 6.6.1134
13. Antonius von Padua	Heiliger * um 1195; † 13.6.1231
21. Aloisius von Gonzaga	Heiliger * 9.3.1568; † 21.6. 1591
27. Siebenschläfer	Heilige * um 230; † 438

Juli

13. Heinrich II.	Heiliger * 6.5. 973; † 13.7. 1024
22. Maria Magdalena	NT * (?); † (?)

23. Liborius	Heiliger * 4. Jh.; † 9.6.397 (?)
24. Christophorus	Märtyrer * 3. Jh.; † um 250
25. Jakobus der Ältere	NT * (?); † Frühjahr 43
26. Anna	NT (apokryph) * (?); † (?)

August

08. Cyriakus	Märtyrer * 3. Jh.; † 16.3.303
15. Altfrid	Heiliger *um 800; † 15.8.874
16. Rochus	Heiliger * um 1349; † 16.8.1379
21. Pius X.	Heiliger * 2.6. 1835; † 20.8.1914

September

04. Ida von Herzfeld	Heilige * 770/775; † 4.9.825
04. Suitbert	Heiliger * um 637; † 1.3.713
14. Maternus	Heiliger * 3. Jh. ; † um 318
22. Mauritius	Märtyrer * 3. Jh.; † um 302
26. Kosmas und Damian	Märtyrer * 3. Jh.; † 287 (?)

Oktober

03. Die beiden Ewalde	Märtyrer * 7. Jh.; † um 692
04. Marsus	Heiliger * (?); † 3./4.Jh.
04. Franziskus	Heiliger * 1181/82; † 3.10.1226
09. Dionysius	Märtyrer * (?); † um 250
10. Viktor	Märtyrer * 3. Jh; † um 302
11. Johannes XXIII.	Heiliger * 25.11.1881; † 3.6.1963
21. Ursula	Märtyrerin * 4. Jh.; † 383
22. Johannes Paul II.	Heiliger * 18.5. 1920 ; † 2.4. 2005

November

03. Hubertus	Heiliger * um 655; † 30.5.727
07. Engelbert	Heiliger *1185/86; † 7.11.1225
07. Willibrord	Heiliger * ca. 658; † 7.11.739
11. Martin von Tours	Heiliger * 316/317; † 8.11.397
19. Elisabeth	Heilige * 7.7.1207; † 17.11. 1231
23. Clemens I.	Märtyrer * um 50; † 97 oder 101

Dezember

01. Eligius von Noyon	Heiliger * um 589; † 1.12.659
03. Francisco de Xavier	Heiliger * 7.4.1506; † 3.12.1552
04. Barbara	Märtyrerin * Ende 3. Jh.; † um 306
06. Nikolaus	Heiliger * 270/286; † 6.12. 345/351
31. Sylvester I.	Heiliger * Ende 3. Jh.; † 31.12.335

Kirchen

St. Altfrid, Minnesängerstr. 61, 45279 Essen

St. Amandus, Kirchstr. 25, 45711 Datteln

St. Anna, Cramerstr. 10, 44793 Bochum
St. Anna, Rheinische Str. 170, 44147 Dortmund

St. Antonius, Kütings Garten 3, 45279 Essen
St. Antonius, Am Schillerplatz 12, 45883 Gelsenkirchen
St. Antonius, Antoniusplatz 2, 45699 Herten
St. Antonius, Antoniusplatz 5, 46049 Oberhausen

St. Antonius v. Padua, Im Dorfe 23, 44339 Dortmund
St. Antonius v. Padua, Holsteiner Str. 21, 44145 Dortmund
St. Antonius v. Padua, Schwerter Str. 233, 58099 Hagen
St. Antonius v. Padua, Antoniusstr. 10, 45663 Recklinghausen

St. Barbara, Am Römerberg 1, 59192 Bergkamen
St. Barbara, Barbarastr. 1, 44793 Bochum
St. Barbara, Arminiusstr. 12, 44149 Dortmund
St. Barbara, Friesenstr. 1, 44339 Dortmund
St. Barbara, Fahrner Str. 60, 47169 Duisburg
St. Barbara, Cranger Str. 274a, 45891 Gelsenkirchen
St. Barbara, An der Barbarakirche 1, 44628 Herne
St. Barbara, Hofstr. 1, 44651 Herne
St. Barbara, Barbarakirchplatz 10, 45699 Herten
St. Barbara, Mühlenbachstr. 2, 44536 Lünen
St. Barbara, Schildberg 87, 45475 Mülheim
St. Barbara, Hartmannstr. 83, 46145 Oberhausen

St. Bonifatius, Bonifatiusstr. 21c, 44892 Bochum
St. Bonifatius, Im Fuhlenbrock 184, 46242 Bottrop
St. Bonifatius, Annettestr. 11, 46284 Dorsten
St. Bonifatius, Bonifatiusstr. 3, 44139 Dortmund
St. Bonifatius, Gevelsberger Str. 36, 44269 Dortmund
St. Bonifatius, Lambergstr. 33, 44289 Dortmund
St. Bonifatius, Derner Str. 393a, 44329 Dortmund
St. Bonifatius, Wanheimer Str. 163b, 47053 Duisburg
St. Bonifatius, Moltkestr. 162, 45138 Essen
St. Bonifatius, Bonifaciusstr. 194, 45309 Essen

St. Bonifatius, Cranger Str. 346, 45891 Gelsenkirchen
St. Bonifatius, Sankt-Georgs-Platz 1, 59071 Hamm
St. Bonifatius, Glockenstr. 7, 44623 Herne
St. Bonifatius, Bonifatiusstr. 18, 45768 Marl

St. Christophorus, Marienstr. 9, 44369 Dortmund
St. Christophorus, Kirchstr. 4A, 59368 Werne

St. Clemens, Parkstr. 2a, 59192 Bergkamen
St. Clemens, Flughafenstr. 50, 44309 Dortmund
St. Clemens, Deutsch-Luxemburger-Str. 40, 44225 Dortmund
St. Clemens, Klosterstr. 15, 46145 Oberhausen

St. Cyriakus, Hochstr., 46236 Bottrop

St. Dionysius, Elisabethstr. 8, 47178 Duisburg
St. Dionysius, Uerdinger Str. 183a, 47259 Duisburg

St. Elisabeth, Parkstr. 2, 59192 Bergkamen
St. Elisabeth, Hiltroper Landwehr 7a, 44805 Bochum
St. Elisabeth, Eichenstr. 47, 46236 Bottrop
St. Elisabeth, Duissernstr. 22, 47058 Duisburg
St. Elisabeth, Immelmannstr. 4, 45309 Essen
St. Elisabeth, Frohnhauser Str. 400, 45144 Essen
St. Elisabeth, Holtgrawenstr. 22, 45883 Gelsenkirchen
St. Elisabeth, Zehlendorfer Str. 19, 58097 Hagen
St. Elisabeth, Werler Str. 322, 59069 Hamm
St. Elisabeth, Haldenstr. 12, 4629 Herne
St. Elisabeth, Kolpingstr. 11, 45657 Recklinghausen

St. Engelbert, Kassenberger Str. 94, 44879 Bochum
St. Engelbert, Fischerstr. 2-4, 45128 Essen
St. Engelbert, Engelbertusstr. 47, 45473 Mülheim

St. Evermarus, Pastor-Wilden-Str. 4, 47495 Rheinberg

St. Ewaldi, Egbertstr. 15, 44287 Dortmund

St. Franziskus, Herner Str. 356, 44807 Bochum
St. Franziskus, Franziskusstr. 11, 44795 Bochum
St. Franziskus, An St. Franziskus 6, 46238 Bottrop
St. Franziskus Xavier, Frohlinder Str. 52, 44577 Castrop-Rauxel
St. Franziskus, Gleiwitzstr. 283, 44328 Dortmund

St. Franziskus und Antonius, Franziskanerstr. 1, 44143 Dortmund
St. Franziskus Xavier, Am Beilstück 71, 44225 Dortmund
St. Franziskus, Großenbaumer Allee 24, 47269 Duisburg
St. Franziskus, Theodorstr. 13, 45889 Gelsenkirchen
St. Franziskus, Magdalenenstr. 47, Gelsenkirchen
St. Franziskus, Schwechater Str. 44, 45966 Gladbeck
St. Franziskus, Aschebrock 65, 44625 Herne
St. Franziskus, Tannenstr. 3, 45772 Marl
St. Franziskus, Memelstr. 4, 46119 Oberhausen
St. Franziskus, Herbeder Str. 28, 58455 Witten

St. Georg, Heisinger Str. 492, 45359 Essen
St. Georg, Florastr. 33, 45881 Gelsenkirchen
St. Georg, ev. Gemeinde, Kirchstr. 14, 45525 Hattingen
St. Georg, ev. Stadtkirche, Kirchstr. 1, 44532 Lünen
St. Georg, An St. Georg 3, 45768 Marl

St. Gertrud, Gertrudenhof 25, 44866 Bochum
St. Gertrudis, Rückertstr. 2, 44147 Dortmund
St. Gertrud, Rottstr. 36, 45127 Essen
St. Gertrudis, Heidestr. 21, 45659 Recklinghausen

Sel. Nikolaus Groß, Josephinenstr. 78, 44807 Bochum

St. Hubertus, Am Rahmer Bach 12, 47269 Duisburg
St. Hubertus, Töpferstr. 53, 45136 Essen

St. Ida, Im Emscherbruch 63, 45892 Gelsenkirchen
St. Ida, Eicker Grund 102, 47445 Moers
St. Ida, Kirchplatz 3, 59510 Lippetal

St. Jakobus, Theresienstr. 6, 46537 Dinslaken
St. Jakobus, An St. Jakobus 1, 46119 Oberhausen
St. Joseph, Tossens Büschken 1, 45279 Essen

St. Joseph, Geitlingstr. 12, 44866 Bochum
St. Joseph, Förenkamp 27, 46238 Bottrop
St. Joseph, Im Flaßviertel 8, 46238 Bottrop
St. Joseph, Dasselstr. 3, 44379 Dortmund
St. Joseph, Heroldstr. 13, 44145 Dortmund
St. Joseph, Friedrich-Naumann-Str. 11, 44359 Dortmund
St. Joseph, Wickeder Hellweg 59, 44319 Dortmund

St. Joseph, Busenbergstr. 4, 44269 Dortmund
St. Joseph, Kronprinzenstr. 32 a, 47229 Duisburg
St. Joseph, Dellplatz 35, 47051 Duisburg
St. Joseph, Kronprinzenstr. 32 a, 47229 Duisburg
St. Joseph, Grillostr. 62, 45881 Gelsenkirchen
St. Joseph, Buddestr. 37, 45896 Gelsenkirchen
St. Joseph, Hegestr. 144, 45966 Gladbeck
St. Joseph, Schmale Str. 22, 58097 Hagen
St. Joseph, Thingstr. 41, 45527 Hattingen
St. Joseph, An der Barbarakirche 1, 44628 Herne
St. Joseph, Hauptstr. 140, 44651 Herne
St. Joseph, Kirchstr. 7, 45699 Herten
St. Joseph, Adalbertstr. 2, 45699 Herten
St. Joseph, Wiesenstr. 14, 45770 Marl
St. Joseph, Heinrich-Lemberg-Str. 30, 45472 Mülheim
St. Joseph, Stockumer Str. 17, 58453 Witten
St. Joseph, Hertastr. 4a, 46117 Oberhausen
St. Joseph, Lindnerstr. 197, 46149 Oberhausen
St. Joseph, Kaplan-Mertens-Weg, 46147 Oberhausen
St. Joseph, Marin-Heix-Platz 11, 46045 Oberhausen

St. Konrad, Boberstr. 2, 47169 Duisburg
St. Konrad, Enneper Str. 124, 58135 Hagen
St. Konrad, Kronenstr. 27, 44625 Herne

St. Libori, Liboristr. 18, 44143 Dortmund

St. Ludgerus, Birkenstr. 73, 46242 Bottrop
St. Ludger, Ludgeriplatz 33, 47057 Duisburg
St. Ludgerus, Brückstr. 77, 45239 Essen
St. Ludgerus, Ludgeristr. 5, 45897 Gelsenkirchen
St. Ludgerus, An der Kirche 14, 45701 Herten

St. Maria Magdalena, Wattenscheider Hellweg 91, 44867 Bochum
St. Magdalena, Limbecker Str. 35, 44388 Dortmund

St. Martin, Am Langen Seil 120, 44799 Bochum
St. Martin, Gabelsbergerstr. 32, 44141 Dortmund
St. Martin, Martinstr. 32, 59423 Unna

St. Maximilian u. Ewaldi, Friedrich-Ebert-Str. 112, 47119 Duisburg

St. Meinolphus-Mauritius, Josephinenstr. 78, 44807 Bochum

St. Nikolai, ev. Kirche, Lindemannstr. 70, 44139 Dortmund
St. Nikolai, Ückendorfer Str. 108, 45886 Gelsenkirchen

St. Nikolaus, Dorstener Str. 368, 44809 Bochum
St. Nikolaus, Storchsbaumstr. 77, 46282 Dorsten
St. Nikolaus, Essener Str. 4, 45141 Essen
St. Nikolaus, Kersthover Höhe 24, 45141 Essen
St. Nikolaus von Flüe, Dorstener Str.368, 44809 Bochum
St. Nikolaus von Flüe, Arcostr. 76, 44309 Dortmund

St. Norbert, Norbertuskirchplatz 6, 47166 Duisburg
St. Norbert, Ahornstr., 44534 Lünen

St. Pankratius, Nürnberger Str. 5, 46117 Oberhausen

St. Philippus u. Jakobus, Wetterstr. 15, 58313 Herdecke

St. Pius, Am Limberg 11, 46240 Bottrop
St. Pius, Werftstr. 25, 44628 Herne
St. Pius, Matthias-Claudius-Str. 51, 45768 Marl
St. Pius, Stockumer Str. 17, 58453 Witten

St. Reinoldus, ev. Stadtkirche, Ostenhellweg 2, 44135 Dortmund

St. Suitbert, Am Quellenbusch 102, 46242 Bottrop
St. Suitbert, Annenstr. 16, 44137 Dortmund

St. Urban, Westender Weg 41, 58313 Herdecke
St. Urbanus, Marienstr. 9, 44369 Dortmund
St. Urbanus, St.-Urbanus-Kirchplatz 9, 45894 Gelsenkirchen

St. Viktor, ev. Gemeinde, Funkelandstr. 1, 59077 Hamm
St. Viktor, ev. Gemeinde, Am Markt 1, 58239 Schwerte

St. Winfried, Bonifaciusstr. 194, 45309 Essen

Wichtige Orte

Wichtige historische Personen und Ereignisse

80-jähriger Krieg: (auch Spanisch-Niederländischer Krieg) 1568–1648; der Befreiungskampf der Niederländer gegen die spanische Herrschaft. Aufmarschgebiet waren das Rheinland und auch die Gegend des heutigen Ruhrgebiets, die regelmäßig unter den Durchmärschen, Zerstörungen und Plünderungen zu leiden hatten.

Agapet II.: Papst 946–955.

Al Kamil: Sultan von Ägypten 1218–1238; schlug das Kreuzfahrerheer bei Damiette, handelte 1229 mit Friedrich II. den Vertrag von Jaffa aus, mit dem Jerusalem ohne kriegerische Auseinandersetzung wieder unter christliche Herrschaft kam.

Aloisius von Gonzaga: Heiliger, * 9. März 1568; † 21. Juni 1591.

Ambrosius von Mailand: Kirchenvater, Erzbischof von Mailand 374–397, Heiliger.

Anno II.: Erzbischof von Köln 1056–1075, 1183 heiliggesprochen; soll gegen Gicht helfen.

Antony-Hütte: das erste Hüttenwerk des Ruhrgebiets, 1758 von Franz von der Wenge (1707–1788), Domherr zu Münster, gegründet. Dort wurde das in der Gegend vorkommende Rasenerz verhüttet und Gusseisen produziert, aus dem einfache Eisenwaren (Töpfe, Kannen), aber auch Kanonenkugeln hergestellt wurden. Die Überreste wurden ausgegraben, museal aufgearbeitet und können heute in Oberhausen-Osterfeld besichtigt werden.

Arnold von Brescia: Prediger, * um 1090; † 1155, Revoluzzer in Rom; Friedrich I. ließ ihn auf seinem Romzug hinrichten.

Arnulf: König des Ostfrankenreiches 887–899, Kaiser 896–899.

Artemia: Tochter Diokletians.

Athanasius: Kirchenvater, * um 298; † 2. Mai 373, Patriarch von Alexandria, bedeutendster Kämpfer gegen die Arianer auf dem Konzil von Nicäa 325.

Attila: Hunnenkönig 434–453.

Avda: Ehefrau Balduins I. von Jerusalem.

Balduin I.: König von Jerusalem 1100–1118; Bruder des Vorgängers Gottfried von Boullion.

Basileos II.: oströmischer Kaiser 976–1025.

Bavo: Sohn Pippins des Älteren und seiner Frau Iduberga, *um 600 † um 655, Heiliger.

Beatus: Mönch in Liebana, * unbekannt; † nach 798, Mönch im Kloster Liebana, Königreich Asturien; verfasste einen Apokalypsenkommentar, den er mit einer Weltkarte versah, die das mittelalterliche Weltbild bis ins 12. Jh. wesentlich bestimmt hat.

Beda Venerabilis: Benediktinermönch, * 672/673; † 26. Mai 735, schrieb eine Kirchengeschichte und erstellte eine Osterfestrechnung, die bis ins 16. Jh. befolgt wurde.

Begga: Heilige. Tochter Pippins des Älteren und seiner Frau Iduberga, *um 620; † 17. Dezember 692/695, Mutter Pippins des Mittleren.

Benedikt VIII.: Papst 1012–1024.

Benedikt XVI.: Papst 2005–2013.

Bollandisten: Gruppe von Geistlichen, die zunächst unter dem Namensgeber Johannes Bolland die Lebensgeschichten der katholischen Heiligen in den »Acta Sanctorum« seit dem 17. Jh. in alphabetischer Reihenfolge herausgeben; bislang mehr als 160 Bände.

Brown, Dan: Buchautor, * 22. Juni 1964.

Brukterer: germanischer Stamm etwa zwischen Ems und Lippe.

Brun: Erzbischof von Köln 953–965, Bruder Ottos I.

Caesarius von Heisterbach: Chronist, * um 1180; † nach 1240.

Childerich II.: König der Franken 662– 675.

Chlodwig II.: König der Franken 639–657.

Chlothar I. (Chlothachar): König der Franken 558–561.

Chlothar II.: König der Franken 584–629.

Chronograph von 354: namentlich unbekannter Verfasser eines Kodex des 4. Jh., der wesentliche Daten zur heidnischen und christlichen Chronologie und Chronographie liefert.

Claudius Gothicus: römischer Kaiser 268–270.

Clemens XI.: Papst 1700–1721.

Cosimo I. de Medici: Herzog der Toskana, * 12. Juni 1519 in Florenz; † 21. April 1574 in Villa di Castello bei Florenz.

Dagobert I.: König der Franken 629–639.

Dagobert III.: König der Franken 711–715/716.

Decius: römischer Kaiser 249–251. Er erließ 250 ein Gesetz, nach dem man verpflichtend den römischen Göttern und dem vergöttlichten Kaiser zu opfern hatte.

Diokletian: römischer Kaiser 284–305, Initiator der letzten großen Christenverfolgung.

Duchesne, Louis: Priester und Historiker, * 13. September 1843; † 21. April 1922 in Rom.

Ebrachar: Bischof von Lüttich 959–971.

Edward III.: englischer König 1327–1377.

Eglibert: Bischof von Bamberg 1139–1146.

Einhard: Biograph Karls des Großen, * um 770; † 14. März 840.

Ekbert: Herzog (Sachsen), * um 756; † nach 811, Ehemann der Ida von Herzfeld.

El Chodr: arabischer Name des heiligen Georg.

Eleonore von Aquitanien: * um 1122; † 1. April 1204, Königin von Frankreich 1137–1152, dann Königin von England 1154–1189, Mutter von Richard Löwenherz.

Er: AT Genesis 38, 6–8; erstgeborener Sohn des Juda. Dieser verheiratete ihn mit Tamar. Da er ein Schlimmling war, ließ Gott ihn ohne Nachwuchs sterben.

Eucharius: Gefährte des Maternus 3. Jh., vermutlich der erste Bischof von Trier, sein Sarkophag findet sich in der Benediktinerabtei St. Matthias in Trier.

Eugen III.: Papst 1145–1153.

Eusebius: * 260/64; † 339 oder 340, Vater der Kirchengeschichte, um 313 Bischof von Caesarea (heute Israel, zwischen Haifa und Tel Aviv).

Ezzo: Ehemann der Mathilde, * um 955; † 21. Mai 1034, Pfalzgraf von Lothringen 1015–1034.

Felix IV.: Papst 526–530 (nach anderer Zählweise Felix III.).

Ferdinand von Bayern: Kurfürst und Erzbischof von Köln 1612–1650, außerdem Fürstbischof von Lüttich, Münster und Fürstabt von Malmedy 1612–1650, Fürstbischof von Paderborn 1618–1650.

Florian: Märtyrer, * 3. Jh.; † 4. Mai 304.

Formosus: Papst 891–896.

Franco: Generalissimus Francisco Franco, * 4. Dezember 1892; † 20. November 1975, Diktator Spaniens 1936–1975.

Franz von Wenge: Domkapitular des Hochstiftes Münster, * 1707; † 1788, begründete die erste Eisenhütte im Ruhrgebiet, heute Museum in Oberhausen-Osterfeld.

Franzikus I.: Papst 2013–heute.

Fredegar: Verfasser einer Weltchronik, die bis zum Jahre 624 geht. Ob sich hinter diesem Namen eine oder mehrere Personen verbergen, ist unklar.

Freisler, Roland: Präsident des Volksgerichtshofes (1942–1945), Obernazi, * 30. August 1893; † 3. Februar 1945.

Friedrich I.: Barbarossa, Kaiser, * um 1122; † 10. Juni 1190 nahe Seleucia (heute Türkei); deutscher König und Kaiser; ritt als alter Mann (Mitte 60) auf Kreuzzug und ertrank im Saleph. Er ist an drei Stellen beerdigt: Eingeweide in Tarsos (heute Türkei); Gewebe, das von den Knochen abgelöst wurde, in Antiochia (heute Türkei); Gebeine vermutlich in der Kathedrale von Tyrus (heute südlicher Libanon und Hisbollah-Gebiet). Es hat sich die Sage verbreitet, dass er im Kyffhäuser an einem steinernen Tisch sitzt, durch den sein Bart wächst.

Friedrich II.: römisch-deutscher König 1212–1250, seit 1220 Kaiser, seit 1198 König von Sizilien, seit 1225 König von Jerusalem, Kaiser des römisch-deutschen Reiches, * 26. Dezember 1194; † 13. Dezember 1250; lebte vornehmlich in Sizilien, schrieb ein heute noch berühmtes Buch über die Falkenjagd mit dem Titel »de arte venandi cum avibus«, krönte sich selbst zum König von Jerusalem.

Friedrich III.: römisch-deutscher König 1440–1493, seit 1452 Kaiser.

Friedrich von Isenberg: Graf von Isenberg, * vor 1193; † 14. November 1226, Mörder Erzbischofs Engelbert von Köln.

Galerius: römischer Kaiser 293/305–311.

Gereon: Märtyrer, * um 270; † 304, Offizier der Thebaischen Legion.

Goebbels, Joseph: Reichspropagandaminister 1933–1945, * 29. Oktober 1897; † 1. Mai 1945.

Gottfried von Boullion: militärischer Führer des 1. Kreuzzuges; * um 1060; † 18. Juli 1100, erster Herrscher im Königreich Jerusalem; da er die Königswürde ablehnte, führte er den Titel »advocatus sancti sepulchri« (Beschützers des Heiligen Grabes).

Gregor I.: Papst 590–604.

Gregor II.: Papst 715–731.

Gregor III.: Papst 731–741.

Gregor IX.: Papst 1227–1241; er sprach heilig: 1228 Franz von Assisi, 1232 Antonius von Padua und 1235 Elisabeth von Thüringen.

Gregor von Tours: Bischof 573–594, schrieb zehn Bücher über die Geschichte der Merowinger, ein Buch über Märtyrer und verbreitete die Verehrung des heiligen Martin, einem seiner Vorgänger im Amt im Reich der Franken.

Gregor X.: Papst 1271–1276.

Gregor XIII.: Papst 1572–1585.

Gregor XV.: Papst 1621–1623.

Günay, Ertugrul: 2007–2013 Kultur- und Tourismusminister der Republik Türkei in der Regierung Erdogan.

Gunther von Pairis: Mönch im Kloster Pairis (Elsass), * um 1150; † um 1220.

Gustav II. Adolf: König von Schweden 1611–1632, griff auf Seiten der Protestanten in den Dreißigjährigen Krieg ein und ließ einiges an Kunst- und Kulturschätzen mitgehen, zum Beispiel den »Codex argenteus« aus dem Kloster Werden, der heute in Uppsala liegt.

Hatto: Erzbischof von Mainz 891–913.

Heinrich (VII.): Sohn Friedrichs II., Herzog von Schwaben 1217–1235, ab 1220 römisch-deutscher König zusammen mit seinem Vater. Nach einem Zerwürfnis ließ Friedrich II. ihn einkerkern, und er endete möglicherweise durch Selbstmord.

Heinrich II.: römisch-deutscher König 1002–1024, Kaiser seit 1014, heiliggesprochen 1146.

Heinrich Raspe: Landgraf von Thüringen 1227–1247, 1246/47 Gegenkönig zu Friedrich II.; Spitzname: Pfaffenkönig.

Heinrich V.: römisch-deutscher König 1106–1125, seit 1111 Kaiser.

Helena: Kaiserin, * 248/250; † vermutlich am 18. August um 330, Mutter Kaiser Konstantins, zunächst wohl Kneipenwirtin; war liiert mit Constantius; aus dieser Verbindung entstammt der gemeinsame Sohn und spätere Kaiser Konstantin; begab sich im fortgeschrittenen Alter auf eine Pilgerreise durchs Heilige Land, von wo sie eine Vielzahl berühmter Reliquien mitbrachte.

Hengsbach, Franz: Bischof von Essen 1958–1991.

Hermann von Reichenau: Mönch im Kloster Reichenau, * 18. Juli 1013; † 24. September 1054.

Herodes: König in Judea, Galilaea und Samaria, * um 73 v. Chr.; † im März 4 v. Chr.; befahl gemäß dem Evangelium des Matthäus den Kindermord von Betlehem; war nach unserem Kalender bereits vier Jahre tot, als das Jesuskind geboren wurde.

Herodes Agrippa I.: König von Judaea und Samaria 41–44; * 10 v. Chr.; † 44 n. Chr.

Honorius II.: Papst 1124–1130.

Hrabanus Maurus: Abt des Klosters Fulda 822–842 und Erzbischof von Mainz 847–856; * um 780 in Mainz; † 4. Februar 856.

Hugenotten: seit 1560 die Bezeichnung für die franz. Protestanten.

Hugo Capet: französischer König 987–996.

Hugo von Chalon: Bischof von Lüttich 1295–1301, Erzbischof von Besançon 1301–1312.

Iduberga: Ehefrau Pippins des Älteren, *592; † 8. Mai 652 (Heilige).

Ignatius von Loyola: Begründer des Jesuitenordens, * 31. Mai 1491; † 31. Juli 1556, heiliggesprochen 1622.

Innocenz III.: Papst 1198–1216.

Isabella von Brienne: Königin von Jerusalem, * 1212; † 25. April 1228, seit 1225 (13-jährig) 2. Ehefrau Friedrichs II.; brachte diesem den Titel des Königs von Jerusalem ein.

Isabella von Plantagenet: Tochter Johanns Ohneland, * 1214; † 1. Dezember 1241, 3. Ehefrau Friedrichs II.

Isidor: Erzbischof von Sevilla 600–636; verfasste eine Enzyklopädie, die das antike Wissen seiner Zeit zusammenfasste, eines der meistgelesenen Bücher des Mittelalters.

Jacobus de Voragine: * 1228 oder 1229; † 13. Juli oder 14. Juli 1298, Erzbischof von Genua ab 1292. Er verfasste das meistgelesene Heiligenlegendenbuch des Mittelalters, die »Legenda aurea«; seliggesprochen 1816.

Jeanne d'Arc: französische Nationalheldin, * vermutlich 6. Januar 1412; † 30. Mai 1431; 1920 von Benedikt XV. heiliggesprochen.

Joachim: Ehemann der heiligen Anna, Mutter Marias, nach dem Protoevangelium des Jakobus und weiterer Apokryphen.

Johann Ohneland: englischer König 1199–1216, 2. Sohn der Eleonore von Aquitanien und jüngerer Bruder von Richard Löwenherz; ihm trotzten die Barone die berühmte »Magna Carta« ab.

Johannes XXIII.: Papst 1958–1963, heiliggesprochen am 27. April 2014.

Johannes-Paul II.: Papst 1978–2005, heiliggesprochen am 27. April 2014.

Juda: AT Genesis 38; 4. Sohn des Stammvaters Jakob und seiner Frau Lea. Er hatte mit seiner Frau Schua drei Söhne: Er, Onan und Schela.

Julius II.: Papst 1503–1513; er legte den Grundstein für den heutigen Petersdom.

Karl der Große: * um 747; † 28. Januar 814, von 768–814 König des Fränkischen Reiches, ab 800 Kaiser; bedeutendster Herrscher des Frankenreiches.

Karl der Kahle: westfränkischer König 843–877, Kaiser 875–877.

Karl IV.: römisch-deutscher König 1346–1378, seit 1355 Kaiser, 1347–1378 König von Böhmen; hieß eigentlich Wenzel, sein wichtigstes Gesetz die »Goldene Bulle« 1356, die die Königswahl regelte.

Karl Martell: fränkischer Hausmeier, *um 690; † 15. Oktober oder 22. Oktober 741; schlug die Araber bei Tours und Poitiers 732.

Karl V.: römisch-deutscher Kaiser 1519–1556, König von Spanien 1516–1556. Er behauptete, dass in seinem Reich die Sonne niemals untergehe.

Katharina: Märtyrerin 3./4.Jh. in Alexandria; ihre Reliquien befinden sich im Katharinenkloster auf dem Sinai.

Keophas: Ehemann (?) der heiligen Anna, der Mutter Marias.

Klara: Heilige * 1193 oder 1194; † 11. August 1253, Gründerin des Ordens der Clarissen, Gefährtin des heiligen Franzikus, heiliggesprochen 1255; Pius XII. ernannte sie 1958 zur Schutzpatronin des Fernsehens.

Kolumbus, Christoph: Entdecker Amerikas, * um 1451; † 20. Mai 1506; verdankte die Ausrüstung seiner Expedition der guten Laune des spanischen Königshauses nach dem Sieg über die Mauren bei Granada. Entdeckte wohl mehr aus Versehen Amerika, das er bis zu seinem Lebensende immer noch für Indien hielt. Deshalb nennen wir die amerikanischen Ureinwohner auch heute noch Indianer.

Konrad von Marburg: Priester, Kreuzzugsprediger und Inquisitor, * um 1180–90; † 30. Juli 1233; Beichtvater der heiligen Elisabeth.

Konstantin: römischer Kaiser 306–337.

Kunibert: Bischof von Köln 627–648, Ratgeber des merowingischen Königs Dagobert I. und Vormund Sigiberts III. Kuniberts Gebeine ruhen in der nach ihm benannten Kirche in Köln.

Kunigunde: Kaiserin, Ehefrau Heinrichs II., * um 980; † 3. März 1033, heiliggesprochen durch Innocenz III. im Jahre 1200.

Lambert: Märtyrer, * um 635; † 17. September um 705; Bischof von Maastricht 670–705; in Erfüllung seines Amtes erschlagen.

Leo II.: Papst 682–683.

Leo III.: Papst 795–816; besuchte König Karl 799 in Paderborn und krönte diesen am Weihnachtstage des Jahres 800 in Rom zum Kaiser.

Leo IV.: Papst 847–855; Nachfolgerin dieses heiligen Papstes soll die Päpstin Johanna gewesen sein.

Leo XIII.: Papst 1878–1903.

Leonardo da Vinci: * 15. April 1452; † 2. Mai 1519, italienisches Allroundgenie, Maler, Bildhauer, Architekt, Anatom, Mechaniker, Ingenieur; malte neben dem berühmten Abendmahl auch die Mona Lisa, deren Lächeln uns auch heute noch betört.

Lienen, Ewald: Fußballtrainer.

Lothar III.: römisch-deutscher König 1125–1137, seit 1133 Kaiser.

Ludwig der Deutsche: König des Ostfrankenreiches 843–876.

Ludwig der Fromme: König der Franken 814–840, seit 813 Kaiser, König des Teilreichs Aquitanien 781–814.

Ludwig der Heilige: (Ludwig IX.), französischer König 1226–1270; er starb 1270 auf dem Kreuzzug bei Tunis an der Ruhr (an der Krankheit, nicht am Fluss); der Leichnam wurde in Essig gelegt, um das Gewebe von den Gebeinen zu lösen; 1297 heiliggesprochen.

Ludwig II.: * 25. August 1845; † 13. Juni 1886; ertrunken im Würmsee (heute Starnberger See), König von Bayern 1864–1886, berühmter Schlossbauer (Neuschwanstein) und bedeutendster Fan von Richard Wagner. Ob er wirklich geisteskrank war, lässt sich nicht entscheiden; jedenfalls hatte er panische Angst vor Zahnärzten und ging schließlich ins Wasser.

Ludwig IV.: Landgraf von Thüringen 1217–1227, Ehemann der heiligen Elisabeth von Thüringen; starb vor dem Beginn des Kreuzzuges in Otranto an einer Seuche. Seine Leiche ist wohl im Kochtopf gelandet, denn der trauernden Gattin wurden wenige Monate später nur noch die Gebeine überreicht.

Ludwig XIV.: französischer König 1643–1715. Sein Leichnam wurde während der französischen Revolution ausgebuddelt. Da er aufgrund der Einbalsamierung auch nach sieben Jahrzehnten gut erhalten war, wurde er öffentlich ausgestellt. Als man des Ansehens überdrüssig war, warf man die Leiche in eine Grube mit Löschkalk, den man zur damaligen Zeit zum Mauern oder zur Behandlung der Fäkaliengruben brauchte. Aufgrund der unschönen Behandlung blieben nur ein paar Knochenreste, die man später wieder in St. Denis bestattete.

Luther, Martin: * 10. November 1483; † 18. Februar 1546, Reformator; der Anschlag seiner 95 Thesen an der Schlosskirche zu Wittenberg hat in Wirklichkeit nicht stattgefunden; Freund von Lebensmitteln, wie seine Bildnisse zeigen; der ihm wohl fälschlicherweise zugeschriebene Spruch »Warum rülpset und furzet ihr nicht, hat es euch nicht geschmacket?« passt zu seinem Lebensgefühl, ist also gut erfunden.

Maria Argyropoula: Schwester des oströmischen Kaisers Romanos III. Argyros.

Marie Antoinette: * 2. November 1755; † 16. Oktober 1793, Tochter der österreichischen Kaiserin Maria Theresia und Ehefrau des französischen Königs Ludwigs XVI.; starb zehn Monate nach ihrem Mann unter der Guillotine.

Mathilde: Tochter Ottos II. und Theophanus, * Sommer 979; † 4. November 1025; Ehefrau Ezzos, Pfalzgraf von Lothringen.

Mathilde II.: Äbtissin Essen 971–1011, Enkelin Kaiser Ottos des Großen.

Maximilian: römisch-deutscher König 1486–1519, Kaiser seit 1508.

Maximinus: römischer Kaiser 305/310–313, Neffe des Kaisers Galerius.

Nepomuk: Märtyrer, * um 1350; † 20. März 1393, Brückenheiliger; wegen seiner Weigerung, das Beichtgeheimnis zu verletzen, wurde er von der Karlsbrücke in Prag in die Moldau geworfen und ertränkt, 1729 heiliggesprochen.

Nero: römischer Kaiser 54–68.

Onan: AT Genesis 38,9-10, Sohn des Juda. Nach dem Tode seines älteren Bruders sollte er nach dem Willen seines Vaters seine Schwägerin schwängern. Da er das verweigerte und stattdessen onanierte, ließ Gott ihn sterben.

Otto II.: römisch-deutscher König 961–983, Kaiser seit 973.

Otto III.: römisch-deutscher König 983–1002, Kaiser seit 996.

Pankratius: Märtyrer, * um 290; † um 304.

Pantaleon: Märtyrer, * Mitte des 3. Jh.; † 27. Juli 305, Leibarzt des Kaisers Maximian.

Paschal III.: Papst (Gegenpapst) 1164–1168; sprach Kaiser Karl den Großen heilig.

Petraca: Mitbegründer des Humanismus und der Renaissance; * 20. Juli 1304; † 19. Juli 1374.

Pfälzischer Erbfolgekrieg: 1688–1697: vom französischen König Ludwig XIV. angezettelter Krieg gegen das Heilige Römische Reich zur Stärkung seines Einflusses in den links des Rheins gelegenen Gebieten. Durch einfallende französische Truppen wurde insbesondere die Pfalz heimgesucht, der Dom zu Worms wurde abgefackelt und der zu Speyer stark beschädigt.

Philipp II.: König Spanien 1556–1598, Sohn Karls V.

Pietro II. Orseolo: Doge von Venedig 991–1009; seit seiner Herrschaft gibt es dort das Fest »Vermählung des Dogen mit dem Meer«.

Pippin der Ältere: fränkischer Hausmeier, * um 580; † 640.

Pippin der Jüngere: fränkischer Hausmeier, * 714; † 24. September 768, ab 751 fränkischer König; auch Pippin der Kleine genannt.

Pippin der Mittlere: auch Pippin von Heristal genannt, fränkischer Hausmeier, * um 635; † 16. Dezember 714; in 1. Ehe verheiratet mit Plektrud, aus 2. Ehe Sohn Karl Martell.

Pius IX.: Papst 1846–1878.

Pius XI.: Papst 1922–1939.

Pius XII.: Papst 1939–1958.

Plektrud: Ehefrau Pippins des Mittleren, * vor 660 ; † nach 717.

Quintinus: Märtyrer ab 245 in Gallien, Martyrium unter Diokletian bzw. Maximian Anfang des 4. Jh.; Stadtpatron von Saint-Quentin.

Radbod: König (?) der Friesen 679–719.

Radegunde: Ehefrau Chlothars I. (540–555), danach Nonne, *um 520; † 13.8.587. Heilige.

Ragnetrudis: Ehefrau zur linken Hand oder Konkubine König Dagoberts I., *vor 615; † nach 630, Mutter Sigiberts III.

Rainald von Dassel: Erzbischof Köln 1159–1167, * zwischen 1114 und 1120; † 14. August 1167 in Rom, engster Berater Kaiser Friedrichs I. Barbarossa. Er brachte die Gebeine der Heiligen Drei Könige nach Köln und organisierte die Heiligsprechung Karls des Großen. Seine Leiche landete zum Zwecke der Konservierung im Kochtopf.

Remigius: Bischof von Straßburg, um 765–782 oder 783.

Richard Löwenherz: englischer König 1189–1199.

Riese, Adam: Rechenmeister und Bergbeamter in Annaberg, * 1492 oder 1493; † 30. März oder 2. April 1559.

Rolevinck, Werner: Kartäusermönch, * 1425 in Laer; † 1502. Sein Werk »De laude antiquae Saxoniae nunc Westfaliae dictae« (Vom Lob des alten Sachsens jetzt Westfalen genannt) bietet wertvolle Informationen über die hiesige Gegend.

Romanos III. Argyros: oströmischer Kaiser 1028–1034.

Sachsenkriege: Diverse Feldzüge Karls des Großen zwischen 772 und 804 gegen die Sachsen im Wesentlichen im heutigen Raum Westfalen, die zum Teil mit großer Grausamkeit geführt worden sind. Sie endeten mit der Taufe Widukinds und der (Zwangs-)Christianisierung der Sachsen.

Salomas: Ehemann (?) der heiligen Anna, der Mutter Marias.
Samuel: Bischof von Worms 841–857.
Sergius I.: Papst 687–701.
Sergius II.: Papst 844–847.
Sergius III.: Papst 904–911, einer der wenigen Päpste, die einen Sohn hatten, der ebenfalls Papst geworden ist (Johann XI. 931–935). Außerdem soll er zwei seiner Vorgänger umbringen haben lassen.
Sigibert III.: König der Franken (Austrasien) 638–656.
Simeon: Säulenheiliger, * 389; † 2. September 459. Die Reste seiner Säule finden sich in den Ruinen des Simeonklosters in Syrien; jetzt wohl von den Horden des sog. IS zerstört.
Sixtus IV.: Papst 1471–1484.
Sophia: Äbtissin Essen 1011–1039, Tochter Kaiser Ottos II., war auch Äbtissin im Stift Gandersheim.
Sophie von Mailand: Heilige, * (?); † zwischen 117 und 138.
Sophie von Minden: Märtyrerin, * um 304 (?). Die Reliquien wurden zur Zeit Karls des Großen (748–814) nach Minden übertragen: vielleicht identisch mit Sophia von Rom, der »Kalten Sophie«.
Stephan: Großfürst der Magyaren 997–1000/1001, König von Ungarn 1000/1001–1038; wurde 1083 heiliggesprochen.
Stephan Hawkin: Physiker und Astrophysiker, * 8. Januar 1942.
Stephan VI.: Papst 896–897; veranstaltete die »Leichensynode«, wurde eingekerkert und schließlich erwürgt.
Swanhild: Äbtissin Essen 1058–1085.
Sylvester II.: Papst 999–1003.
Tamar: AT Genesis 38,14-30, Witwe des Er und Schwiegertochter des Juda. Da ihr Schwager Onan ihr den Beischlaf verweigerte, verkleidete sie sich als Dirne und wurde so von ihrem Schwiegervater Juda geschwängert und gebar diesem Zwillinge: Perez und Serach.
Tebartz-van-Elst, Franz-Peter: Weihbischof von Münster 2003–2007, Bischof von Limburg 2008–2014.
Theodosius: Archidiakon vor 531, Autor des Werkes »De situ terrae sanctae« (Über die Lage des Heiligen Landes).
Theodosius II.: römischer Kaiser 408–450.
Theophanu: Äbtissin Essen 1039–1058, Enkelin Kaiser Ottos II.
Theophanu: byzantinische Prinzessin, * um 960; † 15. Juni 991, Ehefrau Ottos II., Mitkaiserin und danach Alleinregentin (985–991) für ihren minderjährigen Sohn Otto III.

Theuderich III.: König der Franken 675–691.

Thietmar von Merseburg: Geschichtsschreiber, * 25. Juli 975; † 1. Dezember 1018, Bischof von Merseburg 1009–1018.

Thomas von Celano: Chronist, * um 1190 ; † 1260, Biograph des heiligen Franziskus.

Tilman Riemenschneider: Holzschnitzer und Bildhauer, * um 1460; † 7. Juli 1531.

Titus: römischer Kaiser 79–81, eroberte im Jahre 70 Jerusalem und zerstörte den Tempel, so dass heute nur noch die Klagemauer steht. In seine Zeit fällt auch der Ausbruch des Vesuvs, der Pompeji und Heraculeum unter Vulkanasche begrub.

Trajan: römischer Kaiser 98–117.

Urban II.: Papst 1088–1099.

Ursula: Märtyrerin, † um 303; in Köln mit 11 000 Gefährtinnen durch die Hunnen getötet. Kolumbus benennt nach ihr eine der Jungfraueninseln, in deren Wappen und Flagge sie sich noch heute findet.

Valentian I.: römischer Kaiser 364–375.

Valerius: Gefährte des Maternus, † um 300 in Trier; vermutlich der zweite Bischof von Trier; sein Sarkophag befindet sich in der Benediktinerabtei St. Matthias in Trier.

Widukind: Herzog der Sachsen 777–785, Widersacher Karls des Großen in den Sachsenkriegen; 785 Taufe mit Taufpaten Karl dem Großen.

Wikinger: Scharen von wilden Nordmännern, die auf ihren schnellen Schiffen vornehmlich in der 2. Hälfte des 9. Jh. die Flüsse hinauffuhren und die daranliegenden Städte plünderten, am Rhein Köln, Xanten und Duisburg, an der Maas Lüttich, Maastricht und Tongern. Bei den Städten an französischen Flüssen waren sie in gleicher Weise erfolgreich und daher entsprechend gefürchtet.

Wilhelm I.: preußischer König und deutscher Kaiser * 22. März 1797; † 9. März 1888, König in Preußen 1861–1888, ab Reichsgründung 1871 deutscher Kaiser.

Wilhelm Tell: legendärer Schweizer Freiheitskämpfer; Friedrich von Schiller verhalf mit seinem Schauspiel »Wilhelm Tell« dieser Legende, die sich angeblich im 14. Jh. ereignet haben soll, zu Weltruhm.

Willibald: Biograph des Bonifatius.

Zebedäus: Gestalt des neuen Testaments; Fischer mit den beiden Söhne Jakobus und Johannes, die beide Jünger des Herrn wurden.